Kleine Schriften aus dem Stadtarchiv Münster
Band 18

Herausgegeben vom Stadtarchiv Münster
Philipp Erdmann und Peter Worm

Joana Gelhart

Die Gauhauptstadt im Bild

Visuelle Inszenierungen Münsters 1933–1945

Bibliographische Information der Deutschen Bibliothek:
Die Deutsche Bibliothek verzeichnet diese Publikation in der
Deutschen Nationalbibliographie; detailliert bibliografische Daten
sind im Internet über http://dnb.ddb.de abrufbar

Einbandabbildungen,
vorne: von Hans Pape gestalteter Stadtplan für einen Führer des
Städtischen Verkehrsamts aus dem Jahr 1930 (Ausschnitt; vgl. S. 98, Abb. 24);
hinten: das Gauforum im Modell (Ausschnitt; vgl. S. 75, Abb. 16).

www.aschendorff-buchverlag.de

Printed in Germany

Gedruckt auf säurefreiem, alterungsbeständigem Papier

ISBN 978-3-402-13124-4

Inhalt

Vorwort: die Macht der Bilder

Viele der Stationen, an denen diese Arbeit Halt macht, dürften nicht nur einer lokalhistorisch interessierten Leserschaft ein Begriff sein, sondern jedem Münster-Kenner: der Hindenburgplatz (heute Schlossplatz), der Aasee, der Kiepenkerl oder auch die Bogenhäuser am Prinzipalmarkt. Auf den nächsten 150 Seiten aber schauen wir nachgerade aus einem bestimmten Blickwinkel auf die Stadt: Im Fokus steht der Stadtraum in seiner visuellen Gestaltung und Inszenierung – architektonisch-materiell, aber auch bildlich durch Fotografien, Grafiken und Modelle. Bekanntes sichtbarmachen, perspektivieren, wenden und entfremden – so könnte die Devise des Buches lauten. Einige der Abbildungen mögen ein vertrautes Bild zeichnen, andere seltsam entrückt wirken. Gemein ist ihnen jedoch, dass sie nicht rein-illustrativ sind: Weder in der wissenschaftlichen Betrachtung noch in der zeitgenössischen Verwendung wurden sie ausschließlich als Fixatoren einer Realität verstanden. Vielmehr wird Bildern eine schöpferische Kraft zugesprochen, die nicht nur Realitäten abbilden, sondern sie herzustellen vermögen.

Auch die hier abgebildeten Medien sind aus einer bestimmten Perspektive aufgenommen, eine Perspektive, die nur selten bestimmt werden kann. In vielen der Fälle aber schauen wir durch die Linsen von Fotografen, betrachten das Werk von Künstlern, die im Sinne oder im Auftrag des NS-Regimes handelten. Andere Blickwinkel und damit Objekte hingegen fanden sich in der Randständigkeit wieder oder verschwanden ganz. Das zeigt sich bis heute an der Synagoge, von der nur wenige Fotografien vor der Zerstörung 1938 erhalten sind. Der folgende Beitrag steht vor dem Problem, diese Inszenierungen sichtbarzumachen und sie damit gleichzeitig aufs Neue hervorzubringen, bedenkliche Sichtweisen zu reproduzieren. Zusätzlich verzerrt die Frage nach der nationalsozialistischen Indienstnahme des Stadtbildes das Verhältnis: Es mag der Eindruck bei den Leserinnen und Lesern entstehen, dass der visuelle Kosmos ausschließlich von dem Regime und seiner Propaganda durchdrungen und gesteuert wurde. Ein Nebeneinander verschiedener Stadtbilder war jedoch durchaus denkbar.

Die Macht der Bilder, so lässt sich festhalten, ist nicht zu unterschätzen. Nehmen wir aber den Grundsatz ernst, dass erst in der Betrachtung Sinn entsteht und nicht in der Intention, so ist eine jede Leserin und ein jeder Leser zu einer kritischen Betrachtung aufgerufen. Das Wissen um ihre Suggestionskraft soll dazu einen ersten Beitrag leisten.

1. Einleitung: Die nationalsozialistische Stadt sehen

Bildermacht. Bildersturm. Bildgewalt. Das sind nur einige der Schlagwörter, die den Nationalsozialismus als „visuelle Diktatur“[1] charakterisieren. „Vielfältig und modern“ gebärdete sich das Regime in seinem visuellen Erscheinungsbild, so konstatiert Gerhard Paul als zentraler Vertreter der Visual History.[2] Zwar ist die Wirkmacht der Bilder nicht erst eine Entdeckung des Nationalsozialismus, doch attestiert Paul dem Regime ein bis dahin unbekanntes Ausmaß ideologischer Instrumentalisierung von visuellen Medien: Das Bildregime verstand sich wie kein anderes auf die strategische Visualisierung des Lebens im autoritären Staat.[3] Die Frage nach der Visualität drängt sich spätestens seit der medialen Revolution Anfang des 20. Jahrhunderts auf, die den wegweisenden *iconic turn*[4] einläuten sollte: Ein „qualitativ wie quantitativ neuer Bilderkosmos“ entstand durch die massenhafte Produktion und Zirkulation visueller Erzeugnisse mit immer neuen Techniken, der sich wie eine zweite Realität über die unmittelbar erfahrbare Welt legte und in dem ebenso gehandelt wurde – mit ebenso spürbaren Folgen. Visualität wurde damit zu einer ganzen Seinsform.[5] Mit der Visual History hat sich jüngst in interdisziplinärer Zusammenarbeit ein geschichtswissenschaft-

1 Jörg Barberowski, Was sind Repräsentationen sozialer Ordnungen im sozialen Wandel? Anmerkungen zu einer Geschichte interkultureller Begegnungen, in: ders. (Hg.), Arbeit an der Geschichte. Wie viel Theorie braucht die Geschichtswissenschaft?, Frankfurt/New York 2009, S. 7–18, hier S. 10.

2 Gerhard Paul, Bilder einer Diktatur, Zur Visual History des „Dritten Reiches“, Göttingen 2020, S. 13.

3 Vgl. ders., Jahrhundert der Bilder. Die visuelle Geschichte und der Bilderkanon des kulturellen Gedächtnisses, in: ders. (Hg.), Das Jahrhundert der Bilder, Bd. II: 1949 bis heute, Bonn 2008, S. 15–39, hier S. 23.

4 Unter dem *iconic turn* oder auch der *ikonischen Wende* wird in Analogie zum *linguistic turn* die zunehmende wissenschaftliche Beschäftigung mit dem Bildlichen postuliert. Damit geht der Zweifel an der „Vorherrschaft des Sprachlichen“ und das Plädoyer für eine gleichrangige Behandlung von Bild und Sprache einher. Vgl. Stephanie Giese u.a., Visuelle Kommunikationsgeschichte. Historische Perspektiven auf den Iconic Turn. Die Entwicklung der öffentlichen visuellen Kommunikation, in: dies. (Hg.), Historische Perspektiven auf den Iconic Turn. Die Entwicklung der öffentlichen visuellen Kommunikation, Köln 2016, S. 11–18, hier S. 11.

5 Vgl. Gerhard Paul, Vom Bild her denken. Visual History 2.0.1.6., in: Jürgen Danyel u.a. (Hg.), Arbeit am Bild. Visual History als Praxis Göttingen 2017, S. 7–72, hier S. 15. Vgl. ders., Das visuelle Zeitalter. Punkt & Pixel, Göttingen 2016, S. 102.

liches Forschungsfeld herausgebildet, das auf diese Entwicklung reagiert. Gegenstand sind jedoch nicht ausschließlich bildliche Erzeugnisse, sondern Visualität – das optisch Wahrnehmbare – in ihrer Vielgestalt und Bedeutung für die Geschichte.[6] Neben grafischen Bildern zählt dazu also auch die Architektur, deren visuelle Wahrnehmbarkeit den öffentlichen Raum geradezu allgegenwärtig prägt.

Wird der Anspruch des nationalsozialistischen Regimes auf umfassende visuelle Inszenierung ernst genommen, muss sich dies folglich in vielfältigen und alltäglichen Bereichen niederschlagen: so auch in der Stadt. Zuletzt hat sich in der Lokalpolitik und der historischen Forschung ein starkes Interesse an der NS-Vergangenheit vieler deutscher Städte gezeigt, das sich von Metropolen wie Berlin, München und Hamburg nunmehr bis zu ländlich geprägten Städten erstreckt.[7] Im westfälischen Münster zeigte sich dieser Trend beispielsweise, als sich die Stadt zur Aufarbeitung der Stadtverwaltung in der NS-Zeit entschloss.[8] Untersuchungen zur vielfältigen visuellen Gestaltung Münsters sind bis heute allerdings ausgeblieben. Das muss verwundern. Drängt sich doch die Frage nach der Inszenierung besonders auf, da Münster 1932 zur Gauhauptstadt ernannt wurde und der westfälischen Stadt damit ab 1933 zentrale Verwaltungs- und Repräsentationsaufgaben im neuen Staat zuteilwurden.

Inwiefern also schlug sich die visuelle Diktatur im Stadtkosmos Münster nieder? Oder anders formuliert: Sah ein Betrachter[9] während des National-

6 Vgl. Gerhard Paul, Von der Historischen Bildkunde zur Visual History. Eine Einführung, in: ders. (Hg.), Visual History. Ein Studienbuch, Göttingen 2006, S. 7–36, hier S. 25f. Vgl. auch ders., Visual History und Geschichtsdidaktik. Grundsätzliche Überlegungen, Zeitschrift für Geschichtsdidaktik 12 (2013), S. 9–26, hier S. 21.

7 Von den zahlreichen Publikationen seien an dieser Stelle nur exemplarisch einige genannt. Zur Großstadt Berlin s. Rüdiger Hachtmann (Hg.), Berlin im Nationalsozialismus. Politik und Gesellschaft 1933–1945, Göttingen 2011, mit dem Untersuchungsfeld Stadt setzen sich allgemeiner auseinander Winfried Süß/Malte Thießen (Hg.), Städte im Nationalsozialismus. Urbane Räume und soziale Ordnungen, Göttingen 2017. Zur Aufarbeitung provinzieller Städte siehe z.B. Thomas Großbölting, Volksgemeinschaft in der Kleinstadt. Kornwestheim und der Nationalsozialismus, Stuttgart 2017.

8 S. dazu die Dissertationen von Annika Hartmann, Verwaltung vor Ort zwischen Konflikt und Kooperation. Die Stadtverwaltung Münster und der Nationalsozialismus, Berlin 2019 und Philipp Erdmann, Kommunales Krisenhandeln im Zweiten Weltkrieg und in der Nachkriegszeit. Die Stadtverwaltung Münster zwischen Nationalsozialismus und Demokratisierung, Berlin 2019.

9 Im Folgenden wird das generische Maskulinum verwendet. Die weiblichen Formen sind auch dort, wo sie nicht explizit genannt werden, eingeschlossen.

sozialismus ein anderes Münster als vor 1933? Die Frage bewegt sich im Feld von NS-Forschung, Visual History und Stadtgeschichte und wird anhand des Stadtbild-Begriffs konzeptualisiert. Das Stadtbild wird grundsätzlich verstanden als optisch wahrnehmbares Erscheinungsbild und Aushängeschild einer Stadt. Inwieweit wurde es in der Gauhauptstadt von den Nationalsozialisten geprägt? Hinter dieser Frage versteckt sich ein Bündel an weiteren Fragen, die es aufzuschlüsseln gilt: An welchen Orten, zu welchen Anlässen und in welchen Formen wurde die Gauhauptstadt Münster visuell inszeniert? Inwiefern erfuhr das Stadtbild eine Vereinnahmung durch die neuen Machthaber und zu welchem Zweck? Lassen sich bei der Inszenierung bestimmte Konjunkturen konstatieren? Zentrales Interesse ist dabei, inwiefern das Stadtbild zum Träger nationalsozialistischer Gedanken und Ideologeme und damit ideologisch aufgeladen wurde. Letztlich stellt sich auch die Frage, ob man überhaupt von einem konsistenten Stadtbild sprechen kann oder die Quellen vielmehr auf konkurrierende Bilder, Gegenbilder oder aber ein fragmentiertes Stadtbild verweisen. Was aber ist eigentlich ein Stadtbild genau?

1.1 Konzeptioneller Zugriff und Aufbau

Der Begriff des Stadtbildes ist zugänglich und unnahbar zugleich. Er ermöglicht eine erste Vorstellung von dem, was er umfasst, bleibt aber in der Assoziation letztlich vage und unbestimmt. Daher steht auch dieser Arbeit eine Definition vor, die auf Martina Löws raumsoziologischer Abhandlung „Soziologie der Städte" fußt. Eine Stärke des Stadtbild-Begriffes nach Löw liegt in der Überwindung diffuser Vorstellungen: Sie basiert auf der Einteilung in das gebaute und das grafische Bild. An diesen zwei Bildqualitäten wird sich auch der Aufbau dieser Arbeit orientieren.

Mit ihrer Arbeit verlässt Löw das Terrain der klassischen Stadtforschung, die sich als Plädoyer für die Stadt als eigenständigen soziologischer Forschungsgegenstand lesen lässt.[10] Wird die Frage nach dem Stadtbild gestellt, so mündet diese unweigerlich in zwei weiteren: Was ist die *Stadt* und was ist das *Bild*? *Stadt* versteht Löw als spezifisches räumliches Strukturprinzip, das sich durch die Kriterien der Grenzziehung und Verdichtung bzw. Vergesell-

10 Vgl. Martina Löw, Soziologie der Städte, 3. Aufl., Frankfurt a.M. 2018, S. 49. Entstanden ist der Ansatz im Kontext der Darmstädter Forschungsgruppe, die sich mit der Spezifik der Städte in soziokultureller Hinsicht auseinandersetzt.

schaftung konstituiert. Dabei macht sie auch eine performatorische Dimension stark: Die Stadt ist „Ergebnis einer Konstruktions- und Benennungspraxis". Gerade an den Rändern werde das Gebilde Stadt jedoch durch Vorstädte und Verkehrssysteme uneindeutig. Die Bestimmung der Stadtgrenzen über die verwaltungsrechtliche Dimension greife dabei zu kurz. Vielmehr ist *Stadt* das, was als städtische Einheit erlebt wird und sich vor allem in Differenzbildungen zu anderen Städten ausdrückt.[11]

Dieser Grundgedanke der Abgrenzung wohnt auch der sogenannten Eigenlogik der Städte inne – ein Konzept, das den Mittelpunkt der Arbeit Löws bildet. Die Eigenlogik der Stadt beschreibt eine dem Ort innewohnende Logik oder auch Spezifik, die sich über die Jahrzehnte oder gar Jahrhunderte herausgebildet hat. Trotz allgemeiner Entwicklungen – wie etwa der Globalisierung – bestehe sie weiterhin fort, indem sie stetig hervorgebracht und stabilisiert wird. Sie ist es, die die Stadt von anderen unterscheidbar macht.[12] Diese besonderen, latenten Strukturen, die das „Wesen" der Stadt bilden, durchziehen den Ort und werden deshalb von Löw auch als „Grammatik der Stadt" bezeichnet.[13] Diese Eigenlogik wirke als unbewusste Gewissheit über eine Stadt subtil auf das Verhalten und Erfahrungsmuster der Bewohner und damit auch auf stadtbauliche Fragen sowie auf die kulturelle und politische Praxis ein. Die Eigenlogik bildet insoweit den Kern des Stadtbildes.[14]

Löw nähert sich dem Begriff des Stadtbildes über den Kopf des Kompositums: dem Bild. Das Bild wird in seiner Zeichenstruktur hervorgehoben, das heißt es kann Dinge sichtbar machen, die abwesend sind; etwas zeigen, was sie selbst nicht sind. Somit konstruiert das Bild Wirklichkeit. Damit sind zwei konstitutive Merkmale benannt: Die Sichtbarkeit und der Konstruktionscharakter des Bildes. Von der Eigenschaft der *Sichtbarkeit* ausgehend leitet Löw die zwei Bildqualitäten für das Stadtbild ab: die Stadt als gebautes Bild und die Stadt als grafisches Bild. An den Konstruktionscharakter an-

11 Vgl. ebd., S. 70f.

12 Vgl. dies., Vom Raum aus die Stadt denken. Grundlagen einer raumtheoretischen Stadtsoziologie, Bielefeld 2018, S. 129–131.

13 Löw, Soziologie, S. 78.

14 Während es Löw vor allem darum geht, der Beschaffenheit und der Prägekraft der städtischen Eigenlogik nachzuspüren, liegt das Erkenntnisinteresse dieser Arbeit in der Gestalt des Stadtbildes, das bei Löw eher das Mittel zum Zweck zu sein scheint: Von der Untersuchung des Stadtbildes erhofft sich die Soziologin Rückschlüsse auf die Eigenlogik. Die Eigenlogik wird dabei gewissermaßen als Destillat des Analyseprozesses verstanden. Vgl. ebd., S. 79, 141, 180.

schließend stellt das Stadtbild die Inszenierung dessen dar, was als „Wesen“ oder „Charakter“ der Stadt begriffen wird, eine Konstruktion, die das Besondere einer Stadt verdichten und gleichzeitig erzeugen möchte.[15] Über die Visualisierung im gebauten und grafischen Bild werden also Erzählungen über das Eigene der Stadt produziert und kommuniziert. Zentral ist in dem Zusammenhang die These, dass Stadtbilder über ein „erhebliches ideologisches, legitimatorisches und hagiografisches Strategiepotential“[16] verfügten – eine These, die Löw vor dem Hintergrund aktueller City-Branding-Prozesse und Konkurrenzkämpfe entfaltet.

Das Stadtbild stellt jedoch nicht ausschließlich ein Ideologiekonstrukt dar, sondern es muss zu einem gewissen Grad an die Grammatik der Stadt rückgebunden sein und ist somit nicht beliebig änderbar. Anders formuliert: „Nicht jedes Stadtbild macht in jeder Stadt Sinn“[17]. Ob es akzeptiert oder abgelehnt wird, hängt stark vom Betrachter ab. Das Stadtbild funktioniert also nur dann, wenn das als Eigene Wahrgenommene für die Betrachtenden „plausibel ins Bild“ gesetzt wird.[18] Das Stadtbild wirkt somit in zwei Richtungen: erstens nach innen, als Auseinandersetzung und Verständigung über das Eigene, das Selbstverständnis, zweitens nach außen als repräsentatives Aushängeschild, das gewünschte Fremdbild. Diese beiden Dimensionen müssen aufeinander bezogen sein und können nichts isoliert voneinander bestehen.

Diese Überlegungen werden für das gebaute und grafische Bild genauer ausgeführt – jene zwei Bildqualitäten, in denen sich das Stadtbild niederschlägt.[19] Das *gebaute Bild* funktioniert als Collage, da diese anders als nach dem klassischen Bildbegriff nicht Dinge abbildet, die nicht anwesend sind, sondern umgekehrt materielle Dinge so kombiniert und einsetzt, dass daraus „künstliche Gebilde“ entstehen.[20] Mittels Architektur wird das gebaute Bild geschaffen, das dem prägnanten Charakter der Stadt Materialität verleihen soll und ihn gleichzeitig verdichtet. Intensive Bestrebungen der Erhaltung oder Rekonst-

15 Vgl. ebd., S. 164.

16 Ebd.

17 Ebd., S. 180.

18 Ebd., S. 179. Die Präferenzen und Interpretationen des Stadtbildes sind dabei stark milieuabhängig, was bisher kaum erforscht ist.

19 Ebd., S. 148.

20 Lambert Wiesing, Phänomene im Bild, München 2000, S. 22. Löw antizipiert das Problem, dass diese Definition nicht ihrem zuvor vorgelegten Bildbegriff entspricht. Allerdings sei die Collage letztlich auf Visualität und nicht auf Materialität angelegt, vgl. Löw, Soziologie, S. 146f.

ruktion sind in der europäischen Stadt auf die Altstadt gerichtet, die vor dem Hintergrund der tendenziell als bedrohlich wahrgenommenen Zukunft zum Refugium (des Eigenen) avancierte. In ihr lässt sich das augenscheinlich Authentische über die Konservierung der Vergangenheit finden, so die Annahme. Bedingungen des Konzepts Altstadt seien dabei zum einen eine moderne Gesellschaft, die diese als solche bezeichnet und inszeniert, und zum anderen die klare Unterscheidbarkeit von Neuem und Altem.[21]

Das *grafische Bild* bestimmt sich in Abgrenzung zum gebauten Bild zum einen über die vielfältigen Formen: Das Bild kann beispielsweise als Fotografie, als Film, Zeichnung, Karte oder auch als Typografie vorliegen. Zum anderen unterscheidet es sich in der Qualität. Während die architektonische Gestaltung zwar auch inszeniert ist, ihr generell aber ein höherer Authentizitätsgrad zugesprochen wird, gilt das grafische Bild als strategischer und stärker ideologisch aufladbar.[22] Das leuchtet hinsichtlich der einfacheren Vervielfältigung und Distribution wie der Techniken des Arrangierens und Retuschierens unmittelbar ein. Wie eng der Stadtbild-Begriff an die Visual History bzw. Bildwissenschaft angelehnt ist, zeigt sich an zwei gemeinsamen Grundpfeilern. Erstens wird den Bildern eine gewaltige Wirkmacht zu geschrieben. Bilder, so die Annahme, strukturierten den Blick auf die Stadt (vor) und rahmten die Gebäude, Sehenswürdigkeiten usw. als einzigartig und sehenswert. Das wird an dem Beispiel des Reiseführers deutlich: Die Bilder prägen den ersten Eindruck, die Betrachtung des realen Ortes ist zeitlich nachgeordnet bzw. die Entscheidung, den realen Ort zu sehen, mag oft erst auf Grundlage der Bilder getroffen werden. Bilder könnten gar Vorstellungen einer Stadt implementieren, die stärker prägten als der reale Ort selbst.[23] Damit wird die Vorstellung der passiven Rolle der Bilder überwunden und ihre schöpferische Kraft als (Sinn-)Produzenten ernstgenommen: Sie sind nicht ausschließlich Abbildungen der (historischen) Wirklichkeit, sie konstruieren diese auch.[24] Zweitens betonen sie den Akt des Betrachtens. War zuvor die Vorstellung verbreitet, ein Bild spräche aus sich selbst und könne auf eine innewohnende Aussage analysiert werden, wird mittlerweile die Ansicht vertreten, dass sich

21 Vgl. ebd., S. 165–183.

22 Vgl. ebd., S. 182.

23 Vgl. Albrecht Göschel, „Stadt 2030". Das Themenfeld „Identität", in: Deutsches Institut für Urbanistik (Hg.), Zukunft von Stadt und Region, Wiesbaden 2006, S. 265–302, S. 265.

24 Vgl. Löw, Soziologie, S. 171. Siehe dazu auch die Arbeiten Pauls, wie z.B. Geschichtsdidaktik, S. 18f. und Vom Bild, S. 34–39.

erst in der Rezeption der Sinn eines Bildes konstituiere, und zwar in der Sinnzuweisung.[25] Das ist in der Folge nicht unproblematisch für Untersuchungen wie diese. Es stehen kaum Quellen zur Verfügung, aus denen sich die Wahrnehmung erschließen ließe. Das ist zum einen ein Überlieferungsproblem, zum anderen ein grundsätzliches, sind wir uns bei der Alltäglichkeit der Bilder kaum immer ihrer Wirkung bewusst.

Das gebaute und das grafische Bild sind nicht als zwei Puzzlestücke zu verstehen, die zusammengefügt ein Gesamtbild ergeben. Vielmehr bedingen sie sich wechselseitig: Das grafische Bild ist Vorlage und „Garant für die Dauerhaftigkeit des gebauten Stadtbildes"[26] zugleich. So wird ein zu bauendes Objekt zunächst in Form einer Zeichnung oder eines Planes, vielleicht eines Modells entworfen. Auf dieser Grundlage erfolgt die materielle Realisierung. In der abbildenden Fotografie wird wiederum ein Zustand festgehalten und der Zeitlichkeit enthoben. Im Falle Münsters lässt sich das anhand Max Geisbergs fotografischen Dokumentation von Bau- und Kunstdenkmälern illustrieren. In dieser Zusammenstellung ist das gebaute Stadtbild Münsters vor der großflächigen Zerstörung 1943 erhalten geblieben.

Obwohl der vorliegende Stadtbild-Begriff einer umfassenderen historischen Dimension entbehrt, erweist er sich als hochgradig anschlussfähig für den Untersuchungszeitraum von 1933 bis 1945: Mit der Architektur und den grafischen Medien stehen die zwei zentralen Säulen visueller Inszenierung der Nationalsozialisten im Fokus. Bildmedien wie (Staats-)Architektur fungierten als Träger politischer Botschaften, gezielt wurden sie zur Repräsentation von Macht und Ideologemen eingesetzt.[27] Dabei ging es allerdings nicht nur um Strategien der Sichtbarmachung, sondern auch um den Entzug von

25 Was in den Bild- und Kulturwissenschaften längst Allgemeinplatz ist, hat auch mittlerweile Anerkennung in der Geschichtswissenschaft bzw. Visual History gefunden, ders. Geschichtsdidaktik, S. 14. Dass auch Städte sich erst im Bewusstsein formen, haben erstmals Richard Wohl und Anselm Strauss formuliert, vgl. Richard Wohl/Anselm L. Strauss, Symbolic Representation and the Urban Milieu, in: American Journal of Sociology 63 (1958), 5, S. 523–532. Vgl. ders., Geschichtsdidaktik, S. 14.

26 Löw, Soziologie, S. 148.

27 Vgl. Paul, Punkt & Pixel, S. 218. Im Hinblick auf die Architektur verweist Bartetzko kontinuierlich in seinen Beiträgen darauf, dass Staatsarchitektur per se propagandistisch sei. Die Bauten verkörperten unabhängig vom politischen System oder der Nation eine bestimmte Herrschaftsauffassung, vgl. Dieter Bartetzko, Zwischen Zucht und Ekstase. Zur Theatralik von NS-Architektur, Berlin 1985, S. 103, ders., Wir haben wieder Helden. Die Stimmungsarchitektur des NS-Staates und die Ikonographie des Vagen, in: Arnold Bartetzky u.a. (Hg.), Neue Staaten – neue Bilder? Visuelle Kultur

Sichtbarkeit. So wurden unliebsame Elemente, Motive und letztlich auch Bevölkerungsgruppen unsichtbar gemacht – ein staatlicher Ikonoklasmus, der Deutschland in diesem Ausmaß bis dahin unbekannt war.[28] Damit wird Löws Interesse am Stadtbild im Kontext wirtschaftlich-touristischer Konkurrenzkämpfe der Städte auf das Interesse an der ideologischen Inszenierung der Gauhauptstadt umgelenkt und für das totalitäre Regime fruchtbar gemacht.

Aus dem dargelegten Verständnis vom Stadtbild ergeben sich wesentliche Impulse für die Untersuchung und ihren Aufbau. Ob und wie die visuelle Inszenierung gelingt, hängt in erster Linie von der Stadt und ihren Bewohnern ab. Sie lassen bestimmte Deutungen ihrer Stadt zu und sträuben sich gegen andere. Grundlegend ist daher eine Erkundung der Stadt Münster und ihrer Bürgerschaft: Was machte Münster und seine Stadtgesellschaft aus? Wie lässt sich das Verhältnis der Einwohner zum Nationalsozialismus beschreiben? Welche gestalterischen Charakteristika wies die Stadt auf? Dabei kann es nicht um eine umfassende Darstellung der Stadt Münsters und ihrer Stadtgesellschaft gehen. Vielmehr werden Eckpfeiler umrissen, die im Sinne des Stadtbildes die Inszenierung abstecken und damit den Handlungsspielraum vorgeben. Das zweite Kapitel widmet sich somit gewissermaßen dem „Material der Stadt".

Der Kern der Untersuchung orientiert sich an der Unterscheidung von gebautem und grafischem Bild. Leitend dabei ist das Kriterium der Visualität im Verhältnis von Sichtbar- und Unsichtbarmachung. Im dritten Kapitel wird das gebaute Bild in seinen visuellen Spielformen in den Blick genommen. Die optischen Veränderungen werden mithilfe eines Dreischritts erfasst: 1. Wie wurden bestehende Bauten und Plätze modifiziert oder neuakzentuiert? 2. Was wurde neugebaut? 3. Welche Elemente wurden getilgt und verschwanden damit aus dem Stadtbild? Während die Neuakzentuierung vor allem im Rahmen der nationalsozialistischen Feierkultur näher beleuchtet wird, stehen bei den Neubauten die Bauten der Partei im Fokus, die sich um den Aasee konzentrierten. Beschäftigen sich diese Aspekte mit der Visualisierung von Herrschaft, so soll zuletzt mit der Tilgung dem Entzug von

im Dienst staatlicher Selbstdarstellung in Zentral- und Osteuropa seit 1918, Köln u.a. 2005, S. 141–146, hier S. 142.

28 Vgl. Paul, Diktatur, S. 91f.; Hans-Ulrich Thamer, Von der Monumentalisierung zur Verdrängung der Geschichte. Nationalsozialistische Denkmalpolitik und die Entnazifizierung von Denkmälern nach 1945, in: Winfried Speitkamp (Hg.), Denkmalsturz. Zur Konfliktgeschichte politischer Symbolik, Göttingen 1997, S. 109–136, hier S. 113.

Sichtbarkeit nachgespürt werden. Zentral ist dabei die Diskussion um den Abriss der Denkmäler. Bei allen drei Formen sollen schließlich die etwaigen Veränderungen eingeordnet werden: Inwiefern wurden die Bauten zu Trägern nationalsozialistischer Ideologeme und Gedanken? Als wie erfolgreich lässt sich dieser Versuch beschreiben? Die Auseinandersetzung konzentriert sich dabei ausschließlich auf die äußere Gestalt der Bauten im Stadtbild, das heißt auf das, was von außen wahrgenommen werden konnte. Die Betrachtung der Innenräume scheidet damit also aus. Ferner kann der Grad der Intentionalität variieren; während einige Maßnahmen als absichtsvolle Prägung des Stadtbildes erfolgten, entziehen sich andere einer direkten Absicht im Sinne einer geplanten Stadtentwicklung.

Das vierte Kapitel widmet sich dem grafischen Bild. Hier wird vor allem der Frage nachgegangen, inwiefern die etwaigen baulichen Änderungen im Bild aufgegriffen wurden und sie somit zum Ort avancierten: Fanden die neuen Elemente den Weg in das grafische Bild? Welche Orte, Plätze und Bauten wurden hingegen in Abgrenzung zur Weimarer Republik weniger abgebildet oder gar ganz ausgeblendet? Auch wenn die Grundsätze der Visual History die ganze Arbeit umklammern, so ist ihr Ansatz in diesem Teil besonders gefragt. Im Sinne Pauls wird der Untersuchung dabei ein weiter Bildbegriff zugrunde gelegt und eine multimediale Herangehensweise gewählt: Es sollen sowohl Grafiken (Plakate, Stadtpläne), Fotos, Filme als auch dreidimensionale Bilder wie Modelle berücksichtigt werden. Aus dem großen Pool an Bildern zu Münster werden im Folgenden punktuell drei Bereiche betrachtet, die aufgrund der Quellenlage und ihrem Aussagewert in Bezug auf die Inszenierung der Stadt ausgewählt wurden. Zunächst richtet sich der Blick auf den touristischen Bereich, da dort der stärkste Ausdruck der Außenrepräsentation zu vermuten ist: Wie sollte die Gauhauptstadt von auswärtigen Besuchern gesehen werden? Was wurde in Form von Bildern als typisch Münster und damit besuchenswert gerahmt? Ist dieser Schritt noch stark an Löws gegenwartsorientierte Theorie angelehnt, so soll sich der zweite Punkt davon lösen und den Blick stärker auf die propagandistische Dimension der visuellen Diktatur richten. Anhand von nationalsozialistischen Festen und einem Wahrzeichen des Stadtbildes, dem Kiepenkerl, soll untersucht werden, inwiefern das Stadtbild Eingang in die NS-Propaganda fand und zu welchem Zweck. Die Analyse der grafischen Bilder soll allerdings nicht bei ihrer darstellerischen Form stehen bleiben, sondern auch ihre zukunftsgerichtete Dimension hervorheben, was schließlich anhand der Ausstellung „Bauten der Partei“ von 1941 nachvollzogen wird.

Anschließend richtet sich der Blick auf die Zeit nach 1945. Thematisiert werden im fünften Kapitel die Debatten um den Wiederaufbau und die Rekonstruktion des historischen Stadtbildes, die wertvolle Hinweise auf die Bedeutung des Stadtbildes versprechen. Im letzten Teil der Arbeit erfolgt dann abschließend die Synthese der Ergebnisse beider Analyseteile: Wie verhalten sich gebautes und grafisches Bild zueinander? Gelang es, bauliche Veränderungen durch das grafische Bild in Szene zu setzen und letztlich zum Ort zu vermarkten? Wie lässt sich das Stadtbild schließlich im Nationalsozialismus charakterisieren?

1.2 Quellen und Forschungsstand

Zur Beantwortung dieser Fragen stützt sich die Arbeit auf vielfältiges Quellenmaterial. Die Basis bilden sowohl Bild- als auch Textquellen. Während Bildquellen elementar sind, um die Frage nach der visuellen Inszenierung der Stadt im Nationalsozialismus zu beantworten, geben die Textquellen Aufschluss über Motive, Intentionen und Zukunftsvorstellungen, die ihren unmittelbaren Ausdruck nicht im Visuellen finden. Die Quellenlage zu Münster zwischen 1933 und 1945 spiegelt die grundsätzliche, fragmentarische Quellenlage zum Nationalsozialismus wider. Ein großer Teil des nationalsozialistischen Schriftguts wurde vor 1945 vernichtet oder ist im Zuge der Auslagerungen mit Beginn der Luftangriffe verlorengegangen.[29] Dennoch sind verschiedene Quellen erhalten, die es erlauben, die Stadtbildgestaltung Münsters zu rekonstruieren.

Der Großteil des relevanten Schriftguts befindet sich in drei Archiven Westfalens: dem Stadtarchiv Münster, dem Landesarchiv NRW, Abteilung Westfalen, und dem Landesarchiv NRW, Abteilung Ostwestfalen. Im Stadtarchiv sind neben behördlichem Schriftgut auch die Erklärungen des führenden Architekten zur Umgestaltung Münsters erhalten, die seltenen Einblick in die Konzeption und Intention der Planungsriege gibt. Ebenso aufschlussreich wie selten ist der Bestand zu den späteren Metallspenden im Krieg, anhand dessen ein Aushandlungsprozess zwischen Stadt und Bürgern über Veränderungen im Stadtbild nachvollzogen werden kann. Für die geplante

29 Im Rahmen dieser Untersuchung ist es vor allem bedauerlich, dass Bestände wie die der Gaupropagandaleitung bzw. des Gaupropagandaamtes nicht mehr erhalten sind. Ebenso fehlen Akten des städtischen Fremden- und Verkehrsamtes für die Zeit von 1933–1945 fast gänzlich.

architektonische Gestaltung der Stadt, im Besonderen für den Umbau des Hindenburgplatzes, liefern die Bestände des Landesarchivs NRW, Abt. Westfalen wichtige Hinweise. In der tendenziell lückenhaften Überlieferung von nationalsozialistischem Schriftgut erweist sich der Bestand L113 (NSDAP und NS-Organisationen in Lippe) im Landesarchiv NRW, Abteilung Ostwestfalen, als Glücksfall, da er als einziger in Nordrhein-Westfalen umfangreiche Dokumente über die Korrespondenzen auf Ebene der Kreisleitung umfasst. Während sich die Untersuchung mangels Quellen vor allem auf die visuellen Produkte des Regimes stützt, so erlaubt dieser Bestand aufgrund der Zugehörigkeit des Kreises Lippe zum Gau Westfalen-Nord einen seltenen Blick hinter die Kulissen von Festivitäten und Veranstaltungen.[30] Ebenso wird dort der Nachlass des Gauleiters Alfred Meyer bewahrt, der neben verschiedenen Reden auch einige Fotoalben umfasst. Mangels zugänglicher Egodokumente stellt die Rezeption der Inszenierung durch die Bevölkerung einen nur schwer fassbaren Gegenstand dar. Umso wichtiger sind verschiedene Berichte von Stellen wie Polizei, NSDAP oder Wehrmacht, die Auskunft über die politische und gesellschaftliche Lage in Münster geben. Diese erlauben nicht nur interne Abläufe und Maßnahmen nachzuvollziehen, sondern geben zum Teil Aufschluss über die Reaktion der Bürgerinnen und Bürger auf die visuelle Inszenierung. Als besonders hilfreich erweisen sich die Stimmungs- und Lageberichte der Gauleitung. Joachim Kuropka leistet durch seine Zusammenstellung in *Meldungen aus Münster* einen wertvollen Beitrag.[31] Weitere Stimmungs- und Lageberichte, die bisher nicht ediert wurden, konnten im Landesarchiv Westfalen im Bestand der Gauleitung Westfalen-Nords eingesehen werden. Allerdings ist Vorsicht geboten, geben die Berichte doch ausschließlich die Einschätzung der Machthaber wieder.

Wertvolle Hinweise zur Einordnung von Ereignissen liefert auch der *Münsterische Anzeiger*, der zwei Mal täglich im Aschendorff Verlag erschien und fast vollständig erhalten ist. Er vertrat eine konservativ-nationale Linie und stand dem Zentrum nahe. Entsprechend der hohen katholischen Bevölkerungsanteile ist es demnach nicht verwunderlich, dass der Münsterische Anzeiger die auflagenstärkste Zeitung in Münster war. Bereits im Februar

30 So sind in diesem Bestand auch Korrespondenzen mit der Gaupropagandaleitung überliefert, deren Bestände in Münster nicht mehr vorliegen.

31 Joachim Kuropka (Hg.), Meldungen aus Münster 1924–1944. Geheime und vertrauliche Berichte von Polizei, Gestapo, NSDAP und ihrer Gliederungen, staatlicher Verwaltung, Gerichtsbarkeit und Wehrmacht über die politische und gesellschaftliche Situation in Münster, Münster 1992.

1933 wurde dieser jedoch unter Zensur gestellt und schließlich 1936 von den Nationalsozialisten enteignet.[32] Als Parteizeitung für den Gau einverleibt, sind die Beiträge im Münsterischen Anzeiger auch insofern hilfreich, als darin bestimmte Inhalte von der NSDAP gezielt an die Öffentlichkeit transportiert werden konnten.

Das vorliegende Bildmaterial gestaltet sich weitaus reichhaltiger. In den genannten Archiven sowie im LWL-Medienzentrum für Westfalen und Stadtmuseum Münster sind zahlreiche Bildmedien erhalten, wie z.B. Foto- und Postkartensammlungen. Allerdings bergen diese hinsichtlich der Auswertung drei zentrale Probleme: Neben Datierungsproblemen ist oftmals über die Hintergründe des Bildes wie des Urhebers nur wenig bekannt. Auch wenn die Rezeption ein nur schwer zu greifender Aspekt ist, so war bei der Auswahl der Quellen überwiegend das Kriterium leitend, dass entsprechend der Frage nach der Inszenierung die Bildquellen einem Großteil der Bevölkerung zugänglich und eine breite Rezeption zumindest möglich gewesen sein sollte. Dies ist beispielsweise bei privaten Fotosammlungen nicht gegeben. Neben Pressebildern stellen im Rahmen der Untersuchung zum grafischen Bild die Erzeugnisse der städtischen Einrichtungen eine wichtige Quelle für das Selbst- wie das gewünschte Fremdbild dar. Zu nennen sind unter anderem die reich bebilderte Kultur- und Werbezeitschrift *Das schöne Münster* wie die Stadtführer des städtischen Verkehrsamtes, die neben weiterem aufschlussreichem Text- und Bildmaterial vom Stadtmuseum Münster zur Verfügung gestellt wurden.

Das Arbeiten mit Bildquellen erfordert einen behutsamen Umgang. Zum einen ist vor dem Hintergrund von Zensur- und Bearbeitungsmöglichkeiten ein genaues Hinsehen gefragt, wie anhand des untersuchten Filmmaterials rund um den Stadtfilm „Münsters schöne Hauptstadt" deutlich wird. Zum anderen ist ein Großteil der hier abgebildeten Fotografien, Plakate, Modelle und Co. – ebenso wie das Schriftgut – aus der Perspektive der nationalsozialistischen Machthaber aufgenommen bzw. entstanden oder bildet nationalsozialistische Objekte, Symbole und Inszenierungen ab. Das ist in zweifacher Hinsicht problematisch. Erstens verzerrt die Darstellung dieser Inhalte das tatsächliche Verhältnis. Denn um eine zentrale Erkenntnis vorwegzunehmen: Das Stadtbild Münsters änderte sich nach 1933 nur bedingt. Zweitens können Bilder eine eigene Macht entfalten, Wirklichkeiten herstellen, was

32 Vgl. Hans-Ulrich Thamer, Stadtentwicklung und politische Kultur während der Weimarer Republik, in: Franz-Josef Jakobi (Hg.), Geschichte der Stadt Münster. Bd. 2: Das 19. und 20. Jahrhundert (bis 1945), 3. Aufl., Münster 1994, S. 219–284, hier S. 252; Christian Steinhagen, Münster im Dritten Reich. Ein Stadtführer, Münster 2013, S. 36f.

bei der Abbildung von Ideologemen und propagandistischen Materials stets mitzudenken und abzuwägen ist.

Die Frage nach der visuellen Inszenierung der Gauhauptstadt liegt in der Schnittmenge verschiedener inhaltlicher und methodischer Zugriffe. Verklammert wird die gesamte Fragestellung dabei durch die Visual History. Die Visual History ist als späte Antwort auf den *iconic turn* zu verstehen und trägt dem neu entstandenem Bilderkosmos Rechnung. Zuvor auf eine illustrierende und allenfalls ergänzende Funktion reduziert, wurde in den 1980er Jahren ausgehend von der Kunst- und Sozialgeschichte ein neuer Bildstatus postuliert: Bilder avancierten zu historischen Quellen mit eigenem Wert, den schriftlichen Quellen gleichrangig.[33] Wichtige Impulse erhielt die sich zaghaft entwickelnde Visual History unter anderem von den Visual-Culture-Studies um William J. T. Mitchell der 1990er Jahre aus dem angelsächsischen Raum, die das Untersuchungsfeld um alltägliche Bilder und visuelle Alltagspraktiken erweiterten.[34] Diese Erweiterung hat in der Folge auch in deutschen Arbeiten ihren Niederschlag gefunden, etwa bei Cord Pagenstecher, der in seiner Untersuchung zum Massentourismus in der Bundesrepublik auf bis dato unübliche Quellen zurückgreift, wie zum Beispiel auf Reiseführer, Prospekte oder auch private Alben.[35] Nicht zuletzt aufgrund der Ausdifferenzierung des verwendeten Quellenmaterials gibt es bis heute keinen methodischen Königsweg, vielmehr hat sich ein „eklektizistischer Methodenmix"[36] durchgesetzt.

Historikerin Heike Talkenberger plädierte bereits auf dem Historikertag 1992 für ein Bildverständnis, nach dem Bilder nicht nur ein die Geschichte abbildenden, sondern auch die Geschichte produzierenden Charakter aufweisen: Danach sind sie sowohl Indikator als auch Faktor historischen Geschehens. In der Geschichtswissenschaft zunächst kaum rezipiert, wurde dieser Ansatz vom Kunsthistoriker Horst Bredekamp maßgeblich wei-

33 Vgl. Paul, Historischen Bildkunde, S. 8f.

34 Vgl. Christine Brocks, Ist Clio im Bilde? Neuere historische Forschungen zum Visuellen, Archiv für Sozialgeschichte 53 (2013), S. 453–486, hier S. 454f. Vgl. Paul, Historischen Bildkunde, S. 11f.

35 Vgl. Cord Pagenstecher, Der bundesdeutsche Tourismus. Ansätze zu einer Visual History. Urlaubsprospekte, Reiseführer, Fotoalben 1950–1990, Hamburg 2003 (Studien zur Zeitgeschichte 34), vgl. auch Paul, Historischen Bildkunde, S. 23.

36 Karin Hartewig, Fotografien, in: Michael Maurer (Hg.), Aufriss der historischen Wissenschaften, Bd. 4: Quellen, Stuttgart 2002, S. 427–448, hier S. 439.

terentwickelt und um den Akt des Betrachtens erweitert.[37] Jedoch erst der Historikertag 2006 markierte mit der Hinwendung zur Visual History und der interdisziplinären Zusammenarbeit den „Beginn des ‚visual turn' in der deutschsprachigen Geschichtswissenschaft".[38] Trotz der nur langsamen Öffnung für andere Disziplinen wie die Kunstgeschichte und Kulturwissenschaft sind seit den 2000er Jahren zahlreiche geschichtswissenschaftliche Publikationen im Bereich der Visual History entstanden. Bis heute aber ist sie mit keinem Namen so stark verknüpft wie mit dem des Historikers Gerhard Paul, der neben allgemeineren Grundlagenwerken mit *Bilder einer Diktatur* jüngst eine spezifische Arbeit zur Visual History des NS-Regimes als visuelle Diktatur publiziert hat.[39] Gerade das „Dritte Reich", tendenziell überforscht, so Paul, biete im Hinblick auf die visuellen Praktiken und Erzeugnisse noch reichlich Forschungspotenzial.[40] Bereits erschienene Beiträge beschäftigen sich vornehmlich mit einzelnen Quellenarten. In der *Typographie des Terrors* beispielsweise erfolgt die Auseinandersetzung mit Münchener Plakaten im Zeitraum von 1933 bis 1945. Andreas Koop hingegen widmet sich dem umfassenden visuellen Erscheinungsbild der Nationalsozialisten unter anderem in

37 Vgl. Paul, Geschichtsdidaktik, S. 15f. vgl. Horst Bredekamp, Theorie des Bildakts. Über das Lebensrecht des Bildes, Frankfurt a.M. 2010. Auch im Bereich der Geschichtsdidaktik wurde dieser als „Paradigma der historischen Forschung" wahrgenommen, vgl. Saskia Handro/Bernd Schönemann, Einleitung, in: dies. (Hg.), Visualität und Geschichte, S. 1–5, hier S. 1.

38 Paul, Vom Bild her, S. 17.

39 Ders., Diktatur, S. 10. Für die allgemeineren Arbeiten s. ders., Visual History. Ein Studienbuch, Göttingen 2006 sowie die beiden Bände von dems. (Hg.). Das Jahrhundert der Bilder. 2. Bde. Bonn 2008–2009; ders., BilderMACHT. Studien zur *Visual History* des 20. und 21. Jahrhunderts, Göttingen 2013; der Sammelband in Herausgeberschaft mit Jürgen Danyel (Hg.), Arbeit am Bild. S. auch die Beiträge zu verschiedenen Medien und den damit verbundenen Praktiken, wie bspw. zur Fotografie bei Annette Vowinckel, Agenten der Bilder. Fotografisches Handeln im 20. Jahrhundert, Göttingen 2016. Dass die Visual History auch in der Geschichtsdidaktik zu einem wichtigen Forschungsbereich avanciert ist, zeigen unterschiedliche Publikationen, wie der Sammelband von Handro und Schönemann, Visualität, das Themenheft der Zeitschrift für Geschichtsdidaktik 12 (2013) mit dem Schwerpunkt Visual History sowie die Abhandlung von Christoph Hamann, Visual History und Geschichtsdidaktik. Bildkompetenz in der historisch-politischen Bildung, Herbolzheim 2007.

40 Vgl. Paul, Historischen Bildkunde, S. 22. So stehen laut Paul umfassende Arbeiten zur visuellen Feindbildkonstruktion und überraschenderweise ebenso zur nationalsozialistischen Selbstinszenierung aus.

Farbe, Symbol und Printmedien.[41] Unter den vielfältigen Quellenarten wird im Medium Film derzeit immer noch das größte Desiderat gesehen. Das hat nicht zuletzt pragmatische Gründe: Anders als ein Foto bedarf der Film eines technischen Mediums, um ihn abzuspielen und betrachten zu können. Die Analyse bewegter Bilder ist aufwendiger als die von Fotos und Zeichnungen, ebenso wie die Abbildung von Filmsequenzen. Das kann in der Regel nur über sogenannte Filmstills erfolgen, d.h. Standfotos aus dem Filmmaterial, die nur in der Aneinanderreihung Bewegung abzubilden vermögen. Inzwischen sind neben der Pionierarbeit von David Welch zu Propaganda und Film jedoch einige Versuche unternommen worden, diese Lücke zu schließen.[42]

Während Untersuchungen zu Städten im grafischen Bild während des Nationalsozialismus mit Ausnahme von Arbeiten wie Klaus Hesses und Sven Schultzes zur Inszenierung Berlins wie dem Sammelband zu einer mittelfränkischen Kleinstadt bisher eher die Seltenheit sind,[43] ist das Feld der Architektur verschiedentlich Gegenstand der NS-Forschung geworden. Waren bis in die 1960er Jahre die Auseinandersetzung mit der Kunst- und Baugeschichte des „Dritten Reiches" ein eher unbekanntes Feld und die bereits erschienenen Untersuchungen von einer isolierenden, entpolitisierten Tendenz gekennzeichnet,[44] betonte die Kulturhistorikerin Barbara Miller Ende

41 Vgl. Thomas Weidner, Typographie des Terrors. Plakate in München von 1933 bis 1945, Heidelberg 2012; Andreas Koop, NSCI. Das visuelle Erscheinungsbild der Nationalsozialisten 1920–1945, 3. Aufl., Mainz 2017.

42 Siehe dazu z.B. die Sammelbände Barbara Hales u.a. (Hg.), Continuity and Crisis in German Cinema 1928–1936, Rochester NY 2016; Manuel Köppen/Erhard Schütz (Hg.), Kunst der Propaganda. Der Film im Dritten Reich, Bern u.a. 2007; Rainer Rother (Hg.), Zeitbilder. Filme des Nationalsozialismus, Berlin 2019 sowie die Arbeit von David Welch, Propaganda and the German Cinema 1933–1945, 3. Aufl., Oxford u.a. 1987.

43 Vgl. Klaus Hesse, Gelenkte Bilder. Propagandistische Sichtweisen und fotografische Inszenierungen der Reichshauptstadt, in: Michael Wildt/Christoph Kreutzmüller (Hg.), Berlin 1933–1945, München 2013, S. 279–293; s. im gleichen Sammelband auch Bjoern Weigel, Inszenieren und zerstören. Kultur und Medien am Standort Berlin, in: Wildt (Hg.), Berlin, S. 245–260; Sven Schultze, Die visuelle Repräsentation der Diktatur. Berlin, sein Messeamt und die Propagandaschauen im Nationalsozialismus, in: Hachtmann, Berlin, S. 113–131. Für den Sammelband zur Provinzstadt Guenzenhausen, der sich vornehmlich auf eine bis dahin unbekannte Fotosammlung stützt, vgl. Thomas Medicus (Hg.), Verhängnisvoller Wandel. Ansichten aus der Provinz 1933 – 1949. Die Fotosammlung Biella, Bonn 2016.

44 Vgl. Hans J. Reichhardt/Wolfang Schäche, Von Berlin nach Germania. Über die Zerstörung der „Reichshauptstadt" durch Albert Speers Neugestaltungspläne, 11. Aufl., Berlin 2008, S. 9f.

der 1960er Jahre mit ihrer Feststellung, Architektur sei „verstärkt als Symbol einer politischen Zielsetzung“ eingesetzt worden, die politische und ideologische Dimension der Bauten.[45] Gleichzeitig verwies sie auf die Traditionslinie zur Weimarer Republik und prägte damit die bis heute anhaltende Diskussion um Kontinuitäten und Brüche.[46] Besonderes Interesse der Forschung richtet sich auf die sogenannten „Führerstädte“, wie München und Nürnberg, bei denen Berlin als „Reichshauptstadt“ in der Forschung eine exponierte Stellung einnimmt.[47] In den letzten Jahren sind vermehrt auch Untersuchungen zu den Gauhauptstädten, auf die 1939 flächendeckend die Neugestaltungpläne ausgedehnt wurden, Gegenstand der Forschung geworden, wie beispielsweise Weimar.[48] In der Auseinandersetzung mit der Archi-

45 Barbara Miller Lane, Architektur und Politik in Deutschland 1918–1945, Braunschweig/Wiesbaden 1986, S. 15. Erstmals 1968 im Englischsprachigen erschienen.

46 So bewertet bspw. Nerdinger Abhandlungen, die vor allem die Traditionslinien (über)betonen, als Versuch der Normalisierung. Sie folgten naiv der von Speer popularisierten These, die das Funktionsgefüge und die Radikalität ausblende. Vgl. Winfried Nerdinger, Bauen im Nationalsozialismus. Von der quantitativen Analyse zum Gesamtzusammenhang, in: Christoph Hölz/Regina Prinz (Hg.), Winfried Nerdinger. Architektur – Macht – Erinnerung. Stellungnahmen 1984–2004, München u.a. 2004, S. 107–118, hier S. 108–110; ders., Baustile im Nationalsozialismus. Zwischen „Internationalem Klassizismus“ und Regionalismus, in: Hölz, Nerdinger, S. 119–132, hier S. 119–121.

47 Eine umfassende Abhandlung zu den Umgestaltungsplänen Speers für Berlin stellen Reichhardt, von Berlin dar sowie Wolfgang Schäche, Architektur im NS-Staat am Beispiel Berlin, in: Wolfgang Benz u.a. (Hg.), Kunst im NS-Staat. Ideologie, Ästhetik, Protagonisten, Berlin 2015, S. 301–317. Für München u.a. Hans-Peter Rasp, Bauten und Bauplanung für die „Hauptstadt der Bewegung“, in: Richard Bauer u.a. (Hg.), München – „Hauptstadt der Bewegung“. Bayerns Metropole und der Nationalsozialismus, München 2002, S. 294–306. Für einen Überblick über Führerstädte s. Joshua Hagen/Robert C. Ostergren, Building Nazi Germany. Place, Space, Architecture, and Ideology, Lanham u.a. 2020, s. insbesondere Kapitel 2.

48 Vgl. Karina Loos, Die Inszenierung der Stadt. Planen und Bauen im Nationalsozialismus in Weimar, Weimar 2000 [Diss.] (online abgerufen unter: https://e-pub.uni-weimar.de/opus4/frontdoor/index/index/start/0/rows/10/sortfield/score/sortorder/desc/searchtype/simple/query/loos+inszenierung/docId/48, 04.12.2022). Ferner sind die Arbeiten Inge Holzschuhs zentral für die Auseinandersetzung mit Bauen in Wien im Nationalsozialismus, wie der Sammelband von Inge Holzschuh/Monika Platzer (Hg.), „Wien. Die Perle des Reiches“. Planen für Hitler, Wien 2015, der anlässlich der gleichnamigen Ausstellung in Wien 2015 erschien. Ein Beispiel für die Ostgebiete stellt die Stadt Posen des Warthegaus dar, mit der sich Hanna Grzesczuk-Brendel beschäftigt hat, vgl. Hanna Grzesczuk-Brendel, Zwischen Gauforum und Ehebett. Das öffentliche und private Leben unter der NSDAP-Kontrolle. Das Beispiel Posen 1939–1945,

tektur im Nationalsozialismus lässt sich überdies die stärkste Tendenz zur Kombination von gebautem und grafischem Bild konstatieren, wie sie vor allem bei Dieter Bartetzko zu finden ist.[49] Als symptomatisch für die Nachkriegszeit können die früheren Publikationen zur architektonischen Gestaltung Münsters beschrieben werden, die vornehmlich die Zerstörungen durch die Bombenangriffe und den Wiederaufbau in den Blick nehmen.[50] Die Pläne zur Umgestaltung Münsters werden in verschiedenen Arbeiten zwar erwähnt, blieben jedoch marginal.[51] Eine erste einschlägige Abhandlung stellt die Magisterarbeit Anscar Jansens dar, der eine weitere studentische Arbeit zum Thema 2017 folgte.[52] Im Rahmen zweier Dissertationsprojekte zur Stadtverwaltung Münsters wurde jüngst auch die Einbindung

in: Bartezky, Neue Staaten, S. 147–155. Marcello La Speranza, Brisante Architektur. Hinterlassenschaften der NS-Zeit. Parteibauten, Bunker, Weihestätten, Graz 2016, hingegen umfasst einzelne Bauten verschiedener Städte.

49 So thematisiert Bartetzko bspw. die enge Verbindung von Film und Theater mit der NS-Architektur und schneidet die Abbildung und Propagierung im Bild an, vgl. Bartezko, Zucht; ders., Helden. Vgl. für eine spezifischere Betrachtung am Beispiel Berlins Kropp, Alexander, Architektur und Propaganda am Beispiel des G.B.I., in: Benz, Kunst, S. 333–345.

50 Genannt sei an dieser Stelle die umfassende Zusammenstellung Niels Gutschow/Regine Stiemer, Dokumentation Wiederaufbau der Stadt Münster 1945–1961, Münster 1982. Als besonders wertvoll erweist sich Max Geisbergs langjährige Dokumentationsarbeit zu den Bau- und Kunstdenkmälern Münsters: Das sieben Bänden umfassende Werk zeichnet akribisch ein Bild der Bauten Münsters vor den umfassenden Zerstörungen durch den Luftkrieg, die Geisberg selbst, verstorben 1943, in dem Umfang nicht mehr miterlebte. Vgl. Max Geisberg, Die Stadt Münster, Bd. 1–7, Münster 1932–1981.

51 In Christian Steinhagens Rundgang durch das Münster des „Dritten Reiches" werden z.B. auch bauliche Veränderungen spezifischer Orte in kurzen Abschnitten thematisiert, vgl. Steinhagen, Münster. S. auch Ursula Richard-Wiegandt, Münster. Von der Provinzial- zur Gauhauptstadt. Siedlungsstrukturelle Entwicklung von 1815 bis 1939, Münster 2000.

52 Vgl. Anscar Jansen, Studien über die Pläne zur Umgestaltung Münsters im „Dritten Reich", unveröffentlichte Magisterarbeit, Universität Marburg 1996; Lars Laurenz, Die Pläne zur Neugestaltung der Gauhauptstadt Münster. Erweiterte Fassung eines Vortrages vom 17. Juni 2017 im Rahmen des 92. Kunsthistorischen Studierendenkongresses in Münster, 15.–18. Juni 2017 (online abgerufen unter: http://archiv.ub.uni-heidelberg.de/artdok/volltexte/2020/6802, 4.12.2022).

dieser in die Bauprojekte untersucht und in einem Beitrag zur Stadtplanung und zum Wohnungsbau konkretisiert.[53]

Zu Stadtbildern und -images liegen zwar Arbeiten vor, die Vorstellungen aber, was unter einem Stadtbild zu verstehen ist, unterscheiden sich – sofern überhaupt offengelegt – stark untereinander, auch hinsichtlich der hier zugrunde gelegten Definition. Dennoch erweisen sich beispielsweise das Themenheft zum Stadtbild und -marketing von Sabine Mecking und Rolf Sachsse als hilfreich, das vor allem für die Vermarktung des Ortes im Bild wichtige Hinweise liefert.[54] Ebenso ist der Sammelband *Selling Berlin* von Thomas Biskup und Marc Schalenberg zu nennen, der sich Berlins Stadtbild, -image und -marketing vom 18. Jahrhundert bis heute widmet und die Zugänge unter anderem über Tourismus, Architektur und staatliche Repräsentation sucht.[55] Als besonders interessant lässt sich auch Katrin Minners Untersuchung zur städtischen Selbstdarstellung in Stadtfilmen beschreiben.[56] Auffällig ist, dass sich die Forschung vornehmlich auf die Zeit vor 1933 und nach 1945 konzentriert. Es wurden also durchaus erhellende und anregende Arbeiten zu den relevanten Themenbereichen veröffentlicht, allerdings streifen sie die Fragestellung nur. Einschlägige Literatur, die die Komplexe kombiniert, liegt kaum vor.

53 Hartmann, Verwaltung, s. insbesondere S. 228–268, Erdmann, Krisenhandeln, s. insbesondere S. 76–83, ders./Annika Hartmann, Die gescheiterte Ordnung des Stadtraums. Stadtplanung und öffentlicher Wohnungsbau in Münster entlang der Systemwechsel 1933 und 1945, in: Süß, Städte, S. 151–175.

54 So z.B. der Beitrag von Rolf Sachsse, Urbanes Flair. Städtische Identität zwischen Werbung, Dokumentation und Kritik in fotografischen Publikationsformen des 20. Jahrhunderts, Geschichte im Westen 28 (2013). Schwerpunktthema: History sells. Stadt, Raum, Identität, S. 10–27.

55 Vgl. Thomas Biskup/Marc Schalenberg (Hg.), Selling Berlin. Imagebildung und Stadtmarketing von der preußischen Residenz bis zur Bundeshauptstadt, Stuttgart 2008.

56 Vgl. Katrin Minner, Lost in transformation? Städtische Selbstdarstellung in Stadt(werbe)film der 1950er bis 1970er Jahre, in: Clemens Zimmermann (Hg.), Stadt und Medien. Vom Mittelalter bis zur Gegenwart, Köln u.a. 2012, S. 197–216.

2. Das „Material der Stadt“: von Münster und seinen Bewohnern

Münster bildete zum Ende der Weimarer Republik als Standort zahlreicher Einrichtungen einen verwaltungstechnischen Knotenpunkt: Münster war Bistumssitz, als Hauptstadt der Provinz von Westfalen Sitz des Oberpräsidenten, Garnisonsstadt, Universitätsstadt und ab dem 1. Oktober 1932 Gauhauptstadt des eingerichteten Gaus Westfalen-Nord, eine regionale Verwaltungseinheit der NSDAP.[57] Mit Ostwestfalen-Lippe, der Emscherzone und dem Münsterland umfasste dieser Gau drei politisch, sozial und religiös durchaus unterschiedliche Regionen und wurde auch aufgrund dieser Heterogenität von der Parteiführung als eines der „schwierigsten Gaugebiete“ erachtet.[58] Als Gauleiter wurde Alfred Meyer ernannt. Der promovierte Jurist war 1891 in Göttingen in eine gut bürgerliche Familie geboren worden und trat 1928 – und damit vergleichsweise spät – in die NSDAP ein, was ihn jedoch nicht hinderte, die nationalsozialistische Hierarchie rasch emporzuklettern. Neben seiner Funktion als Gauleiter bekleidete er das Amt des Reichstatthalters von Schaumburg-Lippe, wurde 1938 zum Oberpräsident der Provinz Westfalen und 1941 schließlich zum Reichsminister für die besetzen Ostgebiete ernannt. In dieser Eigenschaft nahm er auch an der Wannseekonferenz teil. Trotz der Ämtervielfalt und seiner zentralen Stellung blieb Meyer, so Heinz-Jürgen Priamus, im Vergleich zur NS-Prominenz in der Wahrnehmung ein Mann der zweiten Reihe, was sich auch bis heute in der Forschungsliteratur widerspiegelt.[59]

Wie das Münsterland gilt auch die Stadt Münster selbst als agrarisch geprägt und als Stadttyp „Stadt mit agrarischem Umland“.[60] Rein numerisch

57 Vgl. Joachim Kuropka Münster in der nationalsozialistischen Zeit, in: Franz-Josef Jakobi (Hg.), Geschichte der Stadt Münster, Bd. 2, 3. Aufl., Münster 1994, S. 285–330, hier S. 316.

58 Aus dem Stimmungs- und Lagebericht der NSDAP-Gauleitung Westfalen-Nord für März 1937, in: Kuropka, Meldungen, S. 650–653, hier S. 651; vgl. Heinz-Jürgen Priamus, Regionale Aspekte in der Politik des nordwestfälischen Gauleiters Alfred Meyer, in: Horst Möller u.a. (Hg.), Nationalsozialismus in der Region. Beiträge zur regionalen und lokalen Forschung und zum internationalen Vergleich, München 1996, S. 175–195, hier S. 177–179.

59 Vgl. ders., Meyer. Zwischen Kaisertreue und NS-Täterschaft. Biographische Konturen eines deutschen Bürgers, Essen 2011, S. 24–28, 435–445; ders. Regionale, S. 178f.

60 Vgl. Minner, Lost, S. 201, Priamus, Regionale, S. 177.

hatte Münster die Großstadtmarke von 100.000 Einwohnern 1933 längst erreicht, Tendenz steigend: Lebten vor dem Machtantritt der Nationalsozialisten 123.000 Menschen in Münster, war die Zahl 1940 bereits auf 145.000 angestiegen.[61] Auch in der Fläche dehnte sich die Stadt Richtung Norden am Friesen- und Cheruskerring, gen Westen auf der Sentruper Höhe und im Süden auf der Geist aus.[62] Als Verwaltungsstandort von Militär, Provinz, Kirche und Universität war Münster bürgerlich geprägt und wurde nach Christoph Schmidt „zum Musterbeispiel einer schwach industrialisierten Handels- und Verwaltungsmetropole." Zwar stellte die schwach ausgebildete Industrie einen Standortnachteil dar, dieser Umstand hatte die Stadt jedoch ebenso vor den gesellschaftlichen Folgen der Industrialisierung geschützt und das traditionelle soziale Gefüge erhalten.[63]

Mit fast 100.000 als katholisch gemeldeten Einwohnern betrug der Anteil der katholischen Bevölkerung nach Angaben des Einwohnerbuchs der Stadt Münster im Jahr 1934/35 rund 80%.[64] Damit stellte das katholische Milieu das dominante soziale Milieu nach Rainer Lepsius dar.[65] Doris Kaufmann beschreibt dieses in ihrer einschlägigen Studie *Katholisches Milieu in Münster* zum Ende der Weimarer Republik als „geschlossenes Sozialgefüge mit eigenem Kommunikations- und Organisationsnetz und besonderen Symbolen und Feindbildern"[66]. Als Reaktion auf zunehmende Angriffe von staatlicher Seite auf die Kirche und ihre Rechte, wie sie vor allem vorerst im Kontext von Kultur- und Kirchenkampf ihren Höhepunkt gefunden hatten, bildete sich das katholische Milieu heraus, das fortan als eine Art Schutz- und Konser-

61 Für die Zahlen von 1932 s. Einwohnerbuch der Stadt Münster (Westf.) 1934/35, 56. Jg., S. 3; die Zahlen von 1940 stammen von Kuropka, Münster, S. 317.

62 Vgl. Richard-Wiegandt, Provinzialhauptstadt, S. 50f. S. dort mehr zu den Siedlungsprojekten der Stadt Münster.

63 Christoph Schmidt, Nationalsozialistische Kulturpolitik im Gau Westfalen-Nord. Regionale Strukturen und lokale Milieus (1933–1945), Paderborn 2006, S. 231.

64 Vgl. Einwohnerbuch 1934/35, S. 3.

65 Mit Lepsius werden darunter soziale Einheiten verstanden, die durch „Strukturdimensionen wie Religion, regionale Tradition, wirtschaftliche Lage, kulturelle Orientierung, schichtspezifische Zusammensetzung der intermediären Gruppe, gebildet werden." M. Rainer Lepsius, Parteiensystem und Sozialstruktur. Zum Problem der Demokratisierung der deutschen Gesellschaft, in: ders., Demokratie in Deutschland. Soziologisch-historische Konstellationsanalysen. Ausgewählte Aufsätze, Göttingen 1993, S. 25–50, hier S. 38.

66 Doris Kaufmann, Katholisches Milieu in Münster 1928–1933. Politische Aktionsformen und geschlechtsspezifische Verhaltensräume, Düsseldorf 1984, S. 7.

vierungsraum für katholische Lebensformen und Werte diente.[67] Grundlage und Ausdruck des sozialen Milieus war das breitgefächerte Vereinssystem, das überwiegend unter geistlicher Leitung stand und in Münster einen hohen Organisationsgrad erreichte, und die enge Verflechtung zwischen dessen Vertretern und der kommunal-politischen Elite.[68] Nahm das Milieu also nach außen die Funktion zur Abwehr äußerer Angriffe auf die Gemeinschaft und ihrer Autonomie ein, so wirkte es nach innen integrierend.[69] In den 1920er Jahren verfestigte sich die abwehrende Haltung angesichts der Veränderungen in Gesellschaft, Kultur und Politik, die als Bedrohung dieser Lebensformen wahrgenommen wurden und die Akzeptanz für die junge Republik hemmten.[70]

Die Dominanz des katholischen Milieus in Münster fand auch im Politischen seinen Ausdruck: Die politische Interessensvertretung übernahm die Zentrumspartei, dessen Interesse nach Hans-Ulrich Thamer mehr „der Verteidigung des katholischen Milieus und weniger dem Bekenntnis zur Republik"[71] galt. Sein Wertesystem bezog die Partei aus religiösen Werten, die unter anderem den Erhalt traditioneller Geschlechter-, Familien und Sittlichkeitsvorstellungen umfassten.[72] In Münster erhielt das Zentrum aufgrund der engen Verflechtung von Partei und Milieu konstant hohe Stimmenanteile.[73]

In der Weimarer Republik jedoch nahm die Integrationskraft des Zentrums reichsweit ab, der Anteil der zentrumwählenden Katholiken sank auf rund 50%.[74] Diese Entwicklung spiegelte sich zwar auch in Münster anhand von Stimmenverlusten wider, die grundsätzliche Dominanz des Zentrums blieb jedoch erhalten. Bis zur Reichstagswahl im März 1933 blieb es stärkste Kraft und die NSDAP deutlich unter Reichsdurchschnitt.[75] Im Gegensatz zur reichsweiten Entwicklung vermochte es die Zentrumspartei in Münster also, die Wähler weiterhin zu mobilisieren, was neben der Geschlossenheit des katholischen Milieus auf die relativ stabile Wirtschaftslage der Stadt zurückgeführt werden kann: „Entscheidende Einbrüche ins traditionelle katholische

67 Vgl. ebd.
68 Vgl. Franz-Josef Jakobi, Münster. Entstehung und Geschichte der Stadt vom 8. bis 20. Jahrhundert, Bd. 1, Münster 2023, S. 494.
69 Vgl. Thamer, Stadtentwicklung, S. 245.
70 Vgl. ebd., Kaufmann, Milieu, S. 7.
71 Thamer, Stadtentwicklung, S. 248.
72 Vgl. Lepsius, Parteiensystem, S. 44; Kaufmann, Milieu, S. 7.
73 Vgl. Thamer, Stadtentwicklung, S. 252.
74 Vgl. Lepsius, Parteiensystem, S. 39.
75 Vgl. Hartmann, Verwaltung, S. 49; Thamer, Stadtentwicklung, S. 281; Schmidt, Kulturpolitik, S. 252f.

Milieu“ seien der NSDAP somit nicht gelungen, was sich auch in dem niedrigen Organisationsgrad und der verzögerten Einrichtung von Unterorganisation im Reichsvergleich niederschlug.[76] Das bedeutete jedoch nicht, dass Münster von der nationalen Stimmung, wie sie Deutschland ergriffen hatte, ausgenommen war.[77] Vielmehr dürfte die nach Bastian Scholz bestimmende Konfliktlinie des Zentrums die Einstellungen des katholischen Münsters zur Demokratie widergespielt haben: ein „Dualismus zwischen Vernunftrepublikanismus und Monarchietreue“, bzw. die Ablehnung des Parteiensystems.[78]

Hatten die Nationalsozialisten zuvor kaum eine Rolle in der Kommunalpolitik gespielt, bedeutete die Machtübernahme im Januar 1933 einen tiefen Einschnitt. Im Laufe der darauffolgenden Monate wurden die Mandate der Ratsparteien kassiert und der gesamte Magistrat bis auf ein Mitglied durch Parteimitglieder ausgetauscht. Oberbürgermeister wurde Albert Hillebrand. Dieser wurde 1889 in Barmen geboren und entsprach dem Profil der früheren Oberbürgermeister in Münster nur bedingt. Zwar war er durch seine Tätigkeit in der Finanzverwaltung mit Verwaltungsfragen vertraut, seine Ausbildung ist jedoch im Vergleich zu seinen Vorgängern als unterdurchschnittlich zu bezeichnen, sodass seine Position hauptsächlich auf seine Parteizugehörigkeit zurückgeführt wird.[79]

Die neue Stadtregierung genoss nur wenig Rückhalt in der Bevölkerung: Das im Zuge des Wahlkampfes als „pöbelhaft“ und „gottlos“ wahrgenommene Verhalten der Nationalsozialisten sei besonders in der katholisch-bürgerlichen Bevölkerung auf Ablehnung gestoßen.[80] Zudem stammten die Magistratsmitglieder weder aus Münster noch waren sie geschlossen katholisch, sie

76 Ebd.

77 Vgl. Thamer, Stadtentwicklung, S. 251f.

78 Bastian Scholz, Die Kirchen und der deutsche Nationalstaat. Konfessionelle Beiträge zum Systembestand und Systemwechsel, Wiesbaden 2016, S. 242.

79 Vorausgegangen war diesem Wechsel eine Diffamierung der besoldeten Magistratsmitglieder durch die NSDAP, die u.a. Korruptionsvorwürfe umfassten, sich jedoch als haltlos erwiesen, vgl. Schmidt, Kulturpolitik, S. 255. Vgl. Sabine Mecking, Erstklassige Verwaltungskarrieren bei zweitklassigen Voraussetzungen. Die städtische Funktionselite der westfälischen Gauhauptstadt Münster, in: Detflef Schmiechen-Ackermann/Steffi Kaltenborn (Hg.), Stadtgeschichte in der NS-Zeit. Fallstudien aus Sachsen-Anhalt und vergleichende Perspektiven, Münster 2005, S. 66–78, hier S. 72f.; zur Person Albert Hillebrands s. auch den Eintrag im Portal *Westfälische Geschichte* des LWL, (online abrufbar unter: http://www.westfaelische-geschichte.de/per1253, 11.04.2023).

80 Vgl. Thamer, Stadtentwicklung, S. 281; Schmidt, Kulturpolitik, S. 253f.

verfügten über keinen akademischen Bildungsabschluss und waren mangels Erfahrung für den Verwaltungsbereich minder qualifiziert.[81] Damit entsprach die neue Besetzung weder dem gewohnten Profil der bildungsbürgerlichen Führungselite noch repräsentierte sie das katholisch-bürgerliche Milieu der Stadt.[82] Die neue Stadtspitze ließ sich damit nur schwerlich mit der „Grammatik der Stadt“ vereinbaren. Im Gegensatz zur Verwaltungsleitung fielen die personellen Veränderungen im Beamtenapparat der Stadtverwaltung nach Sabine Mecking im Vergleich zu anderen Städten recht gering aus.[83] In ihrer lokalhistorischen Studie zeigt sie die Zusammenarbeit von Stadtverwaltung und Partei im Verlauf der Herrschaft auf und weist der Münsteraner Stadtverwaltung gar die Rolle einer tragenden Säule des Systems zu.[84]

Darüber hinaus wurde das Verhältnis der Bevölkerung zum Nationalsozialismus stark durch das Verhältnis von Partei und Kirche bestimmt. War im Zuge der Unterzeichnung des Reichskonkordats und zur Großen Prozession 1933 noch Einmütigkeit von katholischer Kirche und Partei demonstriert worden,[85] verschlechterte sich das Verhältnis im Verlauf rapide. Bischof von Galen kritisierte das in Kreisen der NSDAP vertretene „Neuheidentum“, welches „das Fundament der Religion und der gesamten Kultur“[86] angreife. Auch der Auftritt des als Chefideologe bekannten Alfred Rosenbergs im Rahmen des Gauparteitages in Münster 1935, der wohl vielen als Vertreter

81 Vgl. ebd., S. 257f., s. dort auch für die einzelnen Biografien der neuen Magistratsmitglieder. S. dazu auch Mecking, Erstklassige.

82 Vgl. Schmidt, Kulturpolitik, S. 257f. Während die Neubesetzung in Münster abschätzig beäugt wurde, fielen derlei Vorgänge in anderen Städten auf fruchtbareren Boden. So zeigt Daniel Schmidt am Beispiel Gelsenkirchens, dass die soziale Mobilität in Bezug auf Kulturprojekte bewusst als Errungenschaft des Nationalsozialismus lanciert wurde, vgl. Daniel Schmidt, „Gelsenkirchen – Stadt der Arbeit und Erholung“. Eine Industriestadt als NS-Musterkommune, in: ders./Frank Becker (Hg.), Industrielle Arbeitswelt und Nationalsozialismus. Der Betrieb als Laboratorium der „Volksgemeinschaft“ 1920–1960, Essen 2020, S. 223–240, hier S. 224, 228.

83 Vgl. Mecking, Verwaltungskarrieren, S. 76f.

84 Vgl. dies., Initiatives, Actors, and Environment. The Münster City Council and „Jewish Policy“ in the National Socialist State, in: Holocaust and Genocide Studies 22 (2008), H. 3, S. 475–496, hier S. 475, 486. S. dazu auch die Dissertation von Meckings: dies., „Immer treu“. Kommunalbeamte zwischen Kaiserreich und Bundesrepublik, Essen 2003.

85 Vgl. Kuropka, Münster, S. 313.

86 Clemens August von Galen, Protokoll der Dechantenkonferenz, 19.4.1934, in: Bischof Clemens August Graf von Galen. Akten, Briefe, Predigten. Bd. 1: 1933–1939, hg. v. Peter Löffler, Mainz 1988, S. 82–87, hier S. 85.

eines kirchenfeindlichen Kurses galt, führte im Vorfeld zu Protesten und Unmut in der Bevölkerung.[87] So geht aus einem Schreiben des Oberpräsidenten Ferdinand von Lüninck hervor, dass die Staatspolizeistelle von Rosenbergs Auftritt abgeraten hatte, „weil sonst eine Beunruhigung eines großen Teils der evangelischen und katholischen Bevölkerung oder gar Zusammenstöße zu befürchten seien.“[88] Im Nationalsozialismus wurde also erneut der milieuspezifische Mechanismus aktiviert, sich gegen die Angriffe auf die Autonomie der Kirche und ihrer Gemeinde zur Wehr zu setzen. Auch seitens der Staats- und Polizeistellen wurde in der Kirche der größte Belastungspunkt zwischen Bevölkerung und Regime gesehen, wie ein Bericht von 1935 zusammenfasste: „Es ist bereits früher immer wieder darauf hingewiesen worden, dass die Einstellung des weitaus größten Teil der Bevölkerung des hiesigen Bezirks gegenüber Staat und Bewegung fast ausschließlich von der religiösen Seite her bestimmt wird.“[89]

Trotz der tendenziellen Distanz vom katholischen Milieu Münsters und der NS-Regierung lassen sich Schnittmengen mit der eher bürgerlich-konservativen Bevölkerung konstatieren: So galten die Münsteraner als stolz und heimatbewusst. Durch gezielte Veranstaltungen, die das heimatliche Kulturgut förderten, versuchten die Nationalsozialisten an westfälische Traditionen anzuknüpfen und dadurch an Rückhalt zu gewinnen.[90] Auch das in Münster stark vertretene Beamtentum hegte Sympathien für die NSDAP, das sich von der neuen Bewegung unter anderem die Beseitigung der zunehmenden Unsicherheitsfaktoren und der Politisierung des Beamtentums erhoffte.[91]

Auch im Stadtbild spiegelte sich die Dominanz der bürgerlich-katholischen Bevölkerung wider: Die Kirchtürme und Giebel verliehen und verleihen der Stadt ihre unverwechselbare Silhouette. Die architektonischen Spuren der Residenzstadt ließen sich hingegen an den zahlreichen Adelshöfen der Stadt ablesen. Mit dem Prinzipalmarkt, dem Rathaus und dem Dom liegen das wirtschaftliche, politische und kirchliche Zentrum der Stadt Münster räumlich nah beisammen. Während die charakteristischen Bogenhäuser von der traditionsreichen Geschichte des Handels und der Kaufmannschaft zeugen,

87 Vgl. Jakobi, Münster, S. 570f.

88 Schreiben des Oberpräsidenten an den Leiter der Staatspolizeistelle v. 3.6.1936, in: BArch, Kanzlei Rosenberg NS 8/150.

89 Aus dem Lagebericht der der Staatspolizeistelle für den Regierungsbezirk Münster für Juli 1935, in: Kuropka, Meldungen, S. 163–164, hier S. 163.

90 Vgl. Kuropka, Münster, S. 322; Thamer, Stadtentwicklung.

91 Vgl. Erdmann, Kommunales, S. 43f.

verweist das Rathaus in Sichtnähe auf ein politisch selbstbewusstes Bürgertum. Die Einzigartigkeit des Stadtbildes liegt in dem eklektizistischen Stilmix der Architektur begründet. Nicht nur unterschieden sich die Bogenhäuser voneinander, sondern vereinten selbst in sich verschiedene Stile, die auf die Erweiterung über die Jahrhunderte zurückgehen.[92]

Die Diskussionen im Zuge der Restaurierungs- und Umbauarbeiten Anfang des 20. Jahrhunderts seien exemplarisch genannt, um den Stellenwert des traditionellen Stadtbildes für Stadt und Bürgerschaft zu verdeutlichen: Die Anregung des führenden Architekten, die Bogenhäuser zwecks Weiterentwicklung durch neuzeitliche Formen zu beleben, wurde zugunsten der Beibehaltung von Altbewährtem abgelehnt.[93] War bereits im 19. Jahrhundert zwecks Verdichtung die traditionell dreistöckige Bauweise um einen vierten Stock erweitert worden, wurde 1904 dann eine Bau-Polizei-Ordnung erlassen, die vor „einer weiteren gestalterischen Überfremdung" schützen sollte.[94] Auch die wenigen Neubauten der Weimarer Republik im Altstadtbereich verhafteten im Sinne der Verordnung dieser Anpassungsarchitektur, wie sie von Niels Gutschow und Regine Striemer bezeichnet wird.[95]

Wie stark die Identifikation mit dem architektonischen Stadtbild war, zeigt sich nicht zuletzt rückblickend in den Diskussionen über den Wiederaufbau Münsters. Abseits der repräsentativen Bauten der Kernstadt erwies sich der Wohnungsbau durch den kontinuierlichen Bevölkerungsanstieg als die wohl dringlichste städtebauliche Angelegenheit sowohl in der Weimarer Republik als auch im Nationalsozialismus, in dem der Zuwachs durch das Militär die Wohnungslage noch einmal verschärfte.[96] Nichtsdestoweniger waren es der Stadtkern und die Repräsentationsarchitektur, die für Stadtgesellschaft wie Besucherinnen und Besucher den Kern des Stadtbildes ausmachten.

92 Vgl. Gutschow, Wiederaufbau, S. 122f.; Josef Bergenthal, Münster steckt voller Merkwürdigkeiten, 27. Aufl., Münster 1985, S. 14.

93 Vgl. Gutschow, Wiederaufbau, S. 124.

94 Ebd.

95 Vgl. ebd., S. 129.

96 Vgl. Erdmann, Ordnung, S. 158–163.

3. „Worte aus Stein“: das gebaute Münster

Bei den „Worten aus Stein“ handelt es sich um eine Phrase, die von Hitler im Rahmen der Eröffnungsrede zur Deutschen Architektur- und Kunsthandwerksausstellung 1938 in München geprägt und popularisiert wurde:[97] „Jede große Zeit findet ihren abschließenden Werteausdruck in ihren Bauwerken. Wenn Völker große Zeiten innerlich erleben, so gestalten sie diese Zeiten auch äußerlich. Ihr Wort ist dann überzeugender als das gesprochene: Es ist das Wort aus Stein!“[98] Die explizite Charakterisierung der Architektur als Ausdrucksmittel von Ideologie und Macht und die Hervorhebung ihrer propagandistischen Funktion fand 1940 ihren Höhepunkt, als Hitler die architektonische Neugestaltung zum „bedeutendsten Beitrag zur endgültigen Sicherstellung [des] Sieges“ sah.[99] Ihre Allgegenwärtigkeit im Stadtbild und damit im Alltag der Betrachter begründet ihre besondere Relevanz: Als „öffentlichste und damit sichtbarste aller Künste“ erwies sie sich als eines der „propagandistisch wirksamsten Instrumente nationalsozialistischen Massenmanipulation“, urteilt Architekturhistoriker Wolfgang Schäche.[100]

Die teils geplanten, teils umgesetzten, massiven Eingriffe in das Stadtbild, wie beispielsweise in Berlin, aus denen letztlich eine neue Stadt, Germania, hervorgehen sollte, sind hinlänglich bekannt. Wie aber gestaltete sich die architektonische Gestaltung in der sowohl ländlich als auch bürgerlich geprägten Gauhauptstadt Münster? Ein vollständiges Bild aller Bauaktivitäten soll an dieser Stelle nicht gezeichnet werden. Vielmehr werden die Veränderungen in drei Kategorien erfasst: 1. die geplanten und umgesetzten Neubauten, 2. die Neuakzentuierung bestehender Orte und 3. die Tilgung von Stadtbild prägenden Elementen. Raphael Rosenberg hat für die Betrachtung politisch motivierter Architektur Aspekte aufgestellt, an der sich auch die

97 Vgl. ebd. Die Schlagkraft der Phrase zeigt sich auch darin, dass im gleichen Jahr ein gleichnamiger Propagandafilm über die Staatsarchitektur des Nationalsozialismus gedreht wurde. Vgl. Bartetzko, Helden, S. 141f.

98 Adolf Hitler, Eröffnungsrede zur Deutschen Architektur- und Kunsthandwerksausstellung, 22. Januar 1938, in: Max Domarus (Hg.), Hitler. Reden und Proklamationen 1932–1945, Bd. 1/2, 1935–1938, München 1965, S. 778–780, hier S. 778.

99 Entnommen aus dem Führererlass, den Speer dem Reichsminister und Chef der Reichskanzlei Heinrich Lammers zuschickte; Schreiben von Speer an Lammers v. 4.7.1940, beigefügt der Führererlass vom 25. Juni 1940, in: Jost Dülffer u.a. (Hg.) Baupolitik im Dritten Reich. Eine Dokumentation, Köln 1978, S. 35f.

100 Schäche, Architektur, S. 301.

folgende Untersuchung orientiert: die *Wahl des Bauvorhabens*, die *Wahl des Bauplatzes*, das *Verhältnis von Gebäude und Umgebung* sowie die *Wahl des architektonischen Stils*.[101] Welche Veränderungen also konnte ein zeitgenössischer Betrachter bei einem Gang durch Münster visuell erfahren?

3.1. Fahnen, Massen und Tribünen: die Neuakzentuierung traditioneller Orte

Nach dem Machtantritt 1933 begann die Besetzung des öffentlichen Raumes, um den in der Weimarer Republik so erbittert gekämpft worden war. Dieser Raum war ein „bewusst, gezielt und häufig genutztes und bespielbares Medium im ‚Dritten Reich'"[102]. Robert Graf zeichnet diese Vereinnahmung des Stadtbildes am Beispiel Berlins in drei Phasen nach: Die *Inszenierung des Übergangs* wird auf die Zeit von 1933 bis 1935 datiert. Sie beschreibt die Akzentuierung und Rahmung bestimmter Orte im Stadtbild mithilfe von Schmuckelementen, wie Blumen und Flaggen, sowie ephemerer Elemente (zum Beispiel Bühnen). Im zweiten Schritt erfolgte die *Versteinerung*, bei der relevante Orte dauerhaft umgestaltet wurden, wie durch Pflasterung der Plätze. Erst in der letzten Phase ab 1937, der *Neugestaltung*, wurden die erprobten Schritte durch größere Umgestaltungsmaßnahmen im Stadtbild zu einer Gesamtkonzeption zusammengeführt, zum Beispiel durch neue Straßenverläufe und Neubauten.[103] Liegt der Fokus auf der visuellen Akzentuierung traditioneller Orte, so rückt die Phase der Inszenierung des Übergangs in das Blickfeld.

Eine erste dauerhafte Veränderung des Münsteraner Stadtbildes konnte man bereits im Frühling 1933 wahrnehmen. Der Flaggenstreit, der sich nach den Reichstagswahlen am 5. März und vor den letzten freien Kommunalwahlen am 12. März 1933 ereignete, markierte den Auftakt der symbolischen

101 Vgl. Raphael Rosenberg, Architekturen des „Dritten Reiches". „Völkische" Heimatideologie versus internationale Monumentalität, in: Ariane Hellinger u.a. (Hg.), Die Politik in der Kunst und die Kunst in der Politik. Für Klaus Beyme, Wiesbaden 2013, S. 57–86, hier S. 57f.

102 Koop, NSCI, S. 149. Siehe zu diesem Kampf in seiner visuellen Konstitution Gerhard Paul, Kampf um Symbole. Symbolpublizistischer Bürgerkrieg 1932, in: ders. (Hg.), Das Jahrhundert der Bilder. Bd I.: 1900–1949, Göttingen 2009, S. 420–427.

103 Vgl. Robert Graf, Die Inszenierung der „Reichshauptstadt Berlin" im Nationalsozialismus, in: Biskup, Selling, S. 193–208, hier S. 198–208. Zum Überblick der Phasen vgl. ebd., S. 198.

und damit visuellen Besetzung des Raumes in Münster. Auch wenn das Zentrum die NSDAP ein letztes Mal auf den zweiten Platz verwies, feierte die Kreisleitung der NSDAP das Ergebnis als Sieg, dem sie mit dem Hissen der Hakenkreuzflagge auf den Rathaus Ausdruck verleihen wollten.[104] Der Magistrat stellte sich NSDAP-Kreisleiter Aschhoff entgegen und gab schließlich nach Androhung von Gewalt und Haftbefehlen unter „schärfste[m] Protest" nach, sodass „dann gegen 19.30 Uhr die Hissung der Hakenkreuz- und schwarz-weiß-roten Fahne erfolgte", wie der Münsterische Anzeiger berichtete.[105] Auch in der Bevölkerung stieß das neue Bild auf wenig Zustimmung – vielmehr hatte es nach Angaben des Münsterischen Anzeigers „Erregung und Verbitterung hervorgerufen". Gleichzeitig machte die Zeitung deutlich, dass eine offene Berichterstattung ab nun nicht mehr möglich sei.[106] Die Bürgerinnen und Bürger sahen sich durch die Hinwegsetzung über die Entscheidung des Magistrats als Vertretung der Bürgerschaft übergangen und empfanden damit das Hissen der Flagge als Eingriff in ihre Sphäre. Die besondere Brisanz entfaltete sich demnach durch eine Kombination von Ort und Symbolik. So weigerte sich der Magistrat mit Verweis darauf, dass es sich bei der Hakenkreuzflagge um eine Parteiflagge handele[107] – das Rathaus aber war Sitz der Stadtverwaltung und damit ein kommunales Dienstgebäude. Damit war nicht nur das administrative und politische Zentrum, sondern auch das Herz Münsters von der NSDAP visuell besetzt worden: ein enormer Symbolakt, wenn man bedenkt, dass das Rathaus als architektonisches *pars pro toto* für die Stadt Münster stand und steht.[108] Eine Episode, die sich nicht nur in Münster, sondern in ganz Deutschland ähnlich abspielte. Die

104 Vgl. Schmidt, Kulturpolitik, S. 254f.

105 Dazu das Statement des Magistrats im Münsterischen Anzeiger: „Um Gewalttätigkeiten zu vermeiden, verzichtet der Magistrat darauf, die Hissung mit Gewalt zu hindern, erhebt aber gegen die rechtswidrige Handlung *schärfsten Protest* [Hervorhebung im Original]. Zum Zeichen des Protests bricht der Magistrat die Sitzung ab." *Hakenkreuzfahne am Rathaus in Münster*, in: Münsterischer Anzeiger v. 7.3.1933. Vgl. auch Kuropka, Münster, S. 285; Erdmann, Kommunales, S. 44f.

106 *Hakenkreuzfahne am Rathaus in Münster*, in: Münsterischer Anzeiger v. 7.3.1933.

107 Vgl. ebd.

108 So wurde das Rathaus als Logo für die Stadt Münster verwendet, wie bspw. auf den Titelbildern der Zeitschrift *Das schöne Münster* erkenntlich. Diese wird im Folgenden noch weiter Erwähnung finden. Auch heute ist die Bedeutung des Rathauses als Symbol für die Stadt in Form von Logos erkennbar, wie sich auf Wahlkampfplakaten und an der Verwendung der Stadt Münster selbst zeigt.

Abweichung bestand vielmehr in der Widersetzung des Magistrats, was sich in der breiten medialen Aufmerksamkeit über Münster hinaus spiegelte.[109]

Auch abseits des Rathauses waren Parteisymbole allgegenwärtig: Als Gauhauptstadt fungierte Münster als Verwaltungszentrum des Gaus, ein zentraler Gebäudekomplex hingegen fehlte zunächst. Allein die 14 einzelnen Dienststellen der Gauleitung überzogen den Stadtraum.[110] Die Streuung bedeutete wiederum, dass die Parteisymbole nicht nur in ganz Münster sichtbar waren, sondern auch traditionelle Gebäude im Stadtbild zierten, wie beispielsweise den Zwinger an der Promenade, der von 1938 bis 1944 von der HJ als Kulturheim genutzt wurde.[111] Eine für den Wahlkampf der Reichstagswahlen im März 1933 erhaltene Liste mit Propagandamaßnahmen, ausgestellt von der Gaupropagandaleitung Westfalen-Nord, gibt Aufschluss über die grundsätzliche Intention der äußeren Beflaggung, den Herrschaftsanspruch zu visualisieren: „dass wir das Bild der Städte und Dörfer durch unsere Symbole [...] beherrschen."[112]

3.1.1. Die Szenografie der Gauhauptstadt: Münster im Festgewand

War diese Akzentuierung des Stadtbildes auf Dauerhaftigkeit angelegt, so war die Gestaltung zu nationalsozialistischen Festen und Großveranstaltungen zwar zeitlich begrenzt, erreichte dafür aber in Quantität und Qualität ein weitaus höheres Maß: Fahnen, Massen und Tribünen verwandelten die Stadt für kurze Zeit in einen Festraum. Die Betrachtung geht damit über architektonische Bauten im engeren Sinne hinaus. Sie fokussiert die stadtbildliche Szenografie, verstanden als ephemeres Inszenierungsensemble von Stadt, Menschen und Architekturelementen, das dem Transport ideologischer Inhalte diente.[113]

109 Vgl. Kuropka, Münster, S. 285; ders., Auf dem Weg in die Diktatur. Zu Politik und Gesellschaft in der Provinzialhauptstadt Münster 1929–1934, in: Westfälische Zeitschrift 134 (1984), S. 157–199, hier S. 181.

110 Vgl. Stimmungs- und Lagebericht der Gauleitung März 1937, S. 652. In anderen Berichten ist die Rede von 16 Stellen, wie z.B. Oberbürgermeister Hillebrand in *Die Eröffnung des Gautreffens*, in: Münsterischer Anzeiger v. 7.7.1935 verkündigt.

111 Vgl. Steinhagen, Münster, S. 10; Kuropka, Münster, S. 305. Eine Zusammenstellung der NSDAP-Dienststellen in Münster im Jahre 1939 findest sich in Münster, Westfalens schöne Hauptstadt. Amtlicher Plan, hg. v. der Stadt Münster, Münster 1939, S. 24f.

112 Rundschreiben der Gaupropagandaleitung Westfalen-Nord an die Kreisleiter und Kreispropagandaleiter, 16.2.[1933], in: LAV NRW, Abt. OWL, L 113, Nr. 59.

113 Vgl. Koop, NSCI, S. 150.

In einer 1937 gehaltenen Rede über die Aufgaben eines Gauleiters stilisierte sich Gauleiter Meyer selbst als verlängerten Arm Hitlers im Gau Westfalen-Nord.[114] Er fungierte als eine Art Verbindungsglied und Mittler zwischen Partei und Staat auf der einen und den lokalen und regionalen Organisationen wie der breiten Bevölkerung, der sogenannten *Volksgemeinschaft*, auf der anderen Seite.[115] Als „Exponent des Nationalsozialismus"[116] müsse sich der Gauleiter, so Meyer selbst über seine Aufgabe, „die Herzen, das Vertrauen und den Glauben der ihm vom Führer anvertrauten Volksgenossen eigentlich täglich wieder erobern" und die „deutschen Volksgenossen langsam zum Nationalsozialismus erzieh[en]".[117] Dazu bediente sich Meyer in besonderem Maße einer Feierpropaganda, die über Affekte und Emotionen identitätsstiftend wirken sollte.[118] Mithilfe von Feiern konnte nach innen ein Zusammengehörigkeitsgefühl hergestellt und nach außen die Stärke der Gemeinschaft demonstriert werden.[119]

Wichtig dabei war die städtische Szenografie: Anhand dreier Veranstaltungen in Münster soll die optisch wahrnehmbare Neuakzentuierung des Stadtbildes erkundet werden: *erstens* der Westfalentag 1933, der bereits seit 1920

114 Vgl. Alfred Meyer, „Aus der Arbeit eines Gauleiters und Reichstatthalters". Vortrag des Gauleiters und Reichstatthalters Dr. Alfred Meyer vor der auswärtigen Diplomatie und Presse am 15.4.1937, in: LAV NRW, Abt. OWL, D 72, NL Alfred Meyer, Nr. 8, S. 1–11.

115 Vgl. ebd.; Priamus, Meyer, S. 145. Bei dem Terminus *Volksgemeinschaft* handelt es sich um einen zeitgenössischen Begriff, der insbesondere von den Nationalsozialisten geprägt, aber auch von anderen politischen und religiösen Gruppen angeeignet wurde. Nach Thomas Großbölting verweist der Begriff auf eine „utopisch gedachte Zukunft": „‚Volksgemeinschaft' beschwor eine Gesellschaft, in der die unterschiedlichen Interessengruppen, Klassen, Schichten wie auch die Konfessionen zugunsten einer nationalen Gemeinschaft überwunden wären." Großbölting, Kornwestheim, S. 14. Mittlerweile hat sich der Begriff auch als produktiver Zugriff in der Forschung erwiesen, der den Blick für die gesellschaftlichen Mechanismen von Inklusion und Exklusion schärfe. Für mehr s. z.B. Hans-Ulrich Thamer, ‚Volksgemeinschaft' in der Debatte. Interpretationen, Operationalisierungen, Potenziale und Kritik, in: Detlef Schmiechen-Ackermann u.a. (Hg.), Der Ort der ‚Volksgemeinschaft' in der Gesellschaftsgeschichte, Paderborn 2018, S. 27–36.

116 Begrifflichkeit nach Peter Hüttenberger, Die Gauleiter. Studie zum Wandel des Machtgefüges in der NSDAP, Stuttgart 1969, S. 7.

117 Meyer, Aus der Arbeit, S. 3 und 10.

118 Vgl. Priamus, Regionale, S. 176, s. zum exponierten Engagement Meyers auf diesem Gebiet auch S. 180–183.

119 Werner Freitag (Hg.), Das Dritte Reich im Fest. Führermythos, Feierlaune und Verweigerung in Westfalen 1933–1945, Bielefeld 1997.

jährlich in wechselnden Städten der Region stattfand, *zweitens* der Gauparteitag 1935 als genuin parteiliche Großveranstaltung und *drittens* die reichsweiten Feiern zum „Tag des Großdeutschen Reiches“ im April 1938, bei dem der Anschluss Österreichs durch eine Reichswahl abgesegnet werden sollte und der auch in Münster seinen Ausdruck im Stadtraum fand.

Westfalentag 1933

Die Anfänge des Westfalentages reichen bis 1920 zurück, ehe er ab 1923 als jährliche Veranstaltungen vom Westfälischen Heimatbund durchgeführt wurde.[120] Einen geschickten Schachzug schien man mit der Ausrichtung des Westfalentages in Münster am 16. und 17. September 1933 ausgeführt zu haben. In dem für die NSDAP sonst so problemhafteten Münster erkannte man einen Anknüpfungspunkt in der Heimatschutzbewegung und Brauchtumspflege, die mit zentralen Begriffen wie Volk, Rasse und Heimat und ihrer oftmals deutschnationalen Gesinnung ideologische Schnittmengen aufwiesen.[121] Mit über 150.000 Teilnehmern bot die Veranstaltung der NSDAP eine erste große Bühne in Münster mit regionaler Reichweite nach der Machtübernahme, die sogleich die Organisation an sich zog: Über den Münsterischen Anzeiger ließ die Gaupressestelle verkünden, dass nun die Gaupropagandaleitung Westfalen-Nords mit der Ausrichtung betraut sei.[122] Unter dem Motto „Heimat und Reich“ wurde die Bedeutung und das Bekenntnis Westfalens für und zum neuen Staat propagiert, indem die gesamte Veranstaltung als Handschlag zwischen Region und Reich inszeniert wurde.[123]

120 Vgl. Sebastian Hösch, Heimattage. Methoden der Beheimatung in Hessen, Baden-Württemberg und Westfalen (1945–1985), Paderborn 2019, S. 263f.

121 Vgl. ebd., S. 194. Zum Verhältnis von Nationalsozialismus und westfälischer Heimatschutzbewegung s. Karl Ditt, Raum und Volkstum. Die Kulturpolitik des Provinzialverbandes Westfalen 1923–1945, Münster 1988; ders. Die westfälische Heimatbewegung in der ersten Hälfte des 20. Jahrhunderts zwischen Nationalismus und Regionalismus, in: Heimatpflege in Westfalen 14 (2001), H. 2, S. 2–11, hier S. 8–11.

122 Die Angaben zur Teilnehmerzahl variieren zwischen 150.000 und 200.000, Hösch, Heimattage, S. 264. Vgl. *Der Westfalentag 1933*, in: Münsterischer Anzeiger v. 8.9.1933. Nach Angabe von Ditt, Heimatbewegung, S. 9, kooperierte die Gauleitung dabei auch mit dem Provinzialverband.

123 „Sinn und Zweck der Veranstaltung ist: Pflege des Heimatgedankens und Wahrung der Kulturgüter der landmannschaftlichen Volksteile ist grundsätzliche Voraussetzung für die Liebe zum großen deutschen Vaterland und notwendiger Bestandteil des nationalsozialistischen Gedankengutes.“ So auch zum Ausdruck gebracht durch das Abzeichen zum Westfalentag, das durch das Sachsenross des westfälischen Wappens auf einem Hakenkreuz eine eindeutige Formensprache spricht, *Westfalentag 1933*, in:

Als erster Westfalentag im NS-Staat sollte dieser „besonders glanzvoll“ begangen werden. Ein geeignetes Vorbild war in dem vorausgegangenem Reichsparteitag schnell gefunden: „Die Nürnbergfahrer sind des Lobes voll über das, was sie in Nürnberg gesehen haben, über das festliche Bild, das Nürnberg geboten hat.“ „Nach Nürnberg ist Münster an der Reihe“, so die eindeutige Botschaft, mit der man alle Bürger zur „*Ausschmückung der Stadt*“ verpflichtete.[124] In zahlreichen Zeitungsartikeln erhielten die Anwohner genaueste Anweisung, in denen deutlich wird, welch hohe Bedeutung der visuellen Dimension zugeschrieben wurde. So wird an erster Stelle eine ausgiebige Beflaggung der Stadt angeordnet. Erlaubt seien ausschließlich „Hakenkreuzfahnen, schwarz-weiß-rote und westfälische Flaggen“, wobei erstere mit Nachdruck ans Herz gelegt wurden: „Das vorwiegende Zeigen der Hakenkreuzflagge würde gleichzeitig das Bekenntnis zum neuen Staat bedeuten.“[125] Die wiederholenden Aufforderungen zur Beflaggung der Stadt schienen notwendig zu sein; noch Ende Juli hatte der Stadtverordnetenvorsteher Dr. Franz Fenner von der NSDAP moniert, „wie kläglich in Münster geflaggt“ worden sei anlässlich der Unterzeichnung des Reichskonkordats.[126] Die Sichtbarkeit nationalsozialistischer Symbole im Stadtbild sollte damit als Gradmesser für das „Bekenntnis zum neuen Staat“ verstanden werden.

Kurz vor den Feierlichkeiten wurde auch die seit dem Flaggenstreit auf dem Rathaus wehende Fahne durch eine „der stolzen Größe und Schönheit des Rathausgiebels“ angemessen große Flagge ersetzt, die in der Art „der bekannten Westfalenfahne und der früheren Kaiserfahne“[127] gestaltet war. Girlanden und Kränze sollten zusätzlich das Stadtbild optisch aufwerten, allerdings nicht am Prinzipalmarkt, Drubbel und Roggenmarkt – diese „sollen nur durch die einzigartige Architektur wirken.“ Zu unterstreichen suchte man diese einmalige Kulisse durch großflächige Illumination: „Münster muss am

Münsterischer Anzeiger v. 8.9.1933, s. auch *Heimat und Reich*, in: Münsterische Zeitung v. 6.9.1933, *Das Abzeichen zum Westfalentag*, in: Münsterische Zeitung v. 12.9.1933.

124 Die Zitate sind entnommen aus *Kommunale Betrachtungen*, in: Münsterischer Anzeiger v. 10.9.1933. Hervorhebung im Original.

125 *Westfalentag*, in: Münsterische Zeitung v. 13.9.1933.

126 *Zit. nach*: Kuropka, Münster, S. 301.

127 *Eine neue große Hakenkreuzfahne für das münsterische Rathaus*, in: Münsterischer Anzeiger v. 16.9.1933.

Westfalentag im Glanz von 100.000 weißen und roten Kerzenlichtern erstrahlen. In ruhigen Linien unten weiß, nach oben hin rot illuminieren."[128]

Wie lassen sich die Maßnahmen einordnen? Auch wenn die Beflaggung eine eindeutige Symbolsprache zu sprechen scheint, lohnt ein genauerer Blick: Zum Zeitpunkt des Westfalentages sollten mit der schwarz-weiß-roten Flagge und der Hakenkreuzfahne die Nationalflagge und Parteiflagge gehisst werden.[129] Das Hakenkreuz sollte jedoch nicht zum bloßen Ornament degradiert werden. Hitler selbst hatte der Flagge die Funktion zugeschrieben, den Menschen als „äußere[s] Kennzeichen" ein Gefühl von ihrer Zusammengehörigkeit zu vermitteln. Sie verkörpere „die Mission des Kampfes für den Sieg der arischen Menschen".[130] Von marxistischen Kundgebungen erhielt Hitler nach eigenen Angaben erstmals ein Verständnis von der durch Affekte hervorgerufenen Suggestivwirkung eines solchen Bildes: „Ein Meer von roten Fahnen, roten Binden und roten Blumen gab dieser Kundgebung [...] ein schon rein äußerlich gewaltiges Ansehen. Ich konnte selbst fühlen und verstehen, wie leicht der Mann aus dem Volk dem suggestiven Zauber eines solch grandios wirkenden Schauspiels unterliegt."[131]

Beim Westfalentag hingegen beherrschten noch nicht ausschließlich staatliche und parteiliche Symbole das Bild: Mit der Westfalenflagge wurde an regionale Charakteristika angeknüpft, auch die Gestaltung der neuen Hakenkreuzfahne drückt ein deutliches Bemühen aus, sich in die regionale Tradition stellen zu wollen. Durch das visuell inszenierte Nebeneinander wurde eine weltanschauliche Einmütigkeit suggeriert. Ebenso ist die Rücksichtnahme auf die architektonische Kulisse des Prinzipalmarktes in diesen Zusammenhang einzuordnen. Wer in der Illumination eine genuin nationalsozialistische Inszenierungsmethode erblicken will, wie sie etwa später im großen Stil mit dem Lichtdom in Nürnberg angewandt wurde, irrt: Sie war Teil der alten Münsteraner Lambertusfeiern, die traditionell im September

128 *Bürger Münsters illuminiert zum Westfalentag*, in: Münsterischer Anzeiger v. 15.9.1933; *Westfalentag*, in: Münsterische Zeitung v. 13.9.1933.

129 Zwar avancierte das Parteisymbol bereits zu Beginn 1933 praktisch zum Staatssymbol, offiziell wurde aber nach einer Phase der Duldung der schwarz-weiß-roten Flagge erst mit dem Reichsflaggengesetz vom 15.9.1935 die Hakenkreuzflagge zur Nationalflagge erklärt und somit die Verschmelzung von Staat und Partei symbolisch besiegelt. Vgl. Koop, NSCI, S. 71.

130 Hitler, Mein Kampf. Eine kritische Edition, hg. v. Christian Hartmann u.a., München/Berlin 2016, Bd. 2, S. 1242, 1253.

131 Ebd., S. 1243.

begangen wurden. Dabei wurden die Häuser beleuchtet, mit Grünschmuck verziert, Lieder gesungen und getanzt.[132]

Die Melange aus westfälischem Brauchtum, Hervorhebung des spezifischen Stadtbildes und visueller Annexion durch nationalsozialistische Symbole erscheint charakteristisch für den Westfalentag 1933. Die Anklänge an regionale Traditionen lassen sich jedoch nicht als Begrenzung der nationalsozialistischen Inszenierung deuten, sondern vielmehr als Sprungbrett: Erst über den Westfalentag und regionale Gepflogenheiten haben die Nationalsozialisten sich zu inszenieren versucht. Als Brücke zwischen Bevölkerung und Regime sollte über den Westfalentag die Affirmation der Westfalen und Münsteraner gesichert werden.[133] Nach Werner Freitag dürfe jedoch ein solches Vorgehen nicht ausschließlich aus einer Top-Down-Perspektive „als Ausdruck NS-spezifischer Instrumentalisierung" verstanden werden, sondern auch als „kulturelle Ausdrucksform lokaler Gesellschaften, sich der Herrschaft Hitlers zu vergewissern und sie zu bejahen."[134]

Interessant ist, dass auch das Echo in der Presse stark auf das Stadtbild fokussiert war. Münster habe ein „so schönes, feierliches Bild wie selten zuvor" geboten: „Es ist so: Münster ist eine architektonisch eigenartige und schöne Stadt. Aber seine Schönheit tritt erst dann recht hervor, wenn es festlichen Schmuck trägt. Wer zählt die Fahnen, die am Sonntag und schon am Samstag nicht nur an den Giebeln der Bogenhäuser des Prinzipalmarktes grüßten, sondern in jeder Nebengasse [...]?"[135] Während vom Prinzipalmarkt ein romantisch verträumtes Bild gezeichnet wurde,[136] barg die Massenkundgebung auf dem Hindenburgplatz, heutiger Schlossplatz, in der Presse wiederholt als Höhepunkt der Feierlichkeiten beschworen, eine andere Qualität:

132 Ob der Ursprung in der Verehrung des Heiligen Lambert liegt oder in einem altgermanischen Sonnenkultfest, ist bis heute unklar. Vgl. Bergenthal, Münster, S. 92f.

133 Diese Intention zeigt sich allein an dem Polizeibericht zum Westfalentag, in dem dieser als „Treuebekenntnis der Westfalen zur NSDAP" bezeichnet wird sowie an den Inhalten der zahlreich gehaltenen Reden von Prominenten, wie dem preußischen Justizminister Kerrl oder dem westfälischen Heimatdichter Karl Wagenfeld. Zur inhaltlichen Übersicht s. Polizeibericht vom 18.9.1933 über das „Treuebekenntnis der Westfalen zur NSDAP" (13. Westfalentag) am 16./17.09.1933, in: Kuropka, Meldungen, S. 133–134, S. 134.

134 Werner Freitag, Der Führermythos im Fest. Festfeuerwerk, NS-Liturgie, Dissens und „100% KdF-Stimmung", in: ders., Fest, S. 11–77, hier S. 17.

135 *Das Treuebekenntnis der Westfalen*, in: Münsterischer Anzeiger v. 18.9.1933.

136 *Der Ausklang*, in: Münsterischer Anzeiger v. 18.9.1933.

Abb. 1 und 2: Der Hindenburgplatz füllt sich langsam zum Westfalentag, Filmstill, in: LWL-Medienzentrum, 16FA1128inv.5879, ca. 04:49–04:53.

„Eine wahre Völkerwanderung war es, die in den Nachmittagsstunden zum Hindenburgplatz strebte. Aus allen Himmelsrichtungen strömten sie zusammen [...]. Reizvoll unterbrochen wurde dieser lebende Film, der vor dem Beschauer vorbeizog, besonders durch die verschiedenen Trachtengruppen [...]. Auf dem Hindenburgplatz bot sich dem Beschauer ein ungemein eindrucksvolles Bild, das von oben, im Überblick gesehen, geradezu überwältigend wirkte. [...] Im Hintergrund ragte die uralte Bischofsstadt mit dem leuchtenden Grün der Domtürme und ihre vielen Türmen auf [...]. Auf dem Platz selbst war gegenüber dem Ausgang der Frauenstraße eine mächtige, hohe Tribüne für die Führer und Redner errichtet, rotausgeschlagen mit Tannengrün geziert und an der dem Schloss zugekehrten Stirnseite mit dem nationalsozialistischen Hoheitszeichen und dem Wappen Westfalens geschmückt. [...] Ungemein eindringlich war dann das Bild der Kolonnen der SA, des Stahlhelms, der NSBO und Vereine, die den weiten Platz füllten, überweht von zahllosen Fahnen und Standarten, die rings den Platz umsäumten. Eine unübersehbare Menschenmenge drängte sich von allen Seiten. Ein Volk war zusammengekommen […]."[137]

Mimetisch als Kamera gebärdend fängt der Journalist das Bild auf dem Platz aus allen möglichen Kameraeinstellungen ein und lässt die Leser über die detailreiche Beschreibung des Bildes an der Veranstaltung teilhaben. Kennzeichnend für die Szenografie ist die Verbindung von traditionellen Gebäuden des Stadtbildes und neuen Elementen: Die Fixpunkte Schloss und Dom setzten die Feierlichkeiten zur östlichen und westlichen Seite in einen traditionellen Rahmen, der durch die ephemere Architektur gefüllt wurde.

Bei der Gestaltung des Platzes fallen neben den Fahnen, Symbolen und Blumenschmuck zwei ganz unterschiedliche Aspekte auf, die die Festarchitektur ergänzen: Ein ephemeres Architekturelement stellt die Rednertribüne dar, die entsprechend dem Anlass geschmückt war und sich über den Platz und damit über die Menge erhob. Ein zweiter gestaltendender Aspekt bestand in der Menschenmenge selbst. Die Massen vervollständigten das Bild in dreierlei Hinsicht: Erstens konstituiert sich durch sie erst die Veranstaltung als Massenevent. Zweitens bildeten die Kolonnen der NS-Organisationen selbst in Aufstellung ein eigenes Bild, das von Struktur und Einheitlichkeit geprägt ist. Bedeutend ist jedoch vor allem, dass drittens durch die dargestellte rege Teilnahme eine Zustimmung visuell vermittelt wurde. In Form der Menschenmassen wurde gewissermaßen die vielmals beschworene *Volksgemeinschaft* optisch erfahrbar gemacht. Damit wurden die Massen gezielt eingespannt: Die Zuschauer waren Kulisse und Teilnehmer zugleich.[138] Mit über 150.000 Teilnehmern war es gelungen, die Massen zu mobilisieren – hundertmal so viele wie zu Zeiten der Weimarer Republik. Auch in den Folgejahren blieb die Zahl unerreicht und schrumpfte schließlich auf die Größe von vor 1933.[139] Von dem Umfang und der vermittelten Einheit könne allerdings keinesfalls auf die tatsächliche Zustimmung der Bevölkerung geschlossen werden, so Kuropka.[140] Annina Hofferberth wies

137 Über 200 000 auf dem Hindenburgplatz, in: Münsterischer Anzeiger v. 18.9.1933.

138 Vgl. Koop, NSCI, S. 152. Vgl. auch Graf, Inszenierung, S. 195f.

139 Vgl. Ditt, Raum, S. 208f., 219.

140 Vgl. Kuropka, Münster, S. 301. Zumal auch bedacht werden muss, dass es sich hier um eine Feier handelt, bei der in erster Linie Brauchtum, Tradition und westfälische Heimat im Vordergrund stand.

Abb. 3. und 4: Spalier vor der Bühne mit Reichsadler und Westfalenross und Hakenkreuzformation auf dem Hindenburgplatz während des Westfalentages 1933, in: LAV NRW, Abt. OWL, D72, NL Meyer, Nr. 38.

jüngst in ihrer Dissertation anhand von Egodokumenten nach, dass die Rezeption und Aneignung einzelner Teilnehmerinnen und Teilnehmer sich der gängigen Vorstellung von der einmütigen Massenbewegung entziehen; trotz Teilnahme konnte sie vielmehr divergente Haltungen gegenüber den Veranstaltungen und Inszenierungen nachweisen.[141] In einem zum Westfalentag angefertigten Polizeibericht lassen sich jedenfalls keine Hinweise auf Wirkung und Stimmung in der Bevölkerung entnehmen.[142]

Gauparteitag 1935

Anders als der Westfalentag stellt der Gauparteitag von 1935 eine Veranstaltung dar, deren Funktion ausschließlich in der Selbstdarstellung und Machtdemonstration der NSDAP bestand, jedoch mit keinerlei politischen Entscheidungen verbunden war.[143] Der Gauparteitag kann als Pendant zum Reichsparteitag auf Gauebene bezeichnet werden, dessen selbsterklärtes Ziel die Darstellung der Geschlossenheit der Bewegung und auch der *Volksge-*

141 Erste Ergebnisse werden in Kürze veröffentlicht in Annina L. Hofferberth, Beyond Approved Reactions. Assesments of the NSDAP's Nuremberg Party Rallies in Diaries and Letters, 1933–1938, in: Ulrike Weckel (Hg.), Audiences of Nazism. Medie Effects and Responses, 1923–1945, Oxford/New York [im Erscheinen].

142 Vgl. Polizeibericht vom 18.9.1933.

143 Vgl. Rundschreiben des Gauorganisationsleiters v. 3.5.1935, in: LAV NRW, Abt. OWL, L 113, Nr. 97. Vgl. Stefan Goch, Parteifeiertage. Feiern der Staatspartei, in: ders./ Heinz-Jürgen Priamus (Hg.), Macht der Propaganda oder Propaganda der Macht? Inszenierung nationalsozialistischer Politik im „Dritten Reich" am Beispiel der Stadt Gelsenkirchen, Essen 1994, S. 16–20, hier S. 16.

meinschaft war.[144] Um die Teilnahme einer möglichst großen Menge sicherzustellen, wählte man mit dem 6. und 7. Juli den Sommer.[145] Ferner erging die Anordnung des Gauorganisationsamtes an alle Funktionsträger der NSDAP im Gau, alle anderen Feierlichkeiten wie Schützenfeste zu verlegen – aus Sorge, man unterläge dieser Konkurrenz.[146]

Die Verwandlung der Stadt in einen Festraum wurde wie beim Westfalentag bereits in der Woche zuvor eingeläutet. In der Presse ließen sich dazu genaue Anforderungen finden: Neben der Aufforderung an die Bevölkerung, die Stadt zu schmücken, wurde beim Gauparteitag auch durch das Reichsministerium für Volksaufklärung und Propaganda angeordnet, dass alle Gebäude von staatlichen und kommunalen Einrichtungen zu flaggen hätten. In der Innenstadt wie auch auf dem Hindenburgplatz sollte „der Fahnenschmuck in stärkster Weise zur Geltung gebracht" werden.[147] Im Unterschied zum Westfalentag beherrschten ausschließlich schwarz-weiß-rote Flaggen, Hakenkreuzflaggen und Parteisymbole das Bild.[148] Anfahrtsstraßen und stadtbildprägende Orte wie der Prinzipalmarkt und der Drubbel sollten mit Girlanden und Blumenschmuck verziert werden, der einer strengen Farbordnung folgte.[149]

Die Altstadt wurde zu Repräsentationszwecken besonders vereinnahmt, allerdings mit Betonung darauf, sich „bei der Anbringung des Schmuckes nach den architektonischen Eigenheiten der Umgebung" zu richten. Für den Prinzipalmarkt wurden Goldakzente gewählt, „weil sie sich dem gotischen Gesamtbild am besten angleich[en]". Dass die Anpassung an den Austragungsort auch Grenzen hatte, machte der Münsterische Anzeiger mit einer Anspielung

144 Vgl. für die Einschwörung der Volksgemeinschaft den im Münsterischen Anzeiger zitierten Willkommensgruß von Gauleiter Meyer, *Bedeutungsvolle Tage*, in: Münsterischer Anzeiger v. 5.7.1933. Zur Bewegung s. Rundschreiben des Gauorganisationsleiters v. 28.6.1935, in: LAV NRW, Abt. OWL, L 113, Nr. 97, S. 1–6, hier S. 5: „Das Gautreffen soll in seiner Größe und seinem Umfang ein Zeugnis für die Geschlossenheit und Disziplin der gesamten Bewegung ablegen."

145 Aus dem Gautreffen in Bielefeld hatte man gelernt: Die Ausrichtung im Dezember hatte nur eine unbefriedigende Anzahl an Menschen zur Teilnahme bewegt. Vgl. Erfahrungsbericht über das Gautreffen in Bielefeld, undat., in: LAV NRW, Abt. OWL, L 113, Nr. 97.

146 Vgl. Rundschreiben des Gauorganisationsleiters, 3.5.1935.

147 Vgl. *Anordnung der Beflaggung an Dienstgebäuden*, in: Münsterischer Anzeiger v. 5.7.1933. Zitat entnommen aus *Blumenschmuck beim Gautreffen*, in: Münsterischer Anzeiger v. 4.7.1933.

148 An dieser Stelle müssen die Pressebilder befragt werden, die ausschließlich diese Flaggen zeigen, vgl. die Bilder in der Abendausgabe des Münsterischen Anzeigers v. 8.7.1935.

149 Vgl. *Flaggen heraus*, in: Münsterischer Anzeiger v. 4.7.1935.

Abb. 5: Aufstellung am Hindenburgplatz vor der Stadtsilhouette mit Dom im Hintergrund, Gauparteitag 1935, in: LAV NRW, Abt. OWL, D72, NL Meyer, Nr. 12.

auf das katholische Münster deutlich: „Allerdings wird man beim Gautreffen keine Palmen oder ähnliche Pflanzen sehen. Auf diesem Teil der ‚heimischen' Fauna hat man verzichtet."[150] Mit dieser Entscheidung spiegelte sich im Stadtbild latent die gegenwärtig offen feindselige Haltung zum Katholizismus, wie zum Beispiel in der Rede von Reichsinnenminister Frick deutlich wurde, der vor der Menschenmenge am Hindenburgplatz eine völlige Entkonfessionalisierung forderte.[151] Neben verschiedenen Programmpunkten, wie der Grundsteinlegung des Gauhauses mit ausgewählten Gästen und dem Gaukongress in der Halle Münsterland, fanden zahlreiche Versammlungen an öffentlichen Plätzen statt. Höhepunkt bildeten die Aufmärsche an besonders symbolträchtigen Orten, wie vor dem Rathaus auf dem Prinzipalmarkt.

Die größte mediale Resonanz erfuhr der Generalappell am Hindenburgplatz. In einem ähnlich kinematografischen Gestus wie beim Westfalentag wurde das „überwältigende Bild innerer Geschlossenheit" aus Tribünenperspektive geschildert: Die endlos aufmarschierenden Kolonnen, die sich schließlich in Blöcken vor der Tribüne formieren, bis der Platz mit einer „nach Tausenden zählenden Menschenmenge" gefüllt war, flankiert von einem „Wall aus Fahnen".[152] Die beschriebene Szenerie erscheint optisch einheitlicher, geordneter, strenger und geschlossener als beim Westfalentag, bei dem die Menschen noch aus allen Richtungen heran strömten – sie konnte somit noch stärker als bildgewordene *Volksgemeinschaft* wirken, in denen nicht der Einzelne herausstach, sondern nur die uniformierte Kolonne. Zwar fungierte

150 *Blumenschmuck beim Gautreffen*, in: Münsterischer Anzeiger v. 4.7.1935.
151 Vgl. *Generalappell der NSDAP Westfalen Nord*, in: Münsterischer Anzeiger v. 8.7.1935.
152 Ebd.

das traditionelle Stadtbild wieder als Bühne für die Veranstaltungen, allerdings lassen sich beim Gauparteitag weniger Bemühungen konstatieren, sich in das Gesamtbild der Stadt zu fügen, wie beispielsweise beim Westfalentag.

Wie verwoben die Sphären des gebauten und grafischen Bildes tatsächlich sind, wird an dieser Stelle deutlich: Die baulichen Bildelemente, wie Menschen, Fahnen und Tribünen, waren nicht willkürlich angeordnet. Vielmehr basierten sie auf einer ausgefeilten Choreografie, wie aus den Schreiben des Gauorganisationsamtes und der Gaupropagandaleitung an die Gauamtsleiter, Kreisleiter, Ortsgruppenleiter usw. hervorgeht. Die Platzbeschreibung sah genau vor, wie der Hindenburgplatz gestaltet sein sollte.[153] Vor Ort wurde das Gelände „abgekreidet, genau beschildert und geflockt", um die Aufstellung in Blockformation zu gewährleisten.[154]

Die Teilnehmer erhielten minutiöse Angaben zur Marschroute und -formation, Stellung und Haltung der Flagge; sogar die Gestik und Mimik wurde choreografiert: „Beim Vorbeimarsch grüßen mit erhobenem rechten Arm nur die Gauinspekteure und Kreisleiter. Alle übrigen grüßen nicht, sondern nahmen die linke Hand ans Koppel und marschieren in gerader Haltung mit Augen rechts an den Führern vorbei."[155] Bei der Gestaltung ging es also nicht ausschließlich um den reibungslosen Ablauf, sondern vor allem auch um das Erscheinungsbild. Den Schreiben waren ferner Skizzen beigefügt, die für die einzelnen Einheiten die Anmarschwege und Aufstellungen an den Plätzen visualisierten.

Für die breite Öffentlichkeit wurde die Aufstellung dann einen Tag vor dem Gauappell veröffentlicht. Es ist unwahrscheinlich, dass diese Abbildung ausschließlich als informative Botschaft gedacht war. Vielmehr ist davon auszugehen, dass die Teilnehmenden bereits zuvor instruiert worden waren und die Skizze als eine Art Vorgeschmack oder auch Werbung für die Veranstal-

153 Vgl. Schreiben der Gaupropagandaleitung zum Gautreffen samt Anlagen, undat., in: LAV NRW, Abt. OWL, L 113, Nr. 97, S. 1–14[13], hier S. 6.

154 Vgl. ebd. S. 11.

155 Beschreibungen zum Rahmenprogramm im Rundschreiben des Gauorganisationsleiters v. 29.6.1935, in: LAV NRW, Abt. OWL, L 113, Nr. 97, S. 1–6. Vgl. auch Schreiben der Gaupropagandaleitung zum Gautreffen samt Anlagen, undat., in: LAV NRW, Abt. OWL, L 113, Nr. 97, S. 1–14[13]. Ähnlich detaillierte Regieanweisungen lassen sich auch für andere Veranstaltungen finden, wie z.B. einer Propagandaveranstaltung im Kontext der Volksabstimmung über das Staatsoberhaupt des Deutschen Reiches in der Halle Münsterland, die sich im Nachlass des Landeshauptmanns von Westfalen, Karl-Friedrich Kolbow, finden. Vgl. Rundschreiben der Gaupropagandaleitung an die Kreispropagandaeiter v. 8.8.193[4], in: LWL-Archivamt 907, NL Kolbow.

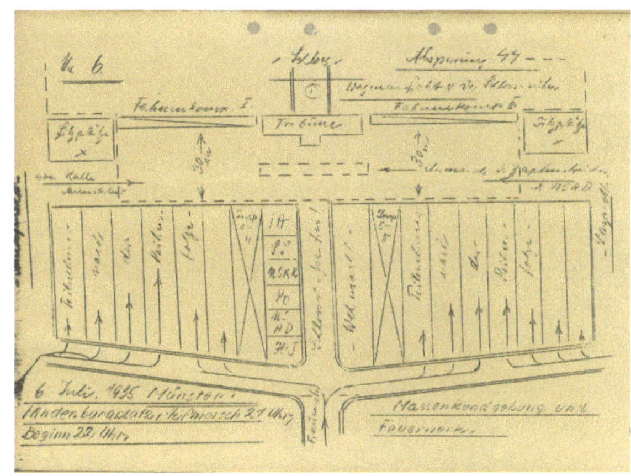

Abb. 6: Aufmarsch- und Aufstellungsplan zur Massenkundgebung am Hindenburgplatz am Abend des 6. Julis anlässlich des Gauparteitages, in: LAV NRW, Abt. OWL, L113, Gauinspektion Nr. 10.

tung fungierte; gewissermaßen als vorgreifende Visualisierung dessen, was geboten werden sollte.[156] Die Skizzen bildeten hier also ähnlich einem Bauplan die Vorlage für das vorübergehend gestaltete Stadtbild. Die detaillierten Aufzeichnungen, Beschreibungen und die genaue Taktung erinnern an ein Regiebuch – nicht zufällig wurde schon der Westfalentag als sich abspielender Film beschrieben, die Journalisten beider Veranstaltungen die Rolle der Kamera mimend. Dieter Bartetzko hat nachgewiesen, dass die Gestaltung der Städte im Nationalsozialismus stark an die Techniken des Theaters und Film angelehnt waren; die Gebäude und Plätze fungierten als Bühne, Fahnen, Tribünen und Schmuck als Requisiten, Uniformen als Kostüme und die Menschen als Publikum und Darsteller zugleich. Durch die Kombination der Elemente konnten suggestive Bilder generiert werden, bei denen das Ziel letztlich darin bestand, die Menschen in eine Scheinwelt zu versetzen und die Grenze zwischen Realität und Film aufzuheben.[157]

Über die Wirkung des inszenierten Stadtbildes zum Gauparteitag lassen sich keine Hinweise finden. Ein Bericht der Staatspolizei vermutete jedoch einen negativen Einfluss; an der zuvor schon schlechten Stimmung in der Bevölkerung habe sich nichts geändert – vielmehr erwartete man, dass nach

156 Vgl. *Auf zum Gauparteitag der NSDAP*, in: Münsterischer Anzeiger v. 6.7.1935. Solche Skizzen lassen sich öfter finden, wie z.B. zur Vereidigung von Rekruten auf dem Hindenburgplatz, *Feierliche Rekruten-Vereidigung in Münster*, in: Münsterischer Anzeiger v. 8.11.1936.

157 Vgl. dazu Bartetzko, Zucht, s. Kapitel Theater- und Filmkulissen als Vorformen der NS-Architektur. S. dazu auch Koop, NSCI, S. 150–153.

dem Auftritt Alfred Rosenbergs „die Stimmung weiter Volkskreise ganz erheblich in Mitleidenschaft gezogen" werde.[158] In einem weiteren Bericht, von dem eine Abschrift in den Akten der Kanzlei Rosenberg überliefert ist, wurde der Eindruck des gebotenen Bildes auf die Zuschauer von der Staatspolizeistelle selbst als sehr günstig bewertet.[159] Gleichzeitig aber lässt sich eine starke Differenz zwischen visuell vermittelter und tatsächlicher Stimmung konstatieren: Bestimmte Kreise hätten keine Anteilnahme an der Veranstaltung gezeigt und somit die Mitwirkung am Schauspiel verweigert. Zwar sei nach eigenen Angaben der Gauparteitag „von der Mehrheit der Einwohner Münsters freundlich aufgenommen" worden, doch erwies sich die äußerlich dargestellte Geschlossenheit nach innen als nicht haltbar: Die katholischen Kreise hätten dem Bericht an Rosenberg zufolge durch Gegenaktionen das Geschehen zu stören versucht.[160]

Die nationalsozialistische Inszenierung war also nicht konkurrenzlos. Das wird am Beispiel vom Gauparteitag und der Großen Prozession deutlich. Letztere fand 1935 im Anschluss an den Gauparteitag statt. Die katholische Kirche besetzte dabei wiederum ihrerseits den Stadtraum mit Zeichen: Der Festschmuck des Gauparteitages hatte dafür bereits auf Anordnung Hillebrands am Abend des letzten Tages zu verschwinden, „da die folgenden Tage das Stadtbild für die Große Prozession gestaltet wird".[161] Franz-Josef Jakobi zeichnet beide Veranstaltungen als eine Antwort gegenseitiger Provokationen: In einem Fastenhirtenbrief übte von Galen scharfe Kritik an der NS-Rassenlehre und als neuheidnisch bezeichneten NS-Ideologie. Als Reaktion habe die Gauleitung wiederum den Gauparteitag absichtlich unmittelbar vor die Große Prozession gelegt und lud Rosenberg trotz Protest des Bischofs als Redner ein. Rund 19.000 Teilnehmerinnen und Teilnehmer am Folgetag bekundeten darauf ihre Solidarität mit von Galen, der in seinen Predigten Analogien zum Kulturkampf herstellte.[162] Lässt sich in diesem Beispiel durchaus von einem Spannungs- und Konkurrenzverhältnis sprechen, so ist doch fraglich, ob insgesamt von konkurrierenden Bildern

158 Aus dem Lagebericht der Staatspolizei für den Regierungsbezirk Münster für Juli 1935, S. 163f.

159 Vgl. Bericht der Staatspolizeistelle zum Gautreffen der NSDAP in Westfalen-Nord 8.7.1935, in: BArch, Kanzlei Rosenberg NS 8/152.

160 Vgl. ebd.

161 *Flaggen heraus*, in: Münsterischer Anzeiger v. 4.7.1935.

162 Jakobi, Münster, S. 571f.

Abb. 7: Foto der Großen Prozession von 1935 am Tag nach dem Gauparteitag. Auf der linken Bildseite sind Bischof von Galen und die Mariensäule zu erkennen, in: StAMS, Slg-FS–47, Nr. 4940.

die Rede sein kann und nicht vielmehr von einem Nebeneinander an Bildern, die gewissermaßen in Ko-Existenz bestehen.

Im Falle des Gauparteitages jedenfalls erschien Münster als katholische Hochburg den Organisatoren immer ungeeigneter für dessen Ausrichtung. Die Feierlichkeiten wurden schließlich nach Gelsenkirchen verlegt, wenngleich der Ortswechsel offiziell mit der günstigeren Lage Gelsenkirchens und der damit einhergehenden Hoffnung auf höhere Teilnehmerzahlen begründet wurde.[163] Die Verlegung spiegelt einen generellen Trend, denn ab 1936 gingen die Großveranstaltungen zur nationalsozialistischen Selbstdarstellung in Münster deutlich zurück.[164]

163 Vgl. Arno Schröder, Mit der Partei vorwärts! Zehn Jahre Gau Westfalen-Nord, Detmold 1940, S. 214; Priamus, Meyer, S. 240.

164 Vgl. Bernd Thier, Aufmarschplatz. Nationalsozialistische Großveranstaltungen auf dem Hindenburgplatz (1933–1944), in: LWL-Denkmalpflege, Landschafts- und Baukultur in Westfalen in Kooperation mit dem Stadtmuseum Münster (Hg.), Schlossplatz – Hindenburg – Neuplatz in Münster. 350 Jahre viel Platz, Steinfurt 2012, S. 171–176, hier S. 174; vgl. Priamus, Regionale, S. 187f.

Tag des Großdeutschen Reiches 1938
Ein Beispiel für eine Veranstaltung nach 1936 ist der „Tag des Großdeutschen Reiches", in der die Wahl über den Anschluss Österreichs am 10. April 1938 als Bekenntnis zum Großdeutschen Reich inszeniert wurde. Anders als der Westfalen- und Gauparteitag wurde diese Feier reichsweit in allen deutschen Städten begangen und erreichte damit in Münster nicht die Teilnehmerzahlen der beiden vorausgegangenen Veranstaltungen. Das Schema für die Gestaltung verlief jedoch ähnlich wie bei den anderen Feiern: Im Zuge der Propagandawelle, die bereits Tage zuvor in Gang gesetzt worden war, erhielten die Bürger Informationen zur Veranstaltung und Anordnungen zur Dekoration, die sich durch den Einsatz von Fahnen und Formationen im Wesentlichen nicht von den optischen Gestaltungselementen der zuvor beschriebenen Feiern in Münster unterschied[165] – mit Ausnahme einer Besonderheit: dem Lichtdom.

Nach dem schematischen Aufbau der Veranstaltung aus Aufmarsch, Generalappell und Reden wurde nach Einbruch der Dunkelheit ein Lichtspiel besonderer Art geboten: Rund 30 Flakscheinwerfer waren kreisförmig um den Innenstadtring angeordnet und so aufgerichtet worden, dass die Lichtkegel über dem Stadtraum aufeinandertrafen und eine Art Dach über Münster bildeten.[166]

Populär geworden war der Lichtdom durch den Reichsparteitag 1937 in Nürnberg als Inszenierung Albert Speers, die Adaption in kleineren Städten wie Münster hat bisher hingegen kaum Eingang in die Forschung gefunden. Der Lichtdom stellt ein herausragendes Beispiel der nationalsozialistischen Lichtarchitektur dar, indem durch das geschickt arrangierte Lichtspiel ein ephemerer Raum geschaffen wurde, der im Fall von Münster den Stadtraum und seine Bewohner umschloss: Das Bündel an Lichtkegeln „hunderte von Metern hoch, schließt sich oben langsam und wölbt den gewaltigsten Dom, den Sterbliche je sahen", so der offizielle Bericht der NSDAP zum Spektakel in Nürnberg.[167] Nicht nur die Höhe und Gestalt erinnerte an einen Dom, sondern auch die Illumination im dunklen Nachthimmel verlieh dem Lichtbild etwas Sakrales. Zeitgenössische Beobachter wähnten sich in der nationalsozialistischen Version eines Gottesdienstes und zeigten sich überwältigt

165 Vgl. *Münster steht zum Führer!*, in: Münsterischer Anzeiger v. 11.4.1938; *Der Lichtdom über Münster*, in: Münsterischer Anzeiger v. 9.4.1938.

166 Vgl. *Münster steht zum Führer!*, in: Münsterischer Anzeiger v. 11.4.1938.

167 Der Parteitag der Ehre vom 8. Bis 14. September 1936. Offizieller Bericht über den Verlauf des Reichsparteitages mit sämtlichen Kongressreden, hg. v. Zentralverlag der NSDAP, München 1936, S. 171.

Der Lichtdom über Münster, der von 32 Scheinwerfern gebildet wurde. Eine Nachtaufnahme, aufgenommen hinter dem Gelände des Städtischen Schlachthofes.

Abb. 8: Nachtaufnahme des Lichtdoms zum Tag des Großdeutschen Reiches am 10.4.1938 im Münsterischen Anzeiger, in: *Münster steht zum Führer!*, MA 11.4.1938.

von der Szenerie.[168] Wenn sich auch die Installation in Münster weniger aufwendig gestaltete als in Nürnberg, zeichnete der Münsterische Anzeiger ein ähnliches Bild für die westfälische Stadt, das übersinnliche, transzendente Züge annahm: „Es war ein phantastischer, märchenhafter Anblick, dieser Lichtdom über der Stadt, durch dessen Strahlen zuweilen weiße Wolken wie Gespenster dahinglitten. Und unter diesem Lichtdom hatte sich ganz Münster zu dem großen Bekenntnis aller Deutschen zusammengefunden".[169]

Es wirkt, als setzte der Lichtraum die Betrachtenden in eine Scheinwelt, verbunden jedoch waren damit ganz reale Gründe. Wie ein steinerner Dom die (einstige) Dominanz der Kirche in einer Stadt symbolisierte, so visualisierte der lichternde Dom wie die Fahnen und Tribünen auf eindrückliche Weise die nationalsozialistische Herrschaft über den Stadtraum.[170] Der sakrale Anstrich der Inszenierung entfaltete in einer katholisch geprägten Stadt wie Münster eine doppelte Dynamik: Indem der Lichtdom über der Stadt im Himmel aufgespannt wurde, setzte man ihn gewissermaßen über den realen Dom und die Kirchen der Stadt. Auch wenn die (Groß-)Feiern also tendenziell in Münster abnahmen, so differenzierten sich die visuellen Techniken zur Stadtraumgestaltung über die Jahre weiter aus.

168 Vgl. Paul, Diktatur, S. 116. Auch im Ausland fand die Inszenierung Speers großen Widerhall und Bewunderung, vgl. Daniel Zaidan, Bildende Künste im Dritten Reich. Eine kritische Auseinandersetzung mit einem vernachlässigten Kapitel deutscher Kunstgeschichte, Hamburg 2008, S. 45.

169 *Münster steht zum Führer!*, in: Münsterischer Anzeiger v. 11.4.1938.

170 Paul, Diktatur, S. 116.

Der Westfalentag, Gauparteitag und Tag des Großdeutschen Reiches sind nur drei Beispiele aus einer Fülle von Veranstaltungen, die vor allem aus ritualisierten, wiederkehrenden Feiern und Aufmärschen bestanden (wie dem Heldengedenktag oder dem 1. Mai), und wie der Tag des Großdeutschen Reiches auch nach 1936 weiterhin in Münster stattfanden.[171] Gemeinsamer Nenner fast aller Veranstaltungen war der Ausrichtungsort: der Hindenburgplatz.

3.1.2. Der Hindenburgplatz

Der Münsteraner Hindenburgplatz fungierte als Dreh- und Angelpunkt der NS-Veranstaltungen. Er war fast immer Zielpunkt der Aufmärsche und Paraden oder Ort des feierlichen Auftakts und Endes von Großveranstaltungen, wie zum Beispiel beim Feuerwerk zum Beginn des Gauparteitages.[172] Mit ihm fanden die neuen Machthaber ideale Bedingungen zur Selbstinszenierung vor: Als öffentlicher Platz war die Wahrnehmung um einiges größer als etwa bei den Veranstaltungen in der Halle Münsterland.[173] Mit 12,5 Hektar Fläche bot er zudem Platz für eine riesige Teilnehmerzahl. Noch heute stellt er die drittgrößte innenstädtische Freifläche in Europa dar.[174] Die Kulisse nach Osten bot den Blick auf die turmreiche Stadtsilhouette, nach Westen auf das Schloss, das als Sitz des Oberpräsidenten von Westfalen und später zusätzlich als Sitz des Gauleiters Meyer nicht nur einen altehrwürdigen Rahmen bot, sondern auch politische Strahlkraft besaß. Die Rahmung des Veranstaltungsortes durch die für die Stadt als typisch geltende Stadtbildelemente war eine übliche Praxis, um sich in die Tradition der Stadt zu stellen und um an die Sehgewohnheiten der Bevölkerung anzuknüpfen: Bildeten in Münster Dom und Schloss die Identifikationspunkte, diente in Gelsenkirchen unter anderem das Hüttenwerk „Schalker Verein" als Kulisse der Massenveranstaltungen.[175]

171 Vgl. Thier, Aufmarschplatz, S. 174; Priamus, Regionale, S. 176. Vgl. auch die zahlreichen Einladungen zu Veranstaltungen auf dem Hindenburgplatz, die im Nachlass Kolbows zu finden sind, LWL-Archivamt 907, NL Kolbow.

172 Vgl. Thier, Aufmarschplatz, S. 171; Rundschreiben des Gauorganisationsleiters v. 3.5.1935. S. auch für verschiedene Anfragen der NSDAP an die Stadtverwaltung in: LAV NRW, Abt. Westf., Regierung Münster Nr. 42693.

173 Vgl. Thier, Aufmarschplatz, S. 172.

174 Vgl. Thomas Großbölting/Matthias Friedmann, „Schloss jetzt". Eine Stadt streitet über ihr Früher und ihr Heute, in: Thomas Großbölting (Hg.), Hindenburg- oder Schlossplatz? Was die Debatte über Münster verrät, Münster 2015, S. 7–24, hier S. 7.

175 Vgl. Schmidt, Gelsenkirchen, S. 231.

Schon vor 1933 war der Platz aufgrund der Größe stark frequentiert gewesen. Neben dem Send, der traditionsreichen Kirmes Münsters, und verschiedenen Zirkusveranstaltungen, fand hier auch der Katholikentag 1930 mit erstmals über 100.000 Menschen statt.[176] Zu diesem Anlass hatte die Stadt die Bäume der Schlossallee fällen lassen, um die zwei Platzhälften zwecks Platzvergrößerung zu verbinden. Auch von einem Stadtratsbeschluss von 1932 profitierten die neuen Machthaber: Indem der über den Hindenburgplatz verlaufende Promenandenabschnitt 30 Meter nach Westen verlagert wurde, konnte die Freifläche vergrößert werden.[177] An diese Umgestaltungsmaßnahmen wurde 1935 angeknüpft. Die Wehrkreisverwaltung drängte in einem Schreiben an den Regierungspräsidenten auf die Umgestaltung, es „sei geradezu traurig, wie sehr der Hindenburgplatz vernachlässigt wird, der mit dem Schloss und seiner gewaltigen Ausdehnung in gepflegtem Zustand eine Hauptsehenswürdigkeiten der Stadt Münster sein könnte."[178] Als „ganz unwürdiges Bild" bezeichnete auch die Wehrkreisverwaltung den Ort und regte beim Regierungspräsidenten die Behebung der Mängel an, ehe der Gauparteitag stattfinde.[179]

Ob diese Maßnahmen tatsächlich zuvor umgesetzt worden waren, lässt sich nicht nachvollziehen. Deutlich wird jedoch, dass nicht nur ephemere Architekturelemente zur Gestaltung der Stadt eingesetzt, sondern auch dauerhafte Veränderungen angestrebt wurden. Nach den kleineren Ausbesserungen von 1935, von deren Umsetzung nichts bekannt ist, lässt sich von 1937 bis 1941 eine Phase der auf Dauer angelegten Umgestaltung konstatieren. Trotz der grundsätzlich günstigen Bedingungen, die der Hindenburgplatz für Großveranstaltungen bot, ergaben sich einige Schwierigkeiten bei der Benutzung. So erwiesen sich die Zufahrtsstraßen als ungeeignet für die Verkehrsführung

176 Vgl. Thier, Aufmarschplatz, S. 171. Zu den Zirkusveranstaltungen s. die zahlreichen Anfragen von Veranstaltern in der Akte im LAV NRW, Abt. Westf., Regierung Münster Nr. 42693.

177 Der geänderte Verlauf entspricht dem heutigen, vgl. Uwe Siekmann, „Historisches Grün" auf dem Neuplatz, Schlossplatz und Hindenburgplatz, in: LWL Denkmalpflege, Schlossplatz, S. 55–64, hier S. 61.

178 Schreiben an den Regierungspräsidenten v. 26.6.1935, in: LAV NRW, Abt. Westf., Regierung Münster Nr. 42693, der Name des Verfassers oder dessen Zugehörigkeit zu einer Behörde oder Organisation sind nicht bekannt.

179 „Am Sonntag in 8 Tagen findet der große Aufmarsch auf dem Hindenburgplatz statt und es wäre sehr zu begrüßen, wenn bis dahin an den Bürgersteigen, den Fahrtstraßen, sowie dem Schlossplatz selbst die so dringend erforderlichen Reparaturen vorgenommen würden." Schreiben der Wehrkreisverwaltung an den Regierungspräsidenten v. 27.6.1935, in: LAV NRW, Abt. Westf., Regierung Münster Nr. 42693.

bei der Ankunft der Menschenmassen. Zudem konnte bei Regen das Wasser nicht abfließen; das Gelände wurde matschig und damit unbrauchbar für große Menschenmengen. Bereits 1936 war die Änderung der Wege auf dem Platz im Gespräch.[180] 1937/38 wurde dann erstmals ein Bündel erforderlicher Maßnahmen zur Neugestaltung zusammengestellt, das die Verbreiterung der Zufahrtswege, die erneute Verlegung der Promenade nach Westen und die Neubepflanzung vorsah.[181] Der Plan wurde allerdings mangels Baumaterialien – diese wurden für „heereswichtige Bauvorhaben" benötigt – schon im September 1938 wieder verworfen.[182] Auch die Wehrkreisverwaltung lehnte die Neugestaltung ab. Begründet wurde die Entscheidung sinngemäß damit, dass so die laufende Nutzung behindert würde und sich die Neugestaltung nicht lohne, da ohnehin am Aasee ein größerer Platz in Planung sei.[183]

1940/41 wurden die Pläne neu aufgenommen und konkretisiert. Ein detaillierter Kostenvoranschlag samt Erläuterungsbericht sind erhalten und geben Aufschluss über die bereits 1938 diskutierten Veränderungen. Die Ausarbeitung der Pläne war explizit auf die Nutzung des Hindenburgplatzes für Veranstaltungen und Aufmärsche ausgerichtet: Zunächst sollte der Platz von Wurzeln, zerstörten Wegbefestigungen und Entwässerungsrinnen befreit werden, um das Gelände dann zu befestigen. Bordsteine, die den Marschbetrieb behinderten, sollten durch eine Art Rampe leichter begehbar werden. Zur „wesentlichen Verbesserung des Gesamtbildes" waren eine Neubepflanzung sowie die Entfernung von Zweckbauten geplant, die als „unwürdig" erachtet wurden. Um das Einsickern des Regenwassers zu verhindern, war ein neues Abwassersystem geplant, das jedoch noch eine zweite Funktion erfüllte: „Die gepflasterten Rinnen werden so über den Platz

180 Vgl. Thier, Aufmarschplatz, S. 174f., vgl. Schreiben des Regierungspräsidenten an das Generalkommando v. 6.7.1936, in: LAV NRW, Abt. Westf., Regierung Münster Nr. 42693.

181 Vgl. Schreiben des Regierungspräsidenten an das Stadtplanungsamt v. 6.8.1937, in: StAMs, Amt 23, Nr. 806, Bd. 1.; Schreiben an den Regierungspräsidenten v. 22.7.1938, in: StAMs, Amt 23, Nr. 806; Schreiben des Oberbürgermeisters an das Vermessungsamt v. 27.7.1938, in: StAMs, Amt 23, Nr. 806.

182 Schreiben des städtischen Tiefbauamtes an den Beigeordneten Dr. Fulda v. 19.9.1938, in: StAMs, Amt 23, Nr. 806.

183 Vgl. Schreiben der Wehrkreisverwaltung VI an den Oberbürgermeister Münsters v. 21.10.1938, in: StAMs, Amt 23, Nr. 806. Die Planungen am Aasee werden im nächsten Punkt konkretisiert.

Abb. 9: Ansicht des Hindenburgplatzes mit Beflaggung und den behelfsmäßigen Kreidelinien, Filmstill in: LWL-Medienzentrum, 16FA1128inv.2037, ca. 1:30.

verteilt, dass sie gleichzeitig Markierungen für die blockweise Aufstellung von Formationen und dergleichen darstellen."[184]

War zum Gauparteitag noch die Blockformation durch Kreide auf den Boden gemalt worden, wurde nun eine dauerhafte Lösung angestrebt. Bereits bei der Einweihung des Gauhauses 1937 war die behelfsmäßige Maßnahme, die geordnete Aufstellung der politischen Leiter durch Bindfäden sicherzustellen, als beschämend und unwürdig bezeichnet worden.[185] Auch die Einrahmung des Platzes durch Flaggen sollte durch die Einlassung von Halterungen im Boden vereinfacht werden. War zuvor jedes Mal der Platz aufgerissen worden, um die Stromversorgung zu garantieren, gedachte man nun, dieses Problem durch Hülsen im Boden zu umgehen.[186] Damit wäre auch die Bedingung für eine Lichtarchitektur gegeben, wie sie zum Beispiel in Nürnberg zum Reichsparteitag und in späteren Jahren auch in Münster beim Tag des Großdeutschen Reiches eingesetzt wurde.[187] Unklar ist, wieso die Pläne Ende 1940 wie-

184 Erläuterungsbericht zu den zeichnerischen Ausarbeitungen über die Verbesserungen des Hindenburgplatzes in Münster samt Kostenvoranschlägen, in: LAV NRW, Abt. Westf., Staatshochbauamt Nr. 1340.

185 Vgl. Aus dem Bericht der Kreisleitung Münster-Stadt für März 1937, in: Kuropka, Meldungen, S. 650.

186 Erläuterungsbericht zu den zeichnerischen Ausarbeitungen über die Verbesserungen des Hindenburgplatzes in Münster samt Kostenvoranschlägen, in: LAV NRW, Abt. Westf., Staatshochbauamt Nr. 1340.

187 Ob eine derartige Lichtarchitektur auch beim Hindenburgplatz in Betracht gezogen wurde, geht aus den Dokumenten jedoch nicht hervor. Für die Halle Münsterland ist

der aufgenommen wurden, waren doch bereits im Sommer ein Großteil der Bauprojekte wegen Priorisierung der Luftschutzmaßnahmen vorläufig auf Eis gelegt worden.[188] Möglich ist, dass genau deshalb sich die Aufmerksamkeit wieder auf die Verbesserung des Provisoriums richtete, da die Fertigstellung des Zentrums am Aasee damit in weite Ferne rückte. Jedenfalls kam auch diese sich auf 230.000 RM belaufende Planung nicht mehr zur Ausführung.

Mit Blick auf das entscheidende Kriterium der Sichtbarkeit wurden also keine optisch wahrnehmbaren Veränderungen hervorgerufen. Letztlich muss auch gefragt werden, inwiefern eine umfassende Gestaltung eine dauerhafte Veränderung im Stadtbild bedeutet hätte: Ein Großteil der Maßnahmen hätte erst bei Feiern und Aufmärschen einen sichtbaren Effekt entfaltet – die Objekte selbst, wie die Halterungen im Boden, lassen sich als wenig stadtbildprägend beschreiben. Dennoch ließ sich am Beispiel des Hindenburgplatzes ein Phasenübergang konstatieren, der dem Verlauf entspricht, den Graf für Berlin herausgearbeitet hat: War zuvor bei der Herrichtung des Festraumes noch überwiegend mit ephemeren Elementen gearbeitet worden, wurde nach der Phase der Erprobung verstärkt ab 1937 eine dauerhafte Umgestaltung, die *Petrifikation*, angestrebt. Die Maßnahmen, die ausdrücklich auf die Verbesserung als Aufmarsch- und Veranstaltungsgelände zielten, zeigen, dass sich auch für Münster eine „Kongruenz zwischen Feierstil, Feier-Verlauf und architektonischer Veränderung"[189] beobachten lässt. Dieses Ergebnis muss jedoch auf die Planungsphase beschränkt bleiben – zur Ausführung kamen die Pläne nicht. Ebenso lassen sich derlei Erwägungen ausschließlich für den Hindenburgplatz ausmachen: Von einer großflächigen auf Dauerhaftigkeit ausgerichteten Verwandlung Münsters in einen Festraum, wie in Berlin an zahlreichen Plätzen und Orten der Stadt geschehen, kann nicht gesprochen werden. Für den Prinzipalmarkt zum Beispiel, der zum Gauparteitag 1935 auch als Aufstellungsort genutzt wurde, lassen sich keine Bestrebungen finden. Im Gegenteil konnte aufgezeigt werden, dass hier bereits bei der ephemeren Gestaltung explizit auf das besondere architektonische Bild Rücksicht genommen wurde.

der Einsatz von Lichtarchitektur belegt, Rundschreiben der Gaupropagandaleitung an die Kreispropagandaeiter v. 8.8.193[4], in: LWL-Archivamt 907, NL Kolbow.

188 Die Planungen liefen zwar zum Teil weiter, die Ausführung aber wurde verschoben, vgl. Erdmann, Ordnung, S. 163; Laurenz, Pläne zur Neugestaltung, S. 9.

189 Graf, Inszenierung, S. 203f.

3.2. Zwischen Planung und Realisierung: die Neubauten der Partei

In der Fülle der Bauprojekte richtet sich der Fokus entsprechend der nationalsozialistischen Architekturhierarchie auf Repräsentationsbauten von Partei und Staat: Sie bildeten die „Spitze der Ordnungs- und Funktionspyramide des NS-Systems."[190] In der streng hierarchisch geordneten Vorstellung von Architektur findet sich in ihnen der stärkste Ausdruck von Herrschaft und Macht. Nach Klaus Beyme sind Staatsbauten zwar grundsätzlich immer, also unabhängig von System oder Staatsform, Ausdruck einer politischen Haltung oder Herrschaftsauffassung; in autoritären Staaten trete diese Botschaft aber expliziter hervor als in pluralistischen Demokratien.[191] Dementsprechend ist zu erwarten, dass sich anhand dieser Gebäude die Prägung des gebauten Stadtbildes am deutlichsten offenbart. Ihnen folgten Bauten der Erziehung, das Schlusslicht der Rangfolge, die sich grob nach dem Prinzip der Zweckfreiheit richtet, bilden Industrie- und Wohnbauten.[192] Diese „pragmatischen" Bauten, die durch militärische Einrichtungen und Luftschutzvorkehrungen ab 1939 verstärkt ergänzt wurden, spielen im Rahmen dieser Arbeit eine untergeordnete Rolle.[193]

Das *Gesetz über die Neugestaltung deutscher Städte* vom 4. Oktober 1937 besiegelte für viele Städte, was bereits in der Praxis eingeleitet worden war: Die großflächige Umgestaltung der Städte im Sinne des nationalsozialistischen Machtanspruchs. Per Führererlass wurde auch die Stadt Münster am 15. März 1939 in die Riege der Neugestaltungsstädte aufgenommen.[194] Die Bilanz am

190 Winfried Nerdinger, Funktionen und Bedeutung von Architektur im NS-Staat, in: Benz, Kunst, S. 279–300, hier: S. 280.

191 Oder um es mit Beyme auf eine Formel zu bringen: „Politische Botschaften sind umso verschlüsselter, je pluralistischer die Demokratie wurde." Klaus von Beyme, Politische Ikonologie der Architektur, in: Hermann Hipp/Ernst Seidl (Hg.), Architektur als politische Kultur, Berlin 1996, S. 19–34, hier S. 31. Der Umkehrschluss für autoritäre Systeme wird gezogen in Rosenberg, Architekturen, S. 57f.

192 Vgl. Nerdinger, Funktionen, S. 279f.

193 Die Schwerpunktsetzung bedeutet jedoch keine vollständige Ausblendung der Zweckbauten. Vielmehr sollen diese dann Erwähnung finden, sofern sie im Sinne Nerdingers Aufschluss über den Funktionszusammenhang der Bauten geben: Die Analyse architektonischer Einzelobjekte erfordere immer die Rückanbindung an das Gesamtgefüge, vgl. ebd., S. 298–300. Eine Zusammenstellung der Bauaktivitäten in Münster findet sich in Verwaltungsbericht 1926–1945, S. 220–247 (Absatz Bauwesen), in: StAMs, DS 265.

194 Vgl. Gesetz über die Neugestaltung deutscher Städte v. 4.10.1937, in: RGBl. 1937, Teil I, S. 1054f.; Erlass des Führers und Reichskanzlers über städtebauliche Maßnahmen in der Stadt Münster (Westf) v. 31.3.1939, in: RGBl. 1939, Teil I, S. 697.

Ende des Krieges war ernüchternd: Von den ehrgeizigen Plänen wurden letztlich nur das Gauhaus und das HJ-Heim realisiert. Doch ist die Betrachtung der nie zur Ausführung gekommenen Pläne nicht minder wichtig. Auch wenn diese das Münsteraner Stadtbild nie prägen konnten, so verraten die Entwürfe viel über die Vorstellung, wie dieses Bild in Zukunft hätte aussehen sollen.

3.2.1. „Wahrzeichen einer großen Zeit“: das Gauhaus und das HJ-Heim

„Bauten von gewaltiger Größe und von ungeheurem Ausmaß, die von der alles umfassenden Stärke der nationalsozialistischen Idee zeugen, entstehen in allen Städten des Reiches“, so tönte die euphorische Stimme des Münsterischen Anzeigers im Juni 1938 in einem Bericht über die Ausbildung von Architekten in Münster. Parallelisierend zu vergangenen Epochen seien auch die NS-Bauten „steinerne Zeugen einer geistigen und materiellen Blütezeit“.[195] Dementsprechend groß war die Bedeutung, die dem Bau des Gauhauses am Aasee und des HJ-Heims am Sentmaringer Weg von Beginn an zugewiesen wurde. Während Oberbürgermeister Hillebrand zur Grundsteinlegung des Gauhauses eben dieses als „Wahrzeichen einer großen Zeit“ bezeichnete, wurde bei der Grundsteinlegung des HJ-Heims gar der Aufbruch in eine neue „Epoche der Baukunst“ verkündet.[196] Ausdrücklich wurde in der Presse darauf hingewiesen, dass die Gebäude nicht auf ihren eigentlichen Zweck, der Zentralisierung administrativer Aufgaben und der Bereitstellung von Arbeits- und Versammlungsräumen, reduziert werden dürften, sondern in ihrer „inneren und äußeren Gestaltung Ausdruck der Weltanschauung unseres Führers“[197] seien. Die Bauten wurden damit schon mit dem ersten Spatenstich zu steinernen Sinnbildern des neuen Reiches und seiner Ideologie stilisiert.

Angesichts dieser verheißenden Ankündigungen lohnt ein Blick auf die einzelnen Bauvorhaben. Während über das HJ-Heim nur wenig bekannt ist, ist die Errichtung des Gauhauses etwas besser dokumentiert. Dessen Grundstein wurde während des Gauparteitages in einer feierlichen Zeremonie im

195 *In der Schule der jungen Baumeister*, in: Münsterischer Anzeiger v. 13.6.1938.

196 *Die Eröffnung des Gautreffens*, in: Münsterischer Anzeiger v. 7.7.1935; *Die Heime der HJ sind Trutzburgen der Bewegung*, in: Münsterischer Anzeiger v. 20.6.1938.

197 Ebd. Diese Aussagen werden in einigen Artikeln fast ins Metaphysische gesteigert, indem bspw. das Gauhaus von Kreisleiter Schmidt als „Stätte des nationalsozialistischen Geistes“ bezeichnet wurde, die nach Gauleiter Meyer vom „Geist des Führers beseelt“ sei. *Der Alten Garde zum Gruß*, in: Münsterischer Anzeiger v. 5.7.1935; *Die Eröffnung des Gautreffens 1935*, in: Münsterischer Anzeiger v. 7.7.1935.

Abb. 10: Die Grundsteinlegung des Gauhauses 1935. Im Vordergrund in Parteiuniform Oberbürgermeister Hillebrand (links) und Gauleiter Meyer (rechts), in: LAV NRW, Abt. OWL, D72, NL Meyer, Nr. 12.

Juli 1935 gelegt.[198] Anlässlich der Einweihungsfeier im März 1937 wurde bilanziert, der Bau sei im „katholisch-politischen Zentralpunkt" Münster lange überfällig gewesen. Das Gauhaus avancierte in den Reden der politischen Leiter zum Sinnbild des stets gepflegten Narratives vom schwierigen, aber letztlich siegreichen Kampfes in einem der „konfessionell, politisch und wirtschaftlich schwierigsten Gaugebiete", indem der Aufstieg der Partei mit dem Wandel der Räumlichkeiten, die sich auf die Phrase *vom Kellerraum zur Villa am See* bringen lässt, parallelisiert wurde.[199] Rudolf Hess, der Gast und Redner bei der Einweihung war, sprach als Stellvertreter der Parteileitung dem Neubau gar positive Auswirkungen auf die Bevölkerung zu.[200]

Obwohl es sich um ein Gebäude der Partei handelte, wurde das Projekt ausschließlich von kommunalen Geldern finanziert und an die Gauleitung weitervermietet.[201] Wenige Jahre später wurde auch der Bau des HJ-Heims

198 Die Pläne entstanden unter Leitung von Stadtbaurat Theodor Venhofen, dem Stadtamtmann Friedrich Meyer und dem Architekten Clemens Witken. Die Bauführung übernahm Theodor Lewejohann. Vgl. Urkunde zur Grundsteinlegung des Gauhauses, in: LAV NRW, Abt. OWL, D 72 NL Alfred Meyer, Nr. 18.

199 Stimmungs- und Lagebericht der GL März 1937, S. 650–653, so auch in der Rede Meyers, abgedruckt in *Die Eröffnung des Gautreffens 1935*, in: Münsterischer Anzeiger v. 7.7.1935 oder im Bericht zur Einweihung, *„Hier soll Arbeit für das deutsche Volk geleistet werden"*, in: Münsterischer Anzeiger v. 15.3.1937.

200 Vgl. Stimmungs- und Lagebericht der GL März 1937, S. 652.

201 Eine beglaubigte Abschrift des Mietvertrags zwischen Stadt und der Partei ist erhalten in: StAMs, Amt 23, Nr. 4–5 (alt), S. 1–3. S. auch Erdmann, Kommunales, S. 79f.

von der städtischen Bauleitung übernommen.[202] Angesichts der anhaltenden Wohnungsnot verwundert die planerische und finanzielle Einbindung der Stadtverwaltung in die Baupläne der Partei. Zugleich wurde der Stellenwert der Repräsentationsbauten unterstrichen, indem diese dem Wohnungsbau vorgezogen wurden, für den offenbar kaum öffentliche Mittel zur Verfügung gestellt worden waren.[203] Wenig überraschend ist indes, dass die Finanzierung zwecks Sicherung der Akzeptanz gegenüber der Öffentlichkeit nicht kommuniziert wurde.[204]

Nachdem die Gauleitung vorübergehend am Domplatz untergebracht worden war, wurde als Bauplatz für das neue Gauhaus ein Grundstück am nordöstlichen, also zur Stadt ausgerichteten Ende des Aasees an der Bismarckallee 3–5 gewählt.[205] Dieser war nach mehrjährigen Arbeiten auf einer sumpfartigen Freifläche ausgehoben und erst 1934 fertiggestellt worden.[206] Mit dem Sentmaringer Weg befand sich auch das 1938 begonnene HJ-Heim, das zwar genutzt, aber nie ganz fertiggestellt wurde, im Südwesten der Stadt. Auch wenn die Nähe zur Innenstadt gegeben war, so verwundert es doch, dass sich die Bauplätze für die beiden zuvor stark mit Bedeutung aufgeladenen Gebäude außerhalb des Stadtzentrums befanden. Zwar lag das Grundstück in repräsentativer Seelage, jedoch in einem Gebiet, das gerade erst im Entstehen begriffen war – und damit abseits der historischen Altstadt und zentraler kommunaler Verwaltungsgebäude, über deren Nähe man sich zumindest räumlich in eine Tradition hätte stellen können.[207] Zudem hätte die Innenstadtlage eine deutlich höhere Sichtbarkeit zur Folge gehabt. Als sicher dürfte indes gelten, dass sich die Suche nach einem geeigneten

202 Vgl. ders., Ordnung, S. 154.

203 Vgl. Stimmungs- und Lagebericht für den Monat März 1937, in: LAV NRW, Abt. Westf., Gauleitung Westfalen-Nord, Hauptleitung, Nr. 24, s. Punkt 42 „Besondere Vorkommnisse", Wohnungsnot. S. auch Erdmann, Ordnung, S. 173f.

204 Zwar wurde die Zusammenarbeit von Stadt, Staat und Partei betont, die Kostenübernahme jedoch nicht thematisiert, bzw. als Gemeinschaftsakt angedeutet, vgl. *Die Eröffnung des Gautreffens 1935*, in: Münsterischer Anzeiger v. 7.7.1935; *„Hier soll Arbeit für das deutsche Volk geleistet werden"*, in: Münsterischer Anzeiger v. 15.3.1937.

205 Vgl. Steinhagen, Münster, S. 165. Heute befindet sich zu Teilen die Mensa am Aasee in dem Gebäude des damaligen Gauhauses.

206 Verwaltungsbericht 1926–1945, S. 229f. (Absatz Anlage des Aasees), in: StAMs, DS 265.

207 So galt die erst 1924–1931 gebaute Mustersiedlung Habichtshöhe im Geistviertel, die sich in Nachbarschaft zum Sentmaringer Weg und in der Nähe des Aasees befand, zu diesem Zeitpunkt noch als Neubaugebiet. Vgl. Sylvaine Hänsel/Stefan Rethfeld, Architekturführer Münster, Berlin 2008, S. 201f.

Abb. 11: Das Gauhaus in der Bauphase, in: LAV NRW, Abt. OWL, D72, NL Meyer, Nr. 18

Grundstück dort als schwieriger erwies als am Aasee, wo sich für den Bau des Gauhauses eine großzügige Baulücke anbot.[208]

Der Abriss ganzer Bauten zugunsten der Neugestaltung kam in Münster offenbar nicht infrage. Vielmehr wurde zwischen dem Bau des Gauhauses und des HJ-Heims der Bevölkerung 1937 versichert, dass in das Altstadtbild baulich nicht eingegriffen werde.[209] Der Schritt, zukünftige Zurückhaltung öffentlich zu kommunizieren, verdeutlicht, dass auch die Kommunal- und Parteileitung dem historischen Stadtbild eine bedeutsame, wenn nicht gar identitätsstiftende Funktion für Stadt und Bürgerschaft zuschrieben. Es schien ein Gespür für den Aktionsrahmen vorhanden, den das Material der Stadt vorgab; ein Eingriff in das sakrosankte Altstadtbild wurde als Überschreiten einer Grenze antizipiert, die eine schwindende Akzeptanz in der Bevölkerung bedeutet hätte. Beispiele anderer Gauhauptstädte zeigen, dass diese Rücksichtnahme auf die stadteigenen Strukturen keinesfalls immer gewährt wurde. So nahm die mit der Umgestaltung Weimars betraute Bauleitung den Abriss von Teilen der Altstadt und damit die Zerstörung der ge-

208 Vgl. *Das neue Gauhaus am Aasee*, in: Münsterischer Anzeiger v. 3.7.1935.

209 Vgl. Erdmann, Ordnung, S. 154.

wachsenen Stadtstruktur in Kauf.[210] Ein Konfliktpotenzial, das es in der ohnehin als schwieriges Terrain bekannten Stadt Münster zu verhindern galt.

In diesen Zusammenhang lässt sich auch der architektonische Stil der Bauten einordnen. Auf einer Anhöhe am Aasee gelegen entstand ein zweigeschossiger Bau, dessen Grundriss der U-Form entsprach. Die seitlichen Flügel waren zur Aaseeseite ausgerichtet und im Vergleich zum Mittelflügel stark verkürzt. Gegliedert wurde der zurückliegende Hauptflügel neben 16 Fensterachsen durch einen auf der Mittelachse liegenden Risalit, der durch drei vom Erdgeschoss bis zum Dach reichenden Bögen hervorgehoben wurde. Der mittlere Bogen wurde zusätzlich durch einen Balkon im Obergeschoss mit darüber prangenden Hoheitszeichen, Reichsadler und Hakenkreuz, betont. Überschrieben wurde die obere Querfläche des Risalits mit dem Akronym der Partei. Während die Wahl bei der Fassade auf rote Ziegel fiel, erhielt das Dach geneigte Dachflächen an der Giebel- und Traufseite.[211] Nach der Einweihung im März 1937 zierten dann auch zwei Hakenkreuzflaggen das Dach des Mittelflügels.[212]

Im repräsentativen Gauhaus ein Beispiel nationalsozialistischen Bauens par excellence erkennen zu wollen, leitet jedoch gleich in mehrfacherer Hinsicht fehl. Grundsätzlich gilt die Vorstellung als obsolet, einen epochenspezifischen, anhand bestimmter Merkmale definierbaren Baustil durch die Betrachtung reiner Bauelemente der im Nationalsozialismus entstandenen Gebäude extrahieren zu können. Das häufig auf das Schlagwort Neoklassizismus reduzierte Bauen im Nationalsozialismus lässt sich nicht unter das Dach eines genuin nationalsozialistischen Architekturstils stellen: Allein der zeitliche und räumliche Vergleich zeigt, dass die reduziert klassizistischen Elemente sowohl in deutlicher Kontinuität zur formal-stilistischen Bauart vergangener Epochen, vor allem zum wilhelminischen Kaiserreich, aber auch zur Weimarer Republik, standen als auch international zu der Zeit Stil der Wahl bei Staatsbau-

210 Vgl. Loos, Inszenierung, s. insbesondere S. 76–78 Diese großflächige Veränderung wurde unter „Altstadtsanierung" geführt. Für andere Gauhauptstädte wie Augsburg und Dresden sind ebenso großflächige Umgestaltungsmaßnahmen geplant worden, die zwar nicht direkt die Altstadt betrafen, aber die Zerstörung der Struktur ganzer Viertel umfasste, vgl. Christiane Wolf, Gauforen, Zentren der Macht. Zur nationalsozialistischen Architektur und Stadtplanung, Berlin 1999, S. 57–60, 194–200. Abseits der Gauhauptstädte ist ein solches Vorgehen neben Berlin und München auch für Wien belegt, vgl. Ingrid Holzschuh, Verlorene Stadtgeschichten. Hitlers Blick auf Wien, in: dies., Perle, S. 27–45, 34f.

211 Vgl. *Das neue Gauhaus am Aasee*, in: Münsterischer Anzeiger v. 3.7.1935.

212 Vgl. „*Hier soll Arbeit für das deutsche Volk geleistet werden*", in: Münsterischer Anzeiger v. 15.3.1937.

Abb. 12: Das Gauhaus mit turmreicher Stadtsilhouette im Hintergrund, in: LAV NRW, Abt. OWL, D72, NL Meyer, Nr. 18.

Abb. 13: Eingang des Gauhauses mit Mittelrisalit und Hoheitszeichen, in: LAV NRW, Abt. OWL, D72, NL Meyer, Nr. 18.

ten waren.[213] Von einem bestimmten Stil zu sprechen, ist auch deshalb schon problematisch, weil die empfohlene Bauweise je nach Bauvorhaben variierte. Während für Repräsentationsbauten grob ewige, überzeitliche Formen der Antike gewählt wurden, wurde für Erziehungs- und Bildungsbauten mit dem Heimatstil die Orientierung an regionalen Bauweisen und damit die auch auf der stilistischen Ebene die „Verwurzelung mit Blut und Boden" befürwortet. Dabei handelte es sich weniger um ein vorgegebenes Bauprogramm als vielmehr um eine Orientierung an den von Hitler favorisierten Architekten und deren Stil –[214] „dem Führer entgegenbauen", so ließe sich in Abwandlung an das von Ian Kershaw geprägte Diktum formulieren.

Inwiefern aber prägte das Gauhaus das Erscheinungsbild der Stadt? Wenn auch ein spezifischer NS-Architekturstil so nicht existierte, so lassen sich doch gewisse, bei nationalsozialistischen Repräsentationsbauten wiederkehrende Komponenten erkennen, die sich auch in der Architektur des Gauhauses spiegeln. Die betonte Axialität, reduzierte Formen und Säulenelemente im Eingangsbereich des Gauhauses zählen zu diesen Merkmalen, die sich auch bei anderen Gauhäusern wiederfinden. Im Gesamtbild wirkt das Ge-

213 Diese Ausführungen beziehen sich ausschließlich auf die formal-stilistische Ebene. Nerdinger weist zurecht daraufhin, dass sich die Bedeutung, mit der die Bauten aufgeladen wurden, ihre Funktionalisierung sowie die Entstehung, für die oft Zwangsarbeiter herangezogen wurden, sich deutlich von vorangegangenen Zeiten und Ländern unterscheiden. Mit der Einordnung in einen traditionellen und internationalen Zusammenhang ohne Differenzierung zwischen Stil, Funktion, Bedeutung und Entstehung ist in der Vergangenheit häufig der Versuch der Neutralisierung von Verbrechen und Mitschuld einhergegangen. Prominentestes Beispiel für eine Normalisierung der NS-Architektur ist Albert Speer. Vgl. Nerdinger, Baustile, S. 119–121; ders., Bauen, S. 108–110; Rosenberg, Architekturen, S. 3, 18f.; Paul, Punkt & Pixel, S. 246.

214 Vgl. Nerdinger, Funktion, 279f. So wurden z.B. für Repräsentationsbauten die reduziert klassizistischen Elemente von Paul Ludwig Troost adaptiert, vgl. ebd., S. 283f. Auch der sogenannte Heimatstil gab kein architektonisches Programm vor, sondern orientiert sich im Sinne des Architekten Schultze-Naumburg an der ländlich-regionalen Bauart der Umgebung und idealisiert die agrarische Dorf- und Kleinstadtidylle in Abgrenzung zur modernen Großstadt. Vgl. Rosenberg, Architekturen, S. 4–9. S. dazu auch Gerdy Troost, , Das Bauen im Neuen Reich, Bayreuth 1938, S. 59, die Ehefrau Troosts: „Mit sicheren Stilempfinden hat die deutsche Jugend ihre Heime, möglichst angelehnt an den Grundgedanken des örtlichen Bauens, gestaltet. [...] Jede Verschleppung heimatfremder Bauformen ist vermieden. Der Werkstoff, den die nähere Umgebung bietet, ist verwendet. Aber dennoch halten sich die Bauten fern von jedem Nachbauen alter Häuser. Sie weiten die Anwendungsgrenzen der heimatgebundenen Bauweisen auf größere Gebäude."

Abb. 14: Das HJ-Heim am Sentmaringer Weg, aufgenommen im August 1944 von Franz Wiemers, in: StAMS, Stadt-Dok: Nr. 57.6,07–12/1944 – Foto 155.

bäude in seiner überdimensionierten Größe wie die Beispiele aus Innsbruck, Nürnberg oder Kattowitz wuchtig und lässt sich in der Hinsicht in den monumentalen Duktus des Regimes einordnen.[215]

Ausgestattet wurde der gigantische Umfang mit dem Sinn, die Bewegung äußerlich zu spiegeln, „wie es ihrer Wucht, Größe und Bedeutung entspricht."[216] Mit Walmdach und roten Ziegeln lassen sich allerdings auch Anlehnungen an eine westfälische Bautradition finden, die sich von den üblichen abgeflachten Dächern und der Kalksteinverkleidung abheben.[217] Diese Melange aus regionalen und monumentalen Elementen wurde auch bei der Gestaltung des HJ-Heims, für das die Erläuterungen des Architekten Ostermann erhalten sind, bewusst angestrebt: So sollte das Gebäude samt breitflächiger Anlagen mit Werkstatt, Sport- und Appellplatz mit heimischen Baumaterialien und Dachformen gebaut, in den Formen aber axial, reduziert und monumental gestaltet werden.[218] Anders als bei Erziehungs-

215 Vgl. Rosenberg, Architekturen, S. 11.

216 Stimmungsbericht GL März 1937, S. 652.

217 Vgl. Erdmann, Ordnung, S. 154

218 Vgl. *Baugestaltung des neuen HJ-Heims*, in: Münsterischer Anzeiger v. 19.6.1938. Darin finden sich auch die Erläuterungen Ostermanns.

und Bildungs- war für Repräsentationsbauten jedoch die Orientierung an der heimischen Bauweise eher untypisch.[219]

Es wurde nicht nur versucht, sich in die westfälische Bautradition zu stellen, sondern es wurde auch in der Münsteraner Öffentlichkeit deutlich kommuniziert: Der Münsterische Anzeiger veröffentlichte die Baupläne in Grundzügen für ein breiteres Publikum und versäumte es nicht, auf die Parallelen zum historischen Stadtbild hinzuweisen. So seien Grundriss und Fassade den Adelshöfen der Stadt nachempfunden, der Baustil im niederländischen Barock gehalten in direkter Folge des prominenten Münsteraner Architekten des frühen 18. Jahrhunderts, Gottfried Laurenz Pictorius.[220] Ließen sich im Stadtbild durchaus dreiflügelige Adelshöfe finden,[221] so drängt sich bei Betrachtung des Gauhauses die Ähnlichkeit zu Bauten des niederländischen Barocks nicht zwingend auf. Es liegt nahe, dass dieser Stil genannt wurde, weil er aus dem Stileklektizismus des Prinzipalmarktes hervorstach. Prononciert wurde auch die Einfügung des Baus in die direkte Umgebung: So sei der zweigeschossige Bau gewählt worden, um die Türme der Stadt und damit den Blick auf das Stadtbild vom Aasee aus nicht zu verdecken. Die monumentalen Elemente hingegen wurden als Anpassung an die Villen auf der gegenüberliegenden Seeseite gerechtfertigt.[222] Auch Oberbürgermeister Hillebrand vermittelte der Öffentlichkeit zur Einweihung des Verwaltungszentrums, man habe „in städtebaulicher Hinsicht [...] alles getan, um dieses Gebäude in das Gesamtbild bodenständiger münsterischer Architektur organisch einzufügen."[223] Das unsichtbare Einfügen in das Stadtbild wurde jedoch nicht angestrebt. Viel-

219 Diese Anklänge an die Münsteraner Bauart lassen sich im Übrigen auch bei anderen Bauvorhaben finden. So wurde auch beim Bau von Funktionsbauten, wie dem Bunker in der Lotharingerstraße, darauf geachtet, dass sich dieser durch Verwendung heimischer Materialien in das Stadtbild fügt. Vgl. Steinhagen, Münster, S. 23.

220 Vgl. *Das neue Gauhaus am Aasee*, in: Münsterischer Anzeiger v. 3.7.1935. Die Bemühungen, diese Verbindungen herzustellen, lassen sich auch in der Broschüre Gautreffen 1935 der N.S.D.A.P. Gau Westfalen-Nord in Münster i.W. am 5.,6. u. 7. Juli, Sonderdruck der „Münsterschen Wochenschau", in: StAMs, Stadtregistratur Fach 50, Nr. 96, finden.

221 So z.B. der Schmisinger-Hof in der Neubrückenstraße. Doch auch an dieser Stelle muss relativiert werden, denn es lassen sich ebenso Beispiele anderer Grundrisstypen finden, wie der Romberger-Hof in Nachbarschaft zum Schmisinger-Hof sowie der Kerckerinck-Borgsche am Bispinghof beweist, vgl. Geisberg, Stadt Münster, S. 60–74, 332–250, 417f.

222 Vgl. *Das neue Gauhaus am Aasee*, in: Münsterischer Anzeiger v. 3.7.1935.

223 *„Hier soll Arbeit für das deutsche Volk geleistet werden"*, in: Münsterischer Anzeiger v. 15.3.1937.

mehr wurde wiederholt die Absicht geäußert, dieses zu prägen; so sollte „dem Stadtbild der Provinzialhauptstadt Münster eine einprägsame Note von architektonischer Wertschönheit" verliehen werden.[224]

In Bezug auf die öffentliche Kommunikation lässt sich also ein Tarieren der Stadt- und Parteileitung konstatieren, das zwischen dem Anpassen an das Stadtbild und der Prägung des Stadtbildes verlief: Zwar wurde der Anspruch erhoben, das Stadtbild als optisch wahrnehmbaren Träger der nationalsozialistischen Ideologie in diesem Sinne zu formen, allerdings mit deutlichen Signalen in Richtung der Einwohner, sich in den vertrauten Bahnen der stadt- und regionaltypischen Bauart bewegen zu wollen. Diese Kommunikationsstrategie unterstreicht, dass Vertreter von Stadt und Partei sehr genau die Bedeutung des Stadtbildes für die Identität von Stadt und Bürgerschaft und damit auch die Grenzen ihres Handlungsspielraumes wahrnahmen. Das mit Bedeutung aufgeladene und mit Ansprüchen überladene Gauhaus am Aasee vermochte es letztlich nicht, günstig auf die Bevölkerung einzuwirken. Im Gegenteil vermerkt der Stimmungs- und Lagebericht für März 1937, der Zeitpunkt der Einweihung, eine spürbare Verstimmung in der Bevölkerung, die explizit auf die neu entstehenden Bauten für höhere Dienststellenleiter zurückgeführt wurde. Der Bevölkerung fehle es angesichts der desaströsen Wohnungslage an Verständnis für derartige Bauprojekte.[225]

3.2.2. Ein „neues Münster"? Das Gauforum

Mit der gleichen Sinnausstattung und ähnlich pathetisch wie schon bei den Einzelbauten kündigte Meyer im Sommer 1938 im Münsterischen Anzeiger die ambitionierten Pläne für das zukünftige Gauforum am Aasee an: „Die nationalsozialistische Bewegung entsprechend der Größe ihrer Weltanschauung und ihres fanatischen Willens und Glaubens, ist berufen, ein

224 Broschüre Gautreffen 1935 der N.S.D.A.P. Gau Westfalen-Nord in Münster i.W. am 5.,6. u. 7. Juli, Sonderdruck der „Münsterschen Wochenschau", in: StAMs, Stadtregistratur Fach 50, Nr. 96. S. dazu auch die Ankündigung Hillebrands zur Grundsteinlegung des Gauhauses, dem „Aasee eine besondere Note von städtebaulicher Wirkung" zu geben. Vgl. *Das neue Gauhaus am Aasee*, in: Münsterischer Anzeiger v. 3.7.1935.

225 Vgl. Stimmungs- und Lagebericht für den Monat März 1937, in: LAV NRW, Abt. Westf., Gauleitung WN, Hauptleitung, Nr. 24. Das Gauhaus wurde nicht explizit genannt, gerade der Zeitpunkt aber legt nahe, dass dieses in die Ausführungen eingeschlossen wurde und sogar das größte Ärgernis für die Bevölkerung darstellte. Auch Priamus bezieht diese Stelle des Berichts in erster Linie auf das Gauhaus. Vgl. Priamus, Regionale, S. 185.

neues Stadtgebiet neben dieser Jahrtausende alten Stadt durch die Anlage eines Parteiforums entstehen zu lassen.“[226]

Auch wenn der Planungsbeginn nicht eindeutig zu datieren ist, hatten die Planungen schon zu diesem Zeitpunkt und damit vor der Aufnahme Münsters in die Liste der Neugestaltungsstädte erste Formen angenommen. Laut Gauchronik, die anlässlich des zehnjährigen Bestehens des Gaus Westfalen-Nord abgedruckt wurde, hatte Meyer bereits im Januar 1938 Hitler, Speer und Himmler erste Pläne vorgelegt, die daraufhin genehmigt worden seien.[227] Allerdings erscheint diese Angabe zweifelhaft, waren doch erst im März 1938 erste Entwürfe im drei Jahre zuvor eingerichteten Stadtplanungsamt entstanden.[228] In Zusammenarbeit von Stadtverwaltung und Gauleitung entstand zur weiteren Planung eine Durchführungsstelle.[229] Leiter war der im Oktober 1938 zum Stadtbaurat ernannte Peter Poelzig, leitender Architekt Hermann Bartels, der zuvor bereits mit dem Umbau der Wewelsburg bei Paderborn betraut worden war.[230]

Die Aufnahme in die Liste der Neugestaltungsstädte stellte die Umgestaltungspläne auf ein gesetzliches Fundament. Zu ihrer Realisierung autorisierte das Gesetz die von Hitler bestimmte Person, in diesem Fall Gauleiter Meyer, unter anderem Zwangsenteignungen und Umsiedlungen zu veran-

226 *Der kulturelle Aufbau in Westfalen*, in: Münsterischer Anzeiger v. 25.6.1938.

227 Vgl. Schröder, Vorwärts, S. 440f.

228 Vgl. Laurenz, Pläne, S. 8; Gutschow, Wiederaufbau, S. 40; Erdmann, Ordnung, S. 158.

229 Vgl. ebd., S. 158f. Vermutlich handelt es sich hierbei um die sogenannte Entwurfsabteilung, die in Ergänzung zum Stadtplanungsamt an der Neugestaltung arbeitete, zumindest lassen die Berichte des Mitarbeiters Edmund Scharf darauf schließen, vgl. dazu die verschiedenen Berichte in Tätigkeitsbericht über die Kriegsarbeit städtischer Dienststellen, s. unter Planungsamt und Entwurfsabteilung, in: StAMs, Zentralbüro Nr. 288.

230 Bei Poelzig handelt es sich um den Sohn des bekannten Berliner Architekten Hans Poelzig. Vgl. für Poelzig den handschriftlichen Bericht über die Tätigkeiten Poelzigs, StAMs, Amt 11 (Personalamt), Nr. 485, S. 3–5; Sitzungsprotokoll v. 14.11.1938, in: StAMs, Stadtverordneten Registratur Nr. 70a. Auch die Presse berichtete von der Amtseinführung, *Der neue Stadtbaurat der Stadt Münster*, in: Münsterischer Anzeiger. V. 15.11.1938. Architekt Bartels hatte bereits zuvor in Münster im Denkmalamt des Provinzialverbandes gearbeitet. Als Parteimitglied suchte Bartels bei stagnierender Karriere über die NSDAP diese voranzutreiben, so das Urteil im Entnazifizierungsverfahren, vgl. Urteil des Spruchgerichts Bielefeld v. 12.2.1949, in: LWL-Archivamt, Personalakte Bartels 132, K299; Kirsten John-Stucke, Himmler’s Plans and Activities in Wewelsburg, in: dies./Daniela Siepe (Hg.), Myths of Wewelsburg Castle. Facts and Fiction, Paderborn 2022, S. 1–32.

lassen.[231] Der Status als Neugestaltungsstadt sollte allerdings nicht überbewertet werden. Weder wurde die Finanzierung der Projekte von der Partei übernommen noch lässt sich von der Ernennung auf eine besondere Relevanz Münsters unter den Gauhauptstädten in den Augen der Parteiführung schließen. Nach Hitlers Vorstellungen sollten alle Gauhauptstädte sukzessive ein Gauforum erhalten, frühere Aufnahmen gingen meist auf das persönliche Engagement der Gauleiter zurück, so auch im Fall Münsters durch Meyer.[232]

Eine Planungshochphase lässt sich zwischen 1938 und 1940 konstatieren. In dieser Zeit entstanden verschiedene Pläne und Modelle, die sich zum einen auf die Gestaltung des Parteiforums selbst und zum anderen auf dessen Anbindung an und Auswirkungen auf das Stadtbild befragen lassen. Drei Quellen erweisen sich als besonders aussagekräftig: erstens ein Plan Bartels, der auf vor Mitte 1939 datiert wird und als finaler Planungstand gilt. Zweitens ein Modell, dessen Entstehungsjahr zwar unbekannt ist, es sich aber vermutlich um das bis zuletzt favorisierte Modell handelt.[233] Drittens sind die Ausführungen des leitenden Architekten Bartels als eines der wenigen Dokumente aus dem Stadtplanungsamt erhalten, die sich auf eben diesen Plan und dieses Modell beziehen.[234]

Geplant war eine großflächige Bebauung des Gebietes um den Aasee mit Schwerpunkt auf dem südwestlichen Abschnitt auf der Nordseite des Sees. Auf der gegenüberliegenden Seeseite waren Sportanlagen vorgesehen, für das nördlich an das Forum angrenzende Gebiet plante Bartels hingegen Wohn- und Verwaltungsgebäude.[235] Auch in diesem Fall wurden also größtenteils Freiflächen gewählt, die außerhalb des Stadtzentrums lagen. Die Planer machten somit anders als in Weimar oder Wien keinen Gebrauch von ihrem Recht, Zwangsumsiedlungen oder umfassende Abrisse zu veranlassen.[236] Verkehrstechnisch wurde die Anbindung des Gebiets an das

231 Vgl. Gesetz über die Neugestaltung, s z.B. § 1, 2, 4, 8f. Schröder, Vorwärts, S. 201.

232 Vgl. Hagen, Building, S. 129–131, s. auch das Zitat Speers auf S. 129.

233 So wurde es noch 1941 in der Ausstellung „Bauten der Partei" ausgestellt und in den Printmedien veröffentlicht, wie z.B. in Das schöne Münster, hg. v. der Kreisleitung der NSDAP, Münster 1939 (11), H. 6, S. 38 und im Münsterischen Anzeiger *Nordwestfälische Kunst im Aufstieg*, in: Münsterischer Anzeiger v. 17.1.1941 zur Eröffnung der Ausstellung. Zur Datierung s. Laurenz, Pläne, S. 33.

234 Vgl. Hermann Bartels, Umgestaltung der Gauhauptstadt Münster, in: StAMs, Amt 61, Nr. 4.

235 Vgl. ebd.

236 Allerdings lassen sich Interventionen bei Bauvorhaben von Privatleuten nachweisen, die das geplante Gebiet für das Gauforum berührten, vgl. Jansen, Studien, S. 23.

Stadtzentrum angestrebt. Während das Forum samt Sportanlagen durch zwei Brücken an das Stadtviertel und den Verkehr im Süden angeschlossen werden sollte, war für die Altstadt eine prestigeträchtige Aufmarschchaussee vorgesehen, die über einen Kreisel bis in den Stadtkern führte.[237] In den Plänen schlägt sich also in Umfang und Struktur durchaus nieder, was Meyer öffentlich angekündigt hatte: ein neues Stadtgebiet. Auch wenn die Altstadt von den Plänen vorerst unberührt blieb, so hätten sich die Bewohner Münsters doch an einen neuen Blick in Richtung Aasee gewöhnen müssen. Die repräsentative, direkte Verbindung zum Stadtzentrum lässt bereits vermuten, dass die Planungen weit über ein gewöhnliches Neubaugebiet hinausgingen.

Ein Entwurf des Stadtplanungsamtes von 1938, der das Gauforum in einen größeren Rahmen setzt, bestätigt den Eindruck. Dieser sieht neben einer Anbindung an die Autobahn im Westen die Verlegung des Kanals und Bahnhofs vor. Letzterer sollte von der altstadtnahen Lage südöstlich an die Promenade angrenzend in die Peripherie im Südwesten in direkter Nähe zum Gauforum verlagert werden.[238] Das neue Stadtgebiet erscheint in dieser Konzeption als zweites oder gar neues Stadtzentrum.

Diese Bestrebungen lagen offenbar auch Bartels Überlegungen zugrunde: „Diese sich in vielen Jahrhunderten vollzogene städtebauliche Entwicklung war aber immer eine konzentrische, der Domplatz und der herrliche mittelalterliche Marktplatz blieben Mittelpunkt der Stadtanlage. Das Geschäfts- und Behördenleben spielt sich auch jetzt noch fast ausschließlich im Kern der Altstadt ab."[239] Der leitende Architekt argumentierte anders als Meyer städtebaulich und nicht ideologisch. Er bewertete die Ballung in der Altstadt als problematisch: Behördendichte, steigende Bevölkerungszahlen und zunehmender Verkehr führten zu einer Überlastung des Stadtkerns. Die Altstadt, so wurde versichert, würde lediglich in Einklang mit Denkmal- und Heimatschutz aufgelockert. Die Umgestaltung Münsters hätte die Altstadt und ihr Erscheinungsbild nicht nur entzerrt, sondern gerettet, wie Bartels behauptete: „Das Schicksal dieser so reizvollen alten Stadt wäre also besiegelt, wenn nicht unsere Zeit eine städtebauliche Umgestaltung und Neu-

237 Vgl. Bartels, Umgestaltung; Laurenz, Pläne, S. 13.

238 Vgl. Niels Gutschow/Johann A. Wolf, Historische Entwicklung und Perspektiven der Stadtplanung in Münster, in: Peter Weber/Karl-Friedrich Schreiber (Hg.), Westfalen und angrenzende Regionen. Festschrift zum 44. Deutschen Geographentag in Münster, Paderborn 1983, S. 205–220, hier S. 213, Abb. 5.

239 Bartels, Umgestaltung.

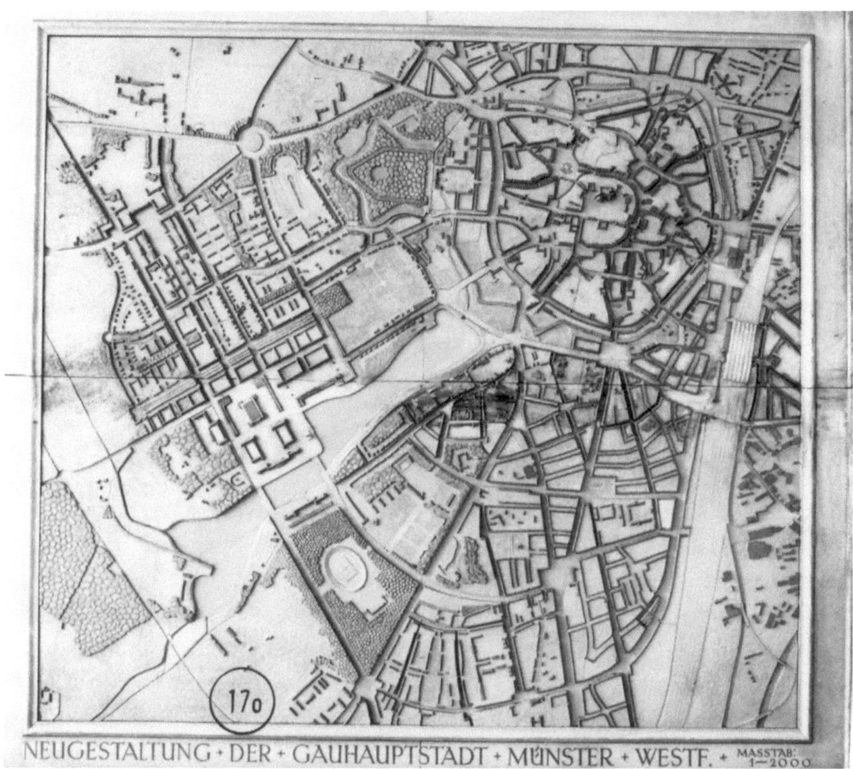

Abb. 15: Holzmodell zur Neugestaltung, undatiert, in: StAMS, Slg-FS-47, Nr. 7763.

ordnung [...] sich zur Aufgabe gemacht hätte."[240] Ob es sich dabei um einen Vorwand handelte oder nicht: Als sicher dürfte gelten, dass die Pläne einen Bedeutungsverlust für das traditionelle und ein Bedeutungsgewinn für das neue Zentrum bedeutet hätten. Mit der verkehrstechnischen Anbindung, der Verlegung von Behörden, der Ansiedlung von Geschäften und der Bau neuer Wohnungen versuchte man das gesellschaftliche Leben von der Altstadt auf das Gebiet im Südwesten des Aasees umzulenken. Demnach ist es nur folgerichtig, dass Bartels das geplante Forum in seinen Plänen als das „neue Münster" bezeichnete.[241] Derlei Aspirationen sind auch für Frankfurt

240 Ebd.
241 Ebd.

an der Oder belegt, das mit Münster zusammen in Bezug auf die abgelegene Lage die Ausnahme bei den Gauforen bildete.[242]

Das Gauforum wurde also in Konkurrenz zum traditionellen Stadtbild konzipiert. Bestätigt wird diese Annahme durch einen optisch hervorgehobenen Absatz in einem Artikel des Münsterischen Anzeigers zum Umbau Münsters: „Der Aasee wird durch diese Projektierung in den Mittelpunkt unserer Stadt gestellt."[243] Die bisherigen Ergebnisse legen nahe, dass dies die einzige Option war, die der Handlungsrahmen zuließ. Wurde zu Beginn der Arbeit nach möglichen Gegenbildern gefragt, so lässt sich nun feststellen, dass das Gauforum selbst das Gegenbild zu dem traditionellen Stadtbild war, das sich aufgrund der Bedeutung für Stadt und Bewohner gegen drastische Eingriffe sträubte.

Wie aber sollte das Stadtbild des „neuen Münsters" gestaltet werden? In formal-stilistischer Hinsicht reiht sich die Gestaltung des Gauforums in die Ergebnisse zum Gauhaus und HJ-Heim ein. Lassen sich die Bauten in ihren reduzierten Formen, ihrer Blockhaftigkeit und Größe als durchaus monumental beschreiben, so orientierte sich auch Bartels am traditionellen Erscheinungsbild Münsters: „Die Außenarchitektur der Bauten des Forums und ihre Umgebung sollen sich der für Münster typischen Bauweise des 17. und 18. Jahrhunderts anpassen, so wie sie heute noch bei den zahllosen alten Adelshöfen zu sehen ist: roter Ziegelstein in Verbindung mit Werkstein für Gesimse, Pflaster und Fensterumrahmungen."[244] Durch das Bemühen, die Entwürfe nach außen in eine Tradition stellen zu wollen, erhielt der Plan ein individualisierendes Moment, das für Gauforen unüblich war.

Abseits der formal-stilistischen Facette vermittelt die Architektur des Forums jedoch einen gegenteiligen Eindruck: Das Zentrum bildete die Volkshalle, die Bartels als den „beherrschensten [sic!] Baukörper des Forums" beschrieb und die ferner durch die darauf zulaufende Mittelachse des Wohn- und Behördenviertels betont wurde.[245] Eingerahmt wurde die Halle durch

242 Vgl. Hagen, Building, S. 128f.; vgl. auch Laurenz, Pläne, S. 17.

243 *Großzügige Pläne über den Ausbau der Stadt Münster*, in: Münsterischer Anzeiger v. 6.4.1938.

244 Bartels, Umgestaltung. Kennzeichnend ist dafür auch die Mischung aus für die Repräsentationsbauten üblichen Flachdächern, wie z.B. bei der Volkshalle, und den für die Region typischen Walmdächern, wie beim Haus der Gauleitung. Eine detaillierte Analyse der auf dem Forum geplanten architektonischen Elemente kann hier nicht erfolgen, ist aber bereits an anderer Stelle geleistet worden, s. Laurenz, Pläne. Siehe dort auch für eine vollständige Auflistung und Beschreibung der einzelnen Gebäude und Straßen.

245 Bartels, Umgestaltung.

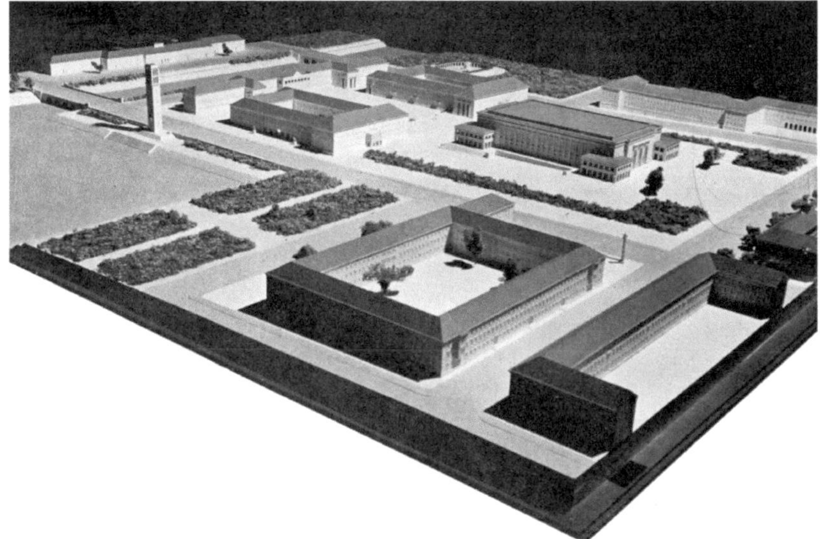

Abb. 16: Das Gauforum im Modell, undatiert. Im oberen linken Bildrand der charakteristische Glockenturm und oben rechts die durch Grün eingerahmte Volkshalle, in: StAMS, Slg-FS-WVA, Nr. 13977.

das Haus der Gliederungen im Süden, das Haus der Gauleitung im Norden, die Gebäude der DAF und des Reichsnährstandes im Osten sowie das Gebäude des Reichsarbeitsdienstes im Westen.[246] Östlich der Bauten hingegen sollte nach Bartels Vorstellung schon von weitem „der etwa 60 m hohe, unmittelbar am Wasser stehende Glockenturm, als Wahrzeichen des Forums, sichtbar sein"[247]. Ein Vergleich mit Konzeptionen in anderen Gauhauptstädten zeigt, dass der Glockenturm anders als die Außenarchitektur nicht als Anleihe an das turmreiche Stadtbild Münsters zu verstehen ist, sondern es sich dabei vielmehr um ein Standardelement handelte. Auch die Volkshalle und das Haus der Gauleitung waren typische Versatzstücke von Gauforen, die jeweils unterschiedlich angeordnet und ausgeführt wurden.[248] Das Bauprogramm der Gauforen wiederum orientierte sich an der Umgestaltung der

246 Vgl. Laurenz, Pläne, S. 13.

247 Bartels, Umgestaltung.

248 War zunächst kein einheitliches Bauprogramm erkennbar, so wurden die Konzeption der Gauforen nach Hagen und Ostergren „increasingly standardized". Vgl. Hagen, Building, S. 129, s. ebd. auch das Zitat Speers: Gauforen „will primarily be a seat for

Führerstädte und wurde entsprechend der Relevanz und Größe der Gauhauptstädte heruntergebrochen.[249] Diese Unterordnung in ein Schema und eine Funktion wurde auch explizit im Münsterischen Anzeiger hervorgehoben: Der Plan sei „so gewaltig auf weite Sicht gedacht, dass er sich würdig und stolz in die großen genialen Baupläne des Führers einreiht. Auch das neue Münster soll einmal Zeugnis ablegen vor der Geschichte und sichtbarer Ausdruck sein der großen unsterblichen Idee Adolf Hitlers."[250]

Diese schematische Gestaltung ist verblüffend und folgerichtig zugleich. Verblüffend insofern, als beim Gauforum Löws Funktionsbestimmung des Stadtbildes umgekehrt wird: Während diese das Stadtbild als Inszenierung des Eigenen zwecks Abgrenzung zu anderen Städten versteht, lässt sich im Falle des Gegenbildes vielmehr eine Tendenz zur Homogenisierung ganzer Städte konstatieren, die nur einer eigenen Hierarchie folgend unterscheidbar bleiben sollten. Die Folgerichtigkeit ergibt sich aus dem Begriff des Wahrzeichens. Wird dieser aufgeschlüsselt, so entfalten sich zwei Semantiken. Würde Löw ihrer Argumentation zufolge dafür plädieren, darunter ein Sinnbild, ein einzigartiges Merkmal eines bestimmten Ortes zu verstehen, so lässt sich bei Bartels der Begriff im Sinne eines Sinnbildes der Bewegung greifen, sozusagen als visuelles Merkmal, das alle Gauhauptstädte eint und diese als solche erkennbar werden lässt. Eine Homogenisierung der Stadtbilder ist insofern folgerichtig, als die Bewegung in dem autoritären System über die Einheit Stadt hinaus geschlossen und vor allem konkurrenzlos bleiben muss – eine Abgrenzung kann insofern nur an bestehenden Strukturen, sozusagen an den Relikten vergangener Zeiten geübt werden. Damit bewegte sich die Gestaltung des Gauforums in einem Spannungsfeld, das sich zwischen den Polen der Einheit und der Individualisierung aufspannt, zwischen der Repräsentation der Bewegung und der Notwendigkeit, Kontinuitäten zum traditionellen Stadtbild herzustellen.

Umgesetzt wurden die Pläne letztlich nicht. Im Verlauf des Krieges wurden die Luftschutzmaßnahmen und in Folge der Zerstörungen auch die Wiederherstellung der Wohnungen priorisiert; die Architekten arbeiteten weiterhin an den Entwürfen, deren Umsetzung auf die Nachkriegszeit verschoben wur-

Party Buildings, a Gau Hall, an assembly square, a clock tower, and also the office of the Reich Governor."

249 Vgl. ebd., S. 120f.

250 *Großzügige Pläne über den Ausbau der Stadt Münster*, in: Münsterischer Anzeiger v. 6.4.1938.

de.[251] Sowohl beim Gauhaus und HJ-Heim als auch beim geplanten Gauforum ließ sich ein Balanceakt auf einer Skala konstatieren, deren Endpunkte die Anpassung an das traditionelle Stadtbild und die Schaffung von Neuem im Sinne der nationalsozialistischen Ideologie bilden. Während bei den früheren Bauprojekten stärker die Traditionslinie im Fokus stand, verschob sich der Ausschlag bei dem großflächigen Bebauungsplan hin zu einem eigenständigen, die NS-Bewegung spiegelnden Stadtbild, das sich einreihen lässt in die reichsweiten Umgestaltungspläne. Die Altstadt erwies sich in allen Konzeptionen und Bauvorhaben als gewissermaßen sakrosanktes Gebiet, das größere Eingriffe nicht zuließ: die Grenze eines Handlungsspielraumes, der durch das Material der Stadt eingehegt wurde. Das traditionelle Stadtbild wurde letztlich nur durch die Festarchitektur für kurze Zeit geprägt, eine dauerhafte Vereinnahmung und Gestaltung erfolgte ebenso wenig wie die Realisierung eines Gegenbildes. Eine drastische visuelle Veränderung blieb aus.

3.3. Kein Platz im Stadtbild? Die Tilgung von Synagoge und Denkmälern

Die Strategien der Sichtbarmachung sind bereits ausgelotet worden. Wie aber verhielt es sich mit etwaigen Maßnahmen zur Unsichtbarmachung? Entsprechend der gewonnenen Erkenntnisse lassen sich im Stadtbild kaum städtebaulich geplante Veränderungen beobachten, die durch Abrisse hervorgerufen wurden. Wird der Blick um bauliche Elemente erweitert, deren Tilgung nicht explizit mit der Intention verbunden war, das Stadtbild zu prägen, so rücken zwei Aspekte in den Fokus: die Synagoge und die Denkmäler Münsters.

Als „zweifellos größten ikonoklastischen Gewaltakt des 20. Jahrhunderts in Deutschland“ bezeichnet Paul die Pogrome vom 9. auf den 10. November 1938,[252] die als Volkszorn infolge der Ermordung des Diplomaten von Raths von der NSDAP inszeniert und organisiert wurden.[253] Mit der reichsweiten Zerstörung der jüdischen Versammlungs- und Gotteshäuser wurde das Stadtbild zahlreicher deutscher Städte in einer Nacht verändert, so auch in

251 Vgl. Erdmann, Ordnung, S. 166; Gutschow, Wiederaufbau, S. 40. Die Dokumente der Planungen, die in den Kriegsjahren weitergeführt wurden, sind nicht mehr erhalten. Vgl. ebd.

252 Paul, Diktatur, S. 95.

253 Vgl. Sven Felix Kellerhoff, Ein ganz normales Pogrom. November 1938 in einem deutschen Dorf, Stuttgart 2018, S. 103–109.

Münster. Das imposante, im byzantinischen Stil gehaltene Gebäude wurde Ende der 1870er Jahre erbaut und befand sich an der Promenade in der Klosterstraße, also innerhalb des ehemaligen Befestigungsringes, wo auch heute die Neue Synagoge zu finden ist.[254] Nachdem bereits ein Jahr zuvor die Innenräume verwüstet worden waren, fiel die Synagoge in der Novembernacht dem vermeintlichen „Volkszorn" endgültig zum Opfer.[255] Wie in vielen anderen Städten wurde das von SA-Männern in Brand gesteckte Gebäude erst dann gelöscht, als das Feuer auf die umliegenden Gebäude überzugreifen drohte.[256] Zurück blieb eine Ruine.

Das Verschwinden der Synagogen aus dem Stadtbild wurde vielerorts bereits zuvor mit pseudo-städtebaulicher Begründung vorweggenommen: In München erfolgte die Tilgung der Hauptsynagoge schon im Sommer 1938 aus vermeintlich verkehrstechnischen Gründen und wurde mit „Ein Schandfleck verschwindet" vom Stürmer bejubelt. In Kaiserslautern ordnete der Oberbürgermeister den Abriss als Maßnahme zur Verschönerung des Stadtbildes ein – der „maurische Stil" passe nicht in das Stadtbild.[257] Die Zerstörungen nach den Pogromen wurden lapidar mit dem Hinweis darauf erklärt, die Synagogen hätten ohnehin nie in das Stadtbild deutscher Städte gepasst.[258] Für Münster sind weder dem Pogrom vorausgehende Erwägungen noch nachgelagerte Begründungen dieser Art trotz des wenig ortstypischen Stils der Synagoge zu finden. Ebenso wenig wurde der Pogrom nachträglich medial inszeniert. Die Lokalpresse schwieg sich aus. Lediglich nach der Welle der Zerstörung, die neben Synagogen auch jüdische Geschäfte und Wohnungen umfasste, lassen sich Sorgen um das Stadtbild konstatieren: Im Münsteraner Polizeipräsidium traf am 11. November die Anordnung des Sonderbefehlsstabs der Ordnungspolizei aus Berlin ein, die Zeichen der Verwüstung zu beseitigen. So sollten die „trümmer von synagogen usw beschleunigt" weggeschafft und die zerstörten Läden behelfsmäßig wiederhergerichtet werden,

254 Vgl. Steinhagen, Münster, S. 13f.

255 Dieser Vorfall ist wenig bekannt; Rabbiner Steinthal hielt die Vorfälle unter Verschluss, da er Nachahmer befürchtete, vgl. ebd.

256 Vgl. Gregor Zahnow, Judenverfolgung in Münster, Münster 1993, S. 73–75. Die genauen Abläufe können nicht genau rekonstruiert werden, ein umfangreicher Versuch findet sich ebd.

257 Vgl. Kellerhoff, Pogrom, S. 89–91, so auch neben bspw. Nürnberg in kleineren Gemeinden.

258 Vgl. Paul, Diktatur, S. 95.

Abb. 17: Eine Fotografie der Synagoge in der Klosterstraße, die von Heinz Steinthal, Sohn des damaligen Rabbiners Fritz Leopold Steinthal, 1989 an die Stadt übergeben wurde, aufgenommen von der Promenade vor 1938, in: StAMS, Slg-FS–47, Nr. 408.

sodass die „zerstörung möglichst wenig sichtbar" sei.[259] Orte jüdischen Lebens sollten demnach nicht nur getilgt werden, sondern heimlich, still und leise aus dem Stadtbild verschwinden, als wären sie nie dagewesen und somit auch die Zerstörung durch Menschenhand nie geschehen. Die sichtbaren Verwüstungen wären nicht nur Hinweise auf das vorige Bestehen gewesen, sondern drohten, den Ordnungssinn der Bürger empfindlich zu stören.

Zu den Zeichen der Zerstörung zählte auch die Ruine der Synagoge, die Ende 1938 abgerissen wurde, die Kosten der endgültigen Tilgung wurde der jüdischen Gemeinde in Rechnung gestellt.[260] Erste Interessenten erkundigten sich vermutlich noch vor Beginn der Abrissarbeiten über den Ankauf des Geländes, für einen Bruchteil des Wertes sicherte sich schlussendlich jedoch die Stadt das Grundstück in bester Lage. Die jüdische Gemeinde erhielt von

259 Verschlüsselter Funkspruch aus Berlin v. 11.11.1938, in: StAMs, Stadtregistratur Fach 36, Nr. 18b, Kleinschreibung und Hervorhebung im Original.

260 Urkunde der Übertragung der Synagogengemeinde an die Stadt Münster v. 16.3.1939, in: StAMs, Stadtregistratur Fach 36, Nr. 18b.

den rund 19.300 RM nichts; der Betrag ging auf ein gesperrtes Konto.[261] Der Zerstörung der Synagoge schloss sich eine Diskussion an, wie die Baulücke genutzt werden könne. Die Vorschläge, einen Kinderspielplatz oder Parkplatz zu bauen, wurden nach kurzer Zeit wieder verworfen.[262] Letztlich entschied sich die Stadt zur Bekämpfung kriegsbedingter Brände für einen Löschteich. Die Leerstelle im Stadtbild blieb damit sichtbar.[263] Diese Lücke wurde auch grafisch nicht gefüllt: Tatsächlich sind nur zwei Fotografien der intakten Synagoge erhalten. Es werden mehr Bilder existiert haben, die sich vermutlich überwiegend in jüdischem Besitz befunden haben und durch Flucht, Deportation und Vernichtung verlorengegangen sind.

Auch wenn die Tilgung keiner städtebaulich geplanten Anordnung entsprang, so wurden mit der Zerstörung und dem Abriss der Synagoge ideologische Grundsätze sichtbar gemacht. Mit dem religiösen und gesellschaftlichen Zentrum wurde das steinerne Sinnbild jüdischen Lebens in Münster aus dem Stadtbild getilgt. Ebenso wie in den Festen und Paraden die Einheit und Geschlossenheit der *Volksgemeinschaft* visuell inszeniert wurde, manifestierte sich in Bezug auf die Synagoge die sichtbargewordene Exklusion aus dieser – eine bauliche Vorwegnahme nachfolgender Ereignisse.[264]

Einen weiteren ikonoklastischen Akt im Nationalsozialismus stellt der Denkmalsturz dar. Nach Winfried Speitkamp sind Denkmäler „Zeichen der Erinnerung", die eine historische und aktuelle Dimension bergen, denn sie geben das „offizielle, politische abgesegnete Bild der Geschichte" visuell wieder.[265] Im Umkehrschluss ist ihre Tilgung mit der Absicht der Delegitimation

261 Zuvor hatte ein Privatmann bereits Ende November sein Interesse am Grundstück bekundet, vgl. Schreiben des Oberfinanzpräsidenten an den Oberbürgermeister Hillebrand v. 6.12.1938, in: StAMs, Stadtregistratur, Fach 36, Nr. 18b, Schreiben des Oberbürgermeisters an die Kämmerei-Verwaltung v. 24.5.1939, in: StAMs, Stadtregistratur Fach 36, Nr. 18b.

262 Die Diskussion kann in StAMs, Stadtregistratur Fach 36, Nr. 18b nachvollzogen werden.

263 Vgl. Steinhagen, Münster, S.13f.

264 Diese architektonische Visualisierung der *Volksgemeinschaft* lässt sich nach Erdmann und Hartmann auch in Bezug auf den Wohnungsbau konstatieren. Das Elend und Wohnungsnot sichtbarmachenden Baracken sollten eigentlich entfernt werden, blieben aber letztlich bis zuletzt und über 1945 hinaus erhalten. Während „Volksgenossen" in Wohnungen vermittelt wurden, wurden aus der *Volksgemeinschaft* exkludierte Personen (z.B. als „Asoziale" bezeichnete Personengruppen oder Zwangsarbeiter) in den Baracken untergebracht. Vgl. Erdmann, Ordnung, S. 161–167.

265 Winfried Speitkamp, Denkmalsturz und Symbolkonflikt in der modernen Geschichte. Eine Einleitung, in: ders. (Hg.), Denkmalsturz. Zur Konfliktgeschichte politischer Symbolik, Göttingen 1997, S. 5–21.

Abb. 18: Die Baulücke blieb auch während des Krieges bestehen: der Löschteich auf dem Gelände der ehemaligen Synagoge, aufgenommen im Oktober 1941, in: StAMS, Stadt-Dok Nr. 53.10 – 10/1941, Nr. 82.

von den Werten und dem System verbunden, dem sie entsprungen sind.[266] Durch ihre Allgegenwärtigkeit im Stadtbild seien sie gegen „Aufmerksamkeit imprägniert“, so Thamer mit den Worten Robert Musils, doch würde man „augenblicklich verwirrt stehenbleiben, wenn sie eines Morgens fehlen sollten.“[267] Betrachter der Städte in ganz Deutschland hatten sich demnach im nationalsozialistischen Bildersturm vielfach an einen neuen Blick gewöhnen müssen. Thamer skizziert den Prozess in drei Phasen: Nach einer Phase im Zuge des Januars 1933, in der dem Monopolisierungsanspruch des Regimes symbolisch Ausdruck verliehen wurde, folgte eine zweite im Kontext der Radikalisierung in Kunst- und Kultur ab 1936.[268] Allerdings erst die letzte Phase, die Metallsammlungen im Krieg, schlug sich auch im Münsteraner Stadtbild nieder. Als nicht-arisch betrachtete Denkmäler hatte es in Münster offenbar ebenso wenig gegeben wie neue Errichtungen während der NS-Zeit.[269] Die sogenannten „Metallspenden“ in Münster sind gut dokumentiert und geben Einblick in die innerstädtischen Aushandlungsprozesse. Zwar muss eingeräumt werden, dass den kriegsbedingten Einschmelzungen ein weniger ideologisches als vielmehr pragmatisches Moment innewohnt.[270] Doch bergen die protokollierten Entscheidungen wiederum deshalb eine gewisse Relevanz, weil es sich bei den verbleibenden Denkmälern um solche handelt, die einen nicht unerheblichen Identifikationswert für die Stadt und ihre Bürger hatten und sich somit zuvor gegen eine Tilgung gesperrt hatten[271] – ein Anlass also, um unliebsame Elemente kriegswirtschaftlich begründet zu entfernen.

Die erste Metallsammlung 1940 wurde als freiwillige Spende der Städte zum Geburtstag des Führers inszeniert. Der Deutsche Gemeindetag verfasste dafür genaue Richtlinien:[272] In einem standardisierten Meldebogen sollten zunächst alle Bronze- und Kupferdenkmäler erfasst werden, dem Oberbürgermeister Hillebrand oblag nach Beratungen durch Fachleute die Entscheidung über die Freigabe, die mit quasi-vorformulierten Antwortmöglichkeiten begründet werden sollte.[273] War die Stadt nicht Eigentümer,

266 Vgl. Thamer, Monumentalisierung, S. 109f.
267 Robert Musil, *zit. nach*: Thamer, Monumentalisierung, S. 109.
268 Vgl. ebd., S. 113f.
269 Vgl. Hartmann, Verwaltung, S. 309f.
270 Wären die Denkmäler als eindeutig feindlich wahrgenommen worden, wären sie vermutlich schon den früheren Phasen zum Opfer gefallen.
271 Vgl. Thamer, Monumentalisierung, S. 115, 121.
272 Vgl. Richtlinien des Deutschen Gemeindetages v. 5.6.1940, in: StAMs, Fach 155, Nr. 15.
273 Vgl. ebd.

so musste „der Eigentümer vorher gehört werden".[274] Die Beratung erstreckte „sich insbesondere auf die Frage, ob das Denkmal aus künstlerischen, politischen, geschichtlichen oder heimatlichen Gründen von Wert ist."[275]

Ein Denkmal wurde bereits in der ersten Instanz im Herbst 1940 freigegeben: das Friedensdenkmal am Kanonengraben. Die 1905 errichtete Bronzefigur in Frauengestalt erinnerte an den Westfälischen Frieden von 1648. Nach der Einschätzung Hillebrands sei es „künstlerisch wertlos".[276] Bestätigt und ergänzt wurde die Entscheidung im Sommer 1941 durch den Gutachterkreis; „politisch, geschichtlich und heimatlich gesehen, stört es in gewissem Maße das eigentliche Denkmal der Stadt an den Westf. Frieden", den Friedenssaal.[277] Zwei Denkmäler waren wohl zu viel der Ehre für das historische Ereignis, das schon in der Weimarer Republik mit dem Versailler Vertrag parallelisiert und abgewertet wurde: Eine im Dienste der Nationalsozialisten konzipierte Ausstellung zum Westfälischen Frieden stilisierte Frankreich im Zuge des Krieges zum Erbfeind, den Frieden steigerte man zu „Deutschlands tiefste[r] Schmach".[278]

Ein weiterer Grund für die eindeutige Entscheidung gegen die Erhaltung könnte darin bestehen, dass dieses niemals eine tragende Rolle für die Bürger und Besucher gespielt hatte und nie stark im Stadtbild verankert gewesen war. Nach Axel Schollmeier war bereits die Resonanz zur Einweihung gering gewesen, auch existierten im Verhältnis zu anderen Denkmälern „auffallend wenige Fotos oder Postkarten."[279] Aufgrund der formelhaften Begründungsmöglichkeiten lässt sich dies abschließend nicht mehr beantworten. Der 1896 errichtete Kiepenkerl am Neuen Fischmarkt, heutiger Spiekerhof, hingegen war das einzige Denkmal, das diskussionslos und von Beginn an aufgrund seines „künstlerischen und heimatlichen Wert[es]" bewahrt blei-

274 Ebd.

275 Richtlinien zur Metallspendeaktion v. 20.6.1940, in: StAMs, Fach 155, Nr. 15. Gutachter war u.a. Dichter Heimatdichter Karl Wagenfeld als Landeskulturverwalter des Gaus.

276 Entscheidung des Oberbürgermeisters Hillebrand v. 23.9.1940, in: StAMs, Fach 155, Nr. 15.

277 Entscheidung der Gutachter v. 25.6.1941, in: StAMs, Fach 155, Nr. 15.

278 Bernd Thier, „Westfälischer Zwangsfriede". Der Blick auf den Westfälischen Frieden in Münster während der nationalsozialistischen Herrschaft, in: Barbara Rommé (Hg.), Ein Grund zum Feiern? Münster und der Westfälische Frieden, Dresden 2018, S. 48–57, hier S. 49, 50–53. Diese Interpretation des Friedens musste jedoch aus kriegstaktischen Erwägungen kurzfristig geändert werden. Vgl. ebd.

279 Axel Schollmeier, 1898. Die Stadt Münster und das 250. Jubiläum des Westfälischen Friedens, in: Rommé, Grund, S. 31–47, hier S. 35.

Abb. 19: Abgebrochene Denkmäler bei der Sammelstelle auf dem Städtischen Bauhof an der Scharnhorststraße, in: StAMS, Amt 47, Nr. 537, Kriegschronik der Städtischen Polizeiverwaltung Münster, S. 55.

Abb. 20: Fotografie der Mariensäule mit der Südseite der Ludgerikirche im Hintergrund, aufgenommen zwischen 1920–1930, in: StAMS, Slg-FS-WVA, Nr. 10089.

ben sollte.[280] Eine Einschmelzung wäre allerdings ohnehin wenig ertragreich gewesen: Das Material bestand lediglich aus verkupfertem Gips.[281]

Stark umstritten war dagegen unter anderem die Freigabe des Kaiser-Wilhelm-Denkmals vor dem Schloss und die Mariensäule auf dem Marienplatz der St.-Ludgeri-Kirche. Die Entfernung des Reiterstandbildes war schon lange zuvor im Gespräch gewesen; bei den großen Feiern auf dem Hindenburgplatz wurde es als dem imposanten Kulissenbild abträglich wahrgenommen.[282] Auch die finale Begründung für die Freigabe fußte ausschließlich auf dem Ort: „Die Beseitigung des Denkmals ist erwünscht, weil es äußerst ungünstig vor dem wertvollen Schlossbau steht, sodass es beim Anblick des Schlosses aus weiter Entfernung den Blick auf die ganze Anlage, insbesondere auf das Schloss selbst, in weitestem Maße stört."[283]

Als Störfaktor wurde auch die Mariensäule wahrgenommen. Wie die Reiterfigur sich nicht in die Umgebung des Wahrzeichens fügte, so wenig habe sie sich in das gesamte Stadtbild gefügt: „Das Bauwerk selbst hat vollkommen landfremden rein süddeutschen Charakter", so der Vermerk.[284] Während für die Mariensäule Pfarrgemeinde und Bischof Einwand erhoben, legte der Regierungspräsident stellvertretend für den Eigentümer Staat Beschwerde für das Kaiser- und Fürstenbergdenkmal ein.[285] Für die Säule wurde besonders vehement eingetreten, die Beschwerdeführenden gingen dabei besonders geschickt vor: Von Galen beispielsweise drückte seine „Sorge um den religiösen Frieden und die innere Geschlossenheit des deutschen Volkes" im Falle einer Einschmelzung aus. „Der Eindruck einer Bildstürmerei" wolle wohl nicht erweckt werden, so die suggestive Annahme der Gemeinde, eine „Nichtbeachtung der traditionsgebundenen und religiösen Gefühle der Bevölkerung" würde aber an den Bildersturm der Wiedertäufer erinnern, so von Galen. Versperren wolle man sich jedoch nicht gänzlich, werde die

280 Entscheidung der Gutachter v. 25.6.1941, in: StAMs, Fach 155, Nr. 15.

281 Vgl. Bernd Thier, Das Kiepenkerldenkmal. Ein Denkmal entsteht neu (veröffentlicht am 3.12.2013 auf: https://magazin.stadtmuseum-muenster.de/ereignisse/1953-das-kiepenkerldenkmal, 12.04.2023).

282 Vgl. ders., Hindenburgplatz, S. 174.

283 Entscheidung der Gutachter v. 25.6.1941, in: StAMs, Fach 155, Nr. 15, eine fast identische Begründung hatte bereits Oberbürgermeister Hillebrand angegeben. Vgl. Entscheidung des Oberbürgermeisters Hillebrand v. 23.9.1940, in: StAMs, Fach 155, Nr. 15.

284 Ebd.

285 Vgl. Beschwerde des Bischofs v. 15.10.1940; Beschwerde der Pfarrgemeinde v. 16.10.1940; Beschwerde des Regierungspräsidenten v. 22.10.1940, in: StAMs, Fach 155, Nr. 15.

Rohstofflage akut, so sei man bereit, seinen Teil zu leisten.[286] Um Konflikte zu vermeiden, ließ der Oberbürgermeister daraufhin sämtliche Denkmäler zurückstellen und entschied „die Angelegenheit solange auf sich beruhen zu lassen, bis eine etwaige erneute Dringlichkeit der Rohstoffsammlung von der Regierung aus angeordnet wird."[287] Bereits zu Anfang der Aktion wurde durch den Reichsinnenminister zur Vorsicht geraten – man fürchtete um den Rückhalt der Bevölkerung.[288] Der Zeitpunkt, in dem die Freiwilligkeit einem Zwangscharakter wich, war im Mai 1942 gekommen.[289] Erneut trat die Gemeinde für die Mariensäule ein, die wieder in die Liste aufgenommen worden war – trotz Bombenhagel völlig unversehrt sei sie neben ihrem traditionellen Wert Hoffnungsträgerin für Stadt und Bürger. Mit Erfolg: Anders als das Kaiser-Wilhelm-Denkmal, das zunächst stückweise, später jedoch ganz eingeschmolzen wurde, und viele andere Denkmäler wurde die Säule bis zuletzt zurückgestellt und überdauerte den Krieg bis heute.[290]

Die Dokumente der Metallsammlungen sind demnach nicht nur ein Reservoir für die Begründungen der zu tilgenden Denkmäler, sondern auch für ihre Grenzen und damit für Bewahrenswertes. Während das Friedensdenkmal zeigt, dass wenig stadtbildprägende und zudem ideologisch problematische Denkmäler aus dem Stadtbild entfernt werden konnten, wurden der Kiepenkerl und letztlich die Mariensäule aufgrund ihres hohen Identifikationswertes erhalten – auch dann, wenn im Fall der Säule ihre Tilgung aus der Perspektive der Nationalsozialisten eine Bereinigung des Stadtbildes von als fremd wahrgenommenen Elementen bedeutet hätte. Die Rücksichtnahme auf die traditionelle Bedeutung,[291] oder besser: die Furcht vor Konfrontation ermöglichte schließlich die Rettung des Denkmals. Im Falle kriegswirtschaftlicher Metallsammlungen zeigt sich erneut, dass die Maßnahmen zur Stadtbildveränderung, auch wenn nicht städtebaulich intendiert, an ihre milieu- und stadtbedingten Grenzen stießen.

286 Beschwerde des Bischofs v. 15.10.1940; Beschwerde der Pfarrgemeinde v. 16.10.1940, in: StAMs, Fach 155, Nr. 15.

287 Schreiben des Oberbürgermeisters Hillebrand v. 2.12.1940, in: StAMs, Fach 155, Nr. 15.

288 Vgl. Schreiben des Reichsinnenministers v. 24.7.1940, in: StAMs, Fach 155, Nr. 15.

289 Vgl. Schreiben des Reichsinnenministers v. 3.5.1942, in: StAMs, Fach 155, Nr. 15.

290 Vgl. Übersicht v. 6.3.1943, in: StAMs, Fach 155, Nr. 15. So auch, wie heute noch sichtbar, das Fürstenbergdenkmal am Domplatz.

291 Vgl. Hartmann, Verwaltung, S. 319.

4. Münster in (bewegten) Bildern

Mit dem grafischen Bild rücken verschiedenste Bildarten in den Vordergrund, die von Fotografien und Grafiken, über Film und Typografie bis hin zu Modellen reichen. Im Anschluss an das gebaute Bild stellt sich zum einen die Frage, inwiefern sich die Veränderungen im grafischen Bild widerspiegelten: Fanden das traditionelle Stadtbild im nationalsozialistischen Festgewand und die Neubauten der Partei Eingang in die grafischen Erzeugnisse? Folgte der physischen Zerstörung die Tilgung vom Papier? Zum anderen soll das Bild in seiner Eigenständigkeit und schöpferischen Kraft ernstgenommen und nicht nur als Fixator von Realität verstanden werden. So ist das grafische Bild in seinen verschiedenen Ausprägungen in der Lage, Dinge zu zeigen, die (noch) nicht existieren. Diese Frage drängt sich umso mehr auf, weil im nationalsozialistischen Bildersturm Bilder eben in jener produktiven Eigenschaft aktiv eingesetzt wurden.[292] Andersrum begrenzte das Regime den Blick: Im Nationalsozialismus wurde eine großflächige Kontrolle sowohl der Bildproduktion und -distribution als auch der -rezeption angestrebt, die vor allem vom Reichsministerium für Volksaufklärung und Propaganda gelenkt wurde.[293] Verfolgt wurde grob eine zweigeteilte Strategie, die aus der Zensur von unliebsamen Elementen und der „Schaffung positiver Identifikationsbilder“[294] bestand. Völlige Kontrolle über die Bildmedien konnte jedoch gerade in der Bildrezeption nie erreicht werden – dagegen sträubt sich grundsätzlich der Eigensinn der Bilder.[295]

292 Vgl. Paul, Diktatur, S. 13.

293 Vgl. ders., Punkt & Pixel S. 224–226. Insgesamt gab es vier Großorganisationen, die als Bildlenker zu bezeichnen sind: Neben dem Reichministerium für Volksaufklärung und Propaganda waren das die ihm unterstehende Reichspropagandaleitung, Hitlers Reichskanzlei sowie später das Oberkommando der Wehrmacht.

294 Ebd., S. 226f.

295 Paul betont in seinen Beiträgen, dass die Bilder zwar systemübergreifend mit Geschick als Waffen eingesetzt wurden, allerdings ließen sich Bilder nicht vom Produzenten vereinnahmen – auch wenn das Bild mit einer Intention oder einem gewissen Sinn durch den Produzenten belegt wird, so ist nicht gewährleistet, dass der Rezipient den gewünschten Bildsinn aufnimmt. Vgl. ders., Geschichtsdidaktik, S. 17f. Besonders eindringlich zeigt der Historiker dies am Beispiel der Ausstellung „Entartete Kunst“ auf, bei der die Besucher ihre Liebe zu den diffamierten Kunstobjekten zum Teil erst entdeckten, vgl. ders., Diktatur, S. 95f.

Anhand von drei Feldern wird dabei der (nationalsozialistischen) Bildpraxis nachgegangen: Erstens wird die touristische Stadtwerbung beleuchtet. Der *tourist gaze*, der touristische Blick, ist eine Perspektive, die besonders auf die Suche und Produktion von Differenz angelegt ist.[296] Im Werben um Besucher wird hier der stärkste Ausdruck des Stadtbildes als inszeniertes Eigenes vermutet. Zweitens beschreitet die Untersuchung das Gebiet der nationalsozialistischen Propaganda, bei der die Inszenierung der Feiern und des Kiepenkerldenkmals genauer beleuchtet werden. In den propagandistischen Erzeugnissen ist die deutlichste Inszenierung im Sinne der NS-Ideologie zu erwarten. Um den vielseitigen Bildfunktionen gerecht zu werden, steht drittens das Bild als Stellvertreter im Rahmen der „Ausstellungen der Partei" von 1941 im Zentrum. Die fragmentarische Quellenlage gibt kaum Aufschluss über Intention und Konzeption der Bilder, weshalb die Untersuchung des grafischen Bildes überwiegend produktorientiert bleiben muss. Auch die Rekonstruktion der Rezeption gestaltet sich aus diesen Gründen schwierig, soll aber dennoch in Ansätzen gewagt werden.

4.1. Der touristische Blick

In der Weimarer Republik und im Nationalsozialismus steckte der (Städte-) Tourismus noch in den Kinderschuhen. Zwar blieben die Zahlen weit hinter den heute bekannten Ausmaßen zurück – das heute als selbstverständlich geltende Recht auf Urlaub war zu dem Zeitpunkt weder im Bewusstsein noch flächendeckend im Arbeitsvertrag verankert –, dennoch eröffnete die steigende Anzahl an Tarifverträgen mit Urlaubsanspruch und der Ausbau der Verkehrsnetze einer breiteren Masse den Zugang.[297] Mit der Entdeckung des Fremdenverkehrs in vielen Städten stieg auch die Konkurrenz und damit die Notwendigkeit, das Eigene als einzigartig und sehenswert zu inszenieren. Wie wurde die westfälische Stadt also potenziellen Besuchern präsentiert? Welche Orte wurden als besuchenswert gerahmt? Die vorliegende Untersu-

296 Vgl. Jens Wietschorke, Anthropologie der Stadt: Konzepte und Perspektiven, in: Harald A. Mieg/Christoph Heyl (Hg.), Stadt. Ein interdisziplinäres Handbuch, Stuttgart/Weimar 2013, S. 202–221, S.205.

297 Vgl. Otto Schneider, Die Ferien-Macher. Eine gründliche und grundsätzliche Betrachtung über das Jahrhundert des Tourismus, Hamburg 2001; Rüdiger Hachtmann, Tourismus-Geschichte, Göttingen 2007, S. 80, S. 116; Christine Keitz, Reisen als Leitbild. Die Entstehung des modernen Massentourismus in Deutschland, München 1997, S. 43.

chung konzentriert sich dabei entsprechend des Themas auf die visuelle Repräsentation der Stadt im Bild. Pagenstecher konnte in seiner Dissertation zum bundesdeutschen Tourismus nachweisen, dass dieser im Wesentlichen über die Vermarktung des Ortes im Bild funktioniert: Stadtführer, Postkarten, Zeitschriften und Imagefilme setzten und setzen als touristische Werbemittel stark auf die Bebilderung der zu besuchenden Destinationen.[298]

Die Stadt Münster richtete 1928 ein Dezernat ein, das sich in Kooperation mit dem bereits 1897 gegründeten Verkehrsverein, der aus betroffenen Dienstleistern wie Hoteliers bestand, unter anderem mit Fremdenverkehrsfragen und der damit verbundenen Eigenwerbung beschäftigte. Die Erfolge in anderen Städten bekräftigten die Provinzialhauptstadt in diesem Schritt und so differenzierten sich im Laufe der Jahre das Veranstaltungsangebot wie Werberepertoire aus.[299] Ausdruck fanden die gesteigerten Bemühungen um den Fremdenverkehr in der monatliche Kulturzeitschrift *Das schöne Münster*, die ab 1929 vom Verkehrsverein, später vom städtischen Werbe- und Verkehrsamt herausgegeben und 1941 mit dem kriegsbedingten Abflauen des Tourismus und Ressourcenknappheit eingestellt wurde.[300] Der Übergang zum Nationalsozialismus wirkte sich im touristischen Bereich weder personell noch inhaltlich aus.[301] Durch den Ausbau der Werbung im In- und Ausland,[302] zählte

298 Vgl. Pagenstecher, bundesdeutsche Tourismus, s. auch Löw, Soziologie, S. 166f.

299 Die Ausdifferenzierung war kein auf Münster beschränktes Phänomen, sondern spiegelte vielmehr eine grundsätzliche Entwicklung der Zeit wider. Vgl. Susanne Müller, Zur Medienkulturgeschichte des Reisehandbuchs, in: Rudolf Jaworski (Hg.), Der genormte Blick aufs Fremde. Reiseführer in und über Ostmitteleuropa, Wiesbaden 2011, S. 36–52, hier S. 49. Ein mehrseitiges Dokument von 1927 bündelt die neuen Werbestrategien (Plakate, Prospekte etc.) des Verkehrsamtes und -vereins. Ergebnis der Besprechung in Berlin v. 26.10.1927, in: StAMs, Stadt-Dok, Nr. 25.

300 Vgl. Verwaltungsbericht 1926–1945, Werbung und Fremdenverkehr, S. 82, 86, in: StAMs, DS 265. Nach Rolf Sachsse ist Darstellung der Stadt in Illustrierten Zeitschriften typisch für die Zeit ab den 1920er Jahren, vgl. Sachsse, Flair, S. 17f.

301 Zwar wurde das Spektrum an Angeboten erweitert, z.B. wurde im Nationalsozialismus verstärkt mit dem Karnevalsumzug geworben, allerdings lässt sich das eher als bereits zuvor angestoßene Entwicklung der Ausdifferenzierung verstehen, vgl. Verwaltungsbericht 1926–1945, Chronik des Verkehrsvereins, unfol., in: StAMs, DS 265.

302 So wurde z.B. verstärkt in den Niederlanden geworben, wie aus den niederländischen Broschüren hervorgeht, vgl. z.B. Per Auto door Westfalen, hg. v. Verkehrsvereinen v. Münster, Soest und Osnabrück [Jahr unbekannt]. Entsprechend der Bilder und der Aufmachung liegt der Entstehungszeitpunkt vermutlich vor 1945.

Münster 1937 mit fast 120.000 Touristen und rund 215.000 Übernachtungen zu den führenden Fremdenverkehrsstädten Deutschlands.[303]

Im Zentrum der Untersuchung stehen die Stadtführer Münsters sowie das filmische Stadtportrait *Münster. Westfalens schöne Hauptstadt* von 1938, andere Quellenarten werden als Vergleichsgrößen herangezogen. Die konzeptionellen Vorzüge der Stadtführer bestehen darin, dass dem (potenziellen) Besucher ein „Kanon des – vermeintlich – Sehenswerten"[304] dargeboten wird. Auf wenige Seiten komprimiert, erhalten die Betrachtenden eine Art Gebrauchsanweisung für die ihm unbekannten Destinationen, welche das Ziel aus- und unverwechselbar machen.[305] Im Falle der Münsteraner Stadtführer, die von städtischen Einrichtungen und Vereinen herausgegeben wurden, geben sie Aufschluss über das Selbstbild der Stadt. Über die pragmatische Orientierungsfunktion hinaus wird durch Bild und Text der touristische Blick vorstrukturiert und geprägt: Das Bild fungiert hier also nicht ausschließlich als Abbildung der Realität, sondern ebenso als deren Produzent – bereits vor der Reise entwickele der Besucher ein fiktionales Stadtbild, das dann vor Ort gesucht werde.[306] Aus methodischer Sicht gewährleisten die verschiedenen Auflagen der Hefte eine Vergleichbarkeit, die bei keiner der übrigen Quellenarten gegeben ist. Mit dem Film hingegen ist ein vergleichsweise junges Medium gewählt worden, dem zeitgenössisch durch Immersion, Emotionalisierung und einfachen Konsum hohe Wirkungskraft zugesprochen und dessen Potenzial von den Nationalsozialisten erkannt und gefördert wurde.[307] Die-

303 Vgl. Übersicht über die Zahl der Fremden mit Übernachtungen, in: StAMs, Stadt-Dok, Nr. 25. Ein erhaltener englischsprachiger Stadtführer/Prospekt zeugt von den ausländischen Besuchern bzw. die Bemühungen um diese. Das Exemplar lässt sich aufgrund des Designs von Hans Pape auf vor 1933 datieren, vgl. Beautiful Münster. Münster in Westphalia Germany, hg. v. Städtischen Verkehrsamt, Bremen ohne Jahresangabe. Zur Plausibilität der Datierung siehe im Folgenden mehr. Nach Angaben des Münsterischen Anzeigers sei Münster sogar in Amerika beworben worden, vgl. *Wie Münster nach außen wirbt*, in: Münsterischer Anzeiger v. 26.4.1938.

304 Nicolari Scherle, Nichts Fremdes ist mir fremd. Reiseführer im Kontext von Raum und der systemimmanenten Dialektik des Verständnisses von Eigenem und Fremden, in: Jaworski, Genormte, S. 53–70, hier S. 56.

305 Vgl. ebd., S. 53f.

306 Vgl. Löw, Soziologie, S. 168. Scherle nennt dies auch die „Fiktionalisierung der touristischen Wahrnehmung", vgl. Scherle, Nichts, S. 53, 55f. Siehe dort auch mehr zu den vielfältigen Funktionen der Reiseführer, wie z.B. den Abbau von Fremdheit.

307 Vgl. Minner, Lost, S. 198. Zu nennen sind z.B. die Deutsche Wochenschau oder der wohl bekannteste Film *Triumph des Willens* von Leni Riefenstahl. Die Filme wurden dabei jedoch nicht ausschließlich zu Propagierung von nationalsozialistischer Politik und

Der Überwasserturm aus dem Krummen Timpen

3* 35

Abb. 21: Münsteraner Idylle: Ansicht auf die Überwasserkirche vom Krummen Timpen. Ein typisches Motiv in den Stadtführern sowohl der Weimarer Republik als auch des Nationalsozialismus, in: Führer durch das alte Münster, hrsg. v. Städtischen Verkehrsamt mit dem Verkehrsverein, Münster [1937], Inv. Nr. 1088.

ses Potenzial blieb auch von den Städten nicht ungenutzt: 1938 ließ die Stadt Münster ein Stadtportrait anfertigen, das heute unter anderem im Stadtarchiv und im LWL-Medienzentrum verwahrt wird. Was die Städte nach Minner in Bezug auf die Produktionen der 1950er bis 70er Jahre vehement von sich wiesen, trifft im Falle des Münsteraner Filmes wohl zu: Konzipiert als Stadtwerbung mutet der Film wie ein „verfilmter Stadtprospekt" an.[308] Adressiert an auswärtige Besucher, aber auch an „heimatlich interessierte [sic!]"[309], stellt *Westfalens schöne Hauptstadt* eine wichtige Ressource für die akzeptierten und gewünschten Bilder von Münster dar.[310]

4.1.1. „Führer durch Münster": Stadtführer

Die Auswahl an Stadtführern beschränkt sich auf die Ausgaben von 1925, 1927, 1930, 1934, 1937 und 1941, die zum Großteil vom städtischen Verkehrsamt und Verkehrsverein herausgegeben wurden.[311] Ausgewertet wurden neben dem Design vornehmlich die abgebildeten Fotomotive, die sich auf das äußerlich wahrnehmbare Stadtbild beziehen. Der Befund ist überraschend: Keine der angesprochenen Veränderungen im gebauten Bild spiegelt sich im grafischen wider. Weder wurde mit den Neubauten (wie zum Beispiel dem Gauhaus) noch dem ikonografisch besetzten Stadtbild bzw. Festraum geworben.[312] Ins-

Ideologie eingesetzt; so schrieb Goebbels dem Film nicht zuletzt aufgrund seines Unterhaltungswertes für breite Massen eine hohe Bedeutung zu, vgl. Kristin Thompson/ David Bordwell, Film History. An Introduction, 4. Aufl., New York 2019, S. 241–245.

308 Minner, Lost, S. 204.

309 *Drei Männer kamen aus dem Ratskeller*, in: Münsterischer Anzeiger 16.08.1938.

310 Vgl. Minner, Lost, S. 201.

311 Bei den Veröffentlichungsjahren handelt es sich um eine Einschätzung des Stadtmuseums Münster, die Stadtführer selbst geben keine Auskunft darüber. Führer durch Münster, hg. v. Städtischen Verkehrsamt, Münster [1925], StMU, Inv. Nr. 124; Führer durch Münster, hg. v. Stadtverwaltung in Verbindung mit dem Verkehrsverein, Münster [1927], StMU, Inv. Nr. 1083; Führer durch Münster, hg. v. Städtischen Verkehrsamt, Münster [1930], StMu, Inv. Nr 7545; Münster i. W., hg. v. Verkehrsverein, Münster [1934], StMU, Inv. Nr. 10553; Führer durch das alte Münster, hg. v. Städtischen Verkehrsamt mit dem Verkehrsverein, Münster [1937], StMU, Inv. Nr. 125; Führer durch das alte Münster, hg. v. Städtischen Verkehrsamt mit dem Verkehrsverein, Münster [1941], StMU, Inv. Nr. 269. Ausgenommen aus der Stichprobe wurden als im Stadtmuseum Münster unter Stadtführer geführte Exemplare, die allerdings in der Konzeption eher an Stadtchroniken erinnern und sich teilweise auch als solche im Titel selbst bezeichnen.

312 Das Gauhaus findet lediglich kurz im Text Erwähnung ohne Pathos und damit anders als zuvor in den Presseartikeln.

gesamt lässt sich keine einzige Hakenkreuzflagge in den Stadtführern finden. Zwei Gründe dafür sind denkbar: Zum einen könnte dieser Umstand als Indikator dafür gesehen werden, dass die nationalsozialistischen Elemente nie zu einem integralen Bestandteil des Stadtbildes wurden. Neben der tendenziellen Distanz zwischen dem Großteil der Münsteraner Bevölkerung und Regime könnte dies nicht zuletzt der kurzen Zeitspanne geschuldet sein, in der die Neuakzentuierung und die Neubauten bestanden, denn: Ebenso wenig findet der neu angelegte Aasee trotz attraktivem Badestrand Erwähnung. Zum anderen mag die politische Dimension in einer vergleichsweise kleinen Stadt wie Münster für Touristen schlichtweg keine Rolle gespielt haben, bzw. ließ sich diese weniger gut vermarkten als zum Beispiel in den Führerhauptstädten.

Auch wenn sich die architektonischen Veränderungen im Stadtbild in den Stadtführern nicht wiederfinden, so stellt sich die Frage, ob sich etwaige Akzentverschiebungen bei den als Wahrzeichen erachteten Elementen ausmachen lassen. Zunächst lässt sich eine hohe Kontinuität der abgebildeten Motive feststellen. Allein über neun Motive schien systemübergreifend in allen Stadtführern ein Konsens über die Bedeutung im Stadtbild zu herrschen: über den Dom, das Rathaus/Stadtweinhaus, den Prinzipalmarkt, den Erbdrostenhof, das Schloss, die Promenade sowie über die Lamberti- und Ludgerikirche.[313] Da dem Bild, wie die Visual History betont, selbst kein Sinn innewohnt, der sich mithilfe bestimmter Verfahren freilegen lässt, ist es notwendig, die Kontextualisierung durch den begleitenden Text miteinzubeziehen, um etwaigen Bedeutungsverschiebungen nachzuspüren – wurden die traditionellen Orte ideologisch aufgeladen oder umgedeutet? Tatsächlich wurde bei diesen Motiven über die Jahre fast durchgehend der gleiche Text verwendet. Eine Ausnahme bildet der Stadtführer von 1934, der sich durch seine abweichende Konzeption von den anderen Stadtführern grundsätzlich unterscheidet.[314] Nur in dieser Ausgabe spiegelte sich anhand des Motives der Lambertikirche eine im Nationalsozialismus vorgenommene Vereinnahmung der Wiedertäufer, in die alle denkbaren Feindbilder der Nationalsozi-

313 Fünf andere Motive kommen in fünf von sechs Stadtführern vor. Bei letzterem Motiv ist anzumerken, dass dort auch die zuvor erwähnte Mariensäule in einigen Ansichten auch nach 1933 eine zentrale Position im Bild einnimmt, was die geäußerten Einwände von Bischof und Pfarrgemeinde untermauert – sie schien auch über Münster hinaus bekannt und Teil des traditionellen Stadtbildes zu sein.

314 Dieser schlägt bestimmte Rundgänge vor und stellt auf dem Wege liegenden Wahrzeichen vor. Diese Ausgabe unterscheidet sich ebenso in der Herausgeberschaft und im Design.

alisten hineinprojiziert, allen voran der Kommunismus, und die damit als Negativfolie konstruiert wurden.[315]

Abseits der kontinuierlich abgebildeten Motive lässt sich insgesamt eine stärkere Bebilderung der späteren Ausgaben konstatieren. Folgt man der Unterscheidung der Stadtführer, die Wahrzeichen Münsters größtenteils in kirchliche und weltliche Bauten aufzuteilen, so fällt auf, dass das Verhältnis der Motive über die Jahre konstant blieb. Während die kirchliche Sphäre über die Systeme hinweg rund ein Drittel der Fotografien ausmacht, changieren die Fotografien von weltlichen Motiven zwischen 45 und 60 Prozent und bilden damit sowohl vor als auch nach 1933 den größeren Anteil. Eine Ausnahme stellt erneut der Jahrgang 1934 dar, in dem über 75 Prozent der Motive aus dem weltlichen Bereich stammten und damit den kirchlichen auf 21 Prozent zurückdrängte. Die restlichen Prozente entfallen auf Darstellungen, die eine Mischung beider Motivtypen abbilden. Der Zuwachs im weltlichen Bereich von 1934 schlägt mit Fotografien vom Landesmuseum, von universitären Einrichtungen wie diversen Schulen vor allem im Bildungssektor zu Buche. 1937 und 1941 hingegen wurden vermehrt Adelshöfe, besonders aber Denkmäler abgebildet, die zuvor keine Erwähnung finden: So verwundert, dass der Kiepenkerl, über den später bei den Metallsammelaktionen von Beginn an die schützende Hand ausgebreitet wurde, erst ab 1937 Erwähnung fand. Fast erwartungsgemäß hingegen bilden mit dem Stehenden Soldaten und dem Lothringerkreuz im Schlossgarten wie dem Denkmal am Mauritztor den größten Anteil an den Denkmälern die zahlreichen Kriegerdenkmäler der Garnisonsstadt Münster, die der steigenden Militarisierung auch im touristischen Bereich Ausdruck verliehen. Es ist jedoch weder ein heroischer noch ein kriegsverherrlichender Duktus im Begleittext spürbar. Auch der Blick auf die kirchlichen Motive ist erhellend; vermehrt rücken mit der Oberservanten- und Erlöserkirche evangelische und mit der Dominikanerkirche säkularisierte Kirchen in den Vordergrund. Diese Verschiebungen wirken zunächst

315 Darin heißt es zu der zentralen Gestalt: „Johann von Leyden, der König des gleichzeitig dem Kommunismus und Absolutismus huldigenden ‚neuen Zion', verfügte als unumschränkter Herrscher über Eigentum und Leben seiner fanatischen Anhänger.", Stadtführer 1934, S. 5. Eingehender hat sich Jan Matthias Hoffrogge, Der „Wiedertäufermythos". Münsters umstrittener Erinnerungsort, Münster 2018, mit der Rezeptionsgeschichte der Wiedertäufer über den Verlauf der Jahrhunderte beschäftigt. Überraschenderweise lässt sich dieses Vorgehen in den späteren Ausgaben nicht mehr finden, ebenso verwundert, dass weder die Nutzung des Schlosses durch die Partei noch die Parteifeiern auf dem Platz direkt erwähnt wurden.

Abb. 22 und 23: Die Titelseite der Stadtführer von 1925/1930 (links) und 1937/1941 (rechts), in: Führer durch Münster, hrsg. v. Städtischen Verkehrsamt, Münster [1930], StMU, Inv. Nr. 2642; Führer durch das alte Münster, hrsg. v. Städtischen Verkehrsamt, Münster [1937], StMU, Inv. Nr. 1088.

geringfügig, lassen sich aber zu einer möglichen Gesamtstrategie integrieren: Zwar blieb die kirchliche Welt präsent, es scheint jedoch, als habe man die Dominanz der katholischen Kirche in Münster zu entkräften und dafür weltliche Angebote als Gegenentwurf entgegenzustellen versucht, die jedoch mit Militär und Bildung ähnlich stark im Selbstverständnis der Stadt verwurzelt und damit an die Grammatik der Stadt rückgebunden waren. Ob es sich hierbei tatsächlich um eine aktiv verfolgte Strategie oder eine Reaktion auf einen der Zeit entsprechenden Interessenswandel handelt, lässt sich aufgrund von fehlenden Quellen zur Konzeption und Entstehung nicht sicher beantworten.

Bei der Auswertung der abgebildeten Motive stehen zu bleiben, greift jedoch zu kurz. Wie so oft steckt auch hier der sprichwörtliche Teufel im Detail, in diesem Fall im Design. Die Unterschiede lassen sich am besten herausstellen, wenn die Jahrgänge 1925/1930 den Ausgaben von 1937/1941 entgegengestellt werden.

Augenscheinlich weisen sie in Konzeption und äußerer Gestaltung Kontinuitäten auf. Das Bild auf dem Umschlag stellt eine mit roten Farbakzenten versehene Grafik dar, die in beiden Fällen die Stadt Münster abbildet. In Kreisform angeordnet werden die charakteristischen Gebäude Münsters präsentiert, die durch Türme und Giebel der Stadt ihre typische Silhouette verleihen. Eingerahmt wird das Ensemble von Bogenhäusern, Kirchen und vom Rathaus von der durch Bäume angedeuteten Promenade. Allerdings finden sich stilistisch eklatante Unterschiede. Die Ausgaben von 1925/1930 zeichnen sich durch auf klare Umrisse reduzierte geometrische Formen und Farbkontraste aus: helle, ohne Schattenspiel gedruckte Gebäude innerhalb eines schwarzen Kreises auf hellem Grund mit einer rot gezackten Linie, die die Grafik durchzieht und einen Rundgang visualisiert. Neben roten Farbblöcken am Seitenrand ziert eine Antiquaschrift den Umschlag, die auf verspielte Serifen verzichtet und auch im weiteren Text verwendet wird. Die Künstlersignatur am linken Rand gibt den Münsteraner Künstler Hans Pape preis.[316] Nach Eberhard Hölscher, selbst zeitgenössischer Künstler und Journalist, zeichne sich Pape durch „die Geschlossenheit und Ruhe seiner künstlerischen Formensprache“ aus, die sich zweifelsohne auch in der vorliegenden Grafik widerspiegelt.[317] 1937 wurden dann die abstrakten, reduzierten Formen und Kontraste im Stadtführer zugunsten einer detailreicheren, traditionelleren Darstellung abgelöst. Die Schrift stellt eine Spielart der Frakturschrift dar, die sich durch prominente Serifen und Zierstriche auszeichnet und sich in etwas reduzierter Form auch im Buch wiederfindet. Künstler ist der Münsteraner Grafiker Waldemar Mallek.[318]

Lässt sich zu Beginn des Regimes durchaus ein gewisser Stilpluralismus konstatieren, zum Beispiel hatte man Bauhausformen für die NS-Propagan-

316 Der 1894 in Hamburg geborene Künstler ist besonders für seine Holzschnitte bekannt. Nach der Ausbildung in Hamburg und München lehrte er Buchgewerbe und Gebrauchsgrafik an der Werkkunstschule Münster. In Münster trat er der Künstlergemeinschaft Schanze, zu der auch Waldemar Mallek (s.u.) gehörte, bei. Vgl. Sammlung Hans Pape. Zur Person (online abrufbar unter: https://www.ulb.uni-muenster.de/sammlungen/nachlaesse/sammlung-pape.html, 12.12.2022).

317 Eberhard Hölscher, Hans Pape, Berlin 1928, S. 45.

318 Deutlich erkennbar am Namenszug rechts der Grafik. Der 1906 in Münster geborene Künstler war ein Schüler Hans Papes an der Kunstgewerbeschule in Münster und Mitglied der Künstlergemeinschaft Schanze. Während des Nationalsozialismus profitierte Mallek durch verschiedene öffentliche Aufträge vom Regime, wie z.B. die Anfertigung eines Holzschnittes Karl Wagenfelds für eine Ehrung durch Gauleiter und Oberpräsident Alfred Meyer. Vgl. Eva Boyd/Horstfried Masthoff, Waldemar Mallek, in: Bernhard Köster (Hg.), Ex Bibliothecis Westfalicis, Wiesbaden 1997, S. 77f.; Heimat und Reich, 1939, H. 5, S. 171f.

da genutzt, so fallen der Wandel vom eher modernen zu einem traditionellen Design in eine Radikalisierungsphase in der Kunstpolitik.[319] Dass sich Papes Stil offenbar wenig mit dem bevorzugten Stilattributen des Regimes vereinbaren ließ, zeigt sich nicht zuletzt daran, dass drei seiner Werke als „Entartete Kunst“ galten.[320] Gleichwohl kann er nicht als gänzlich verfemt gelten, was sich an seiner ununterbrochenen Lehrtätigkeit und den anhaltenden Aufträgen für Kommunen oder Buchprojekte zeigt.[321] Auch im Wechsel der Schriftart schlägt sich die Anpassung an den zu der Zeit aktuellen Kurs des Regimes nieder – so wurde die Frakturschrift als nationale, deutsche Schrift erachtet, die Typografie als „Spiegel ideologischer Überzeugungen“.[322]

Nach den Motiven und dem Design stellt der Stadtplan im Anhang die dritte Visualisierung des Stadtbildes dar. Neben der grafischen Ausgestaltung und der Umbenennung der Straßen sind die (fehlenden) Motive besonders interessant.[323] Anders als im inhaltlichen Teil wurde ab 1937 das neuerbaute Gauhaus am Aasee im Grundriss und mit Namen abgebildet. Waren die Kirchen noch 1930 mit Namen genannt worden, so wurden sie im Stadtführer von 1934 mit Ausnahme vom Dom und der Lambertikirche lediglich durch ein Kreuzsymbol visualisiert, was den Eindruck untermauert, dass die Bedeutung der Kirche im Stadtführer gemindert wurde. Deutet sich hier bereits eine abgemilderte Form der Unsichtbarmachung an, wurde ein Motiv ganz

319 Vgl. Hans-Ulrich Thamer, Kultur und Propaganda. Zur Funktion kultur- und kunsthistorischer Ausstellungen in der NS-Zeit, in: Franz-Josef Jakobi/Thomas Sternberg (Hg.), Kulturpolitik in Münster während der nationalsozialistischen Zeit. Referate und Diskussionsbeträge der Tagung am 8. und 9. Juni 1990 im Franz-Hitze-Haus Münster, Münster 1990, S. 17–38, hier S. 36 (Diskussion).

320 Sammlung Hans Pape.

321 Vgl. ebd. So arbeitete Pape an der Gestaltung einer Festschrift für Karl Wagenfeld mit und gestaltete städtische Wappen.

322 Vgl. Weidner, Typographie, S. 15f. So wurden andere Schriften als Feindesschriften betrachtet. 1941 vollzog man jedoch eine Kehrtwende und es wurde die Verwendung von Antiquaschriften vorgeschrieben. Vgl. auch Peter Rück, Die Sprache der Schrift. Zur Geschichte des Frakturverbots von 1941. In: homo scribens. Thüringen 1993, S. 231–272.

323 Der Ausschnitt der Stadtpläne offenbart die Umbenennung in Adolf-Hitler-Straße (vorher Bahnhofsstraße) und Horst-Wessel-Straße (vorher Hafenstraße). Nachzulesen sind die Umbenennung für Münster in der Datenbank“ des LWL-Instituts für westfälische Regionalgeschichte: Marcus Weidner, Die Straßenbenennungspraxis in Westfalen und Lippe während des Nationalsozialismus. Datenbank der Straßenbenennung 1933–1945 (online abrufbar unter: http://www.westfaelische-geschichte.de/web990, 12.04.2023).

getilgt: Bereits 1937 fehlte ein visualisierendes Element für die Synagoge. Der physischen Zerstörung 1938 ging damit bereits ein Jahr zuvor die grafische Tilgung aus dem Stadtbild voraus – ein eindringliches Beispiel dafür, dass Bilder nicht nur Abbild von, sondern auch Vorlage für die Realität seien können.

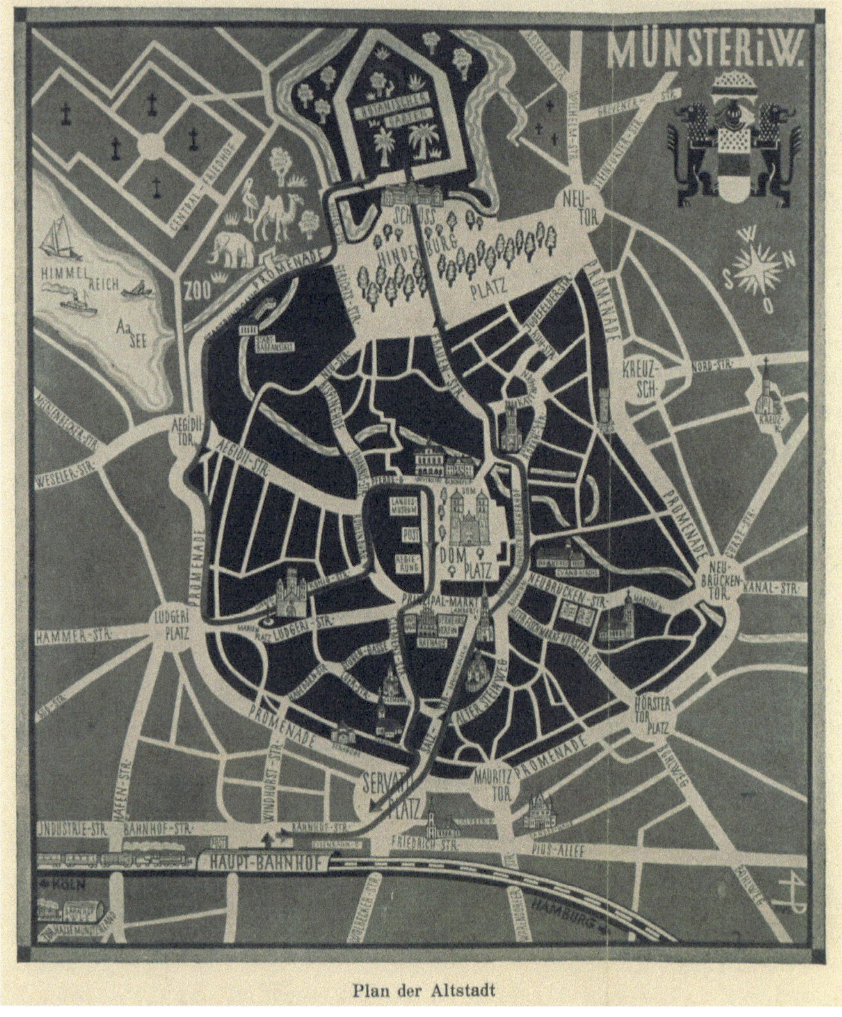

Plan der Altstadt

Abb. 24: Von Hans Pape gestalteter Stadtplan. Süd-westlich vom Servatiiplatz findet sich die Abbildung der Synagoge, in: Führer durch Münster, hrsg. v. Städtischen Verkehrsamt, Münster [1930], StMU, Inv. Nr. 7545.

Wenn auch latent und im Detail versteckt, findet der Systemwechsel doch in den Visualisierungen der Stadtführer Münsters durch Motive, Design und Stadtplan durch Akzentuierung und Kaschierung bis Unsichtbarmachung seinen Ausdruck.

4.1.2. Bewegte Zeiten in bewegten Bildern? „Westfalens schöne Hauptstadt"

Im Sommer 1938 rollten die Wagen der UFA in Münster ein, um die Münsteraner „Sehenswürdigkeiten und Schönheiten"[324] filmisch einzufangen, wie der Münsterische Anzeiger berichtete. Die Stadt hatte die Erstellung eines Stadtfilmes bei einer Berliner Produktionsfirma in Auftrag gegeben; die Stadt, vermutlich vertreten durch den Verkehrsverein, war als Beraterin in die Produktion um Regisseur Eugen York eingebunden, um einen „hervorragenden Eindruck von dem Charakter der Stadt Münster" zu vermitteln.[325] Das Genre bewegte sich nach den Beschreibungen zwischen einem Werbe- und Kulturfilm, wobei die Werbefunktion im Film wie in der medialen Berichterstattung deutlich hervortritt.[326]

Durch geschickte Techniken wird der rund zwölfminütige Film dem immersiven Charakter des Mediums gerecht. Mithilfe eines kinematografischen Kniffes verbinden die Filmemacher Stadt und Land: Die Kamera folgt einem Pferdewagen, der vom Feld in die Stadt fährt und den Betrachtenden gewissermaßen in die Szenerie holt. Die Kamera nimmt den Zuschauer an die Hand und führt ihn im Verlauf eines Tages durch Münster, beginnend mit der morgendlichen Feldarbeit im Umland, über Einkäufe auf dem Markt, Besuchen im Dom und Zoologischen Garten, ehe der Tag mit vergnüglicher Runde in den Gaststätten Pinkus und Ratskeller endet. Inhaltlich entspricht er im Wesentlichen dem klassischen Repertoire von Werbefilmen, das Minner auch noch für die 1950er bis 1970er Jahre identifiziert:[327] Konsummög-

324 *Der Film vom Schönen Münster*, in: Münsterischer Anzeiger v. 2.8.1938.

325 Vgl. *Drei Männer kamen aus dem Ratskeller*, in: Münsterischer Anzeiger v. 16.8.1938; Westfalens schöne Hauptstadt (1938), in: StAMs, SLG-AVM, Nr. 259, 00:10–00:26, s. dort auch weitere Beteiligte an Musik, Kameraführung und Manuskript.

326 *Drei Männer kamen aus dem Ratskeller*, in: Münsterischer Anzeiger v. 16.8.1938; *Stadt Münster auf der Leinwand*, in: Münsterischer Anzeiger v. 11.11.1938. Zur Einordnung als „Kulturfilm" und „Werbefilm" nach 1945 s. Ralf Springer, Filmische Stadtporträts als Instrumente des Stadtmarketings am Beispiel von Gelsenkirchen und Castrop-Rauxel, in: Geschichte im Westen 28 (2013). Schwerpunktthema: History sells. Stadt, Raum, Identität, S. 29–55.

327 Vgl. Minner, Lost.

lichkeiten, Wirtschaftskraft, Verkehr, Freizeit und Kultur. In Münster tritt zusätzlich mit Dom und Lambertikirche auch die katholische Tradition in besonderem Maße hervor. Insgesamt trat Münster den Betrachtenden als traditionsbewusste, mit dem agrarischen Umland verwurzelte Stadt gegenüber, in der es dennoch nicht an Unterhaltung und Kultur mangelt.

Die präsentierten Inhalte unterscheiden sich kaum von den Stadtführern vor 1933. Ausnahmen bilden beispielsweise der Kiepenkerl und das Landois-Denkmal, die prominenten Platz im Film einnahmen. Betont wurde neben dem Unterhaltungsfaktor der Stadt vor allem die Lambertikirche: Mit der auf die Spitze des Turmes zuwandernden Kamera wird die Musik lauter und imposanter und führt letztlich auf die Plattform zu den Käfigen, wo sich eine Gruppe mit Stadtführer eingefunden hat. Verzichtet der Film sonst fast gänzlich auf gesprochenen Text, so wird an dieser Stelle ein Gespräch zwischen Stadtführer und Besucher gemimt: „Sagen Sie bitte, was haben eigentlich diese drei Käfige hier oben für eine Bedeutung?", fragt ein Tourist, worauf der Ortskundige von der „grausamen Herrschaft der Wiedertäufer" berichtet und auf ein Prospekt verweist, das die Zuhörenden sodann eifrig zur Hand nehmen und zu studieren beginnen.[328] Eine ideologische Aufladung wie im Stadtführer von 1934 findet sich hier ebenso wenig wie in den Stadtführern von 1937 und 1941. Vielmehr steht die Darstellung des Wahrzeichens und der touristischen Dienstleistungen der Stadt Münster im Zentrum.

Nichts aber im Film verweist auf das Jahr 1938: keine Herrschaftssymbole, keine militärischen Aspekte, keine Parteibauten. Lediglich der Zwinger fand Eingang, der zwar als HJ-Heim genutzt, aber im Film nicht äußerlich als solches erkennbar war. Das verwundert. Der Bericht im Münsterischen Anzeiger stellt die Untersuchung vor ein quellentechnisches Problem: Bei der Uraufführung des Filmes seien unter anderem die Entstehung der neuen Kasernen wie der Flughafen gezeigt worden – Motive, die sich in dem vorliegenden Film nicht wiederfinden. Damit wird „Westfalens schöne Hauptstadt" zum Exempel für die Möglichkeiten der filmischen Bearbeitung – und den damit verbundenen Problemen bei der Auswertung. Tatsächlich handelt es sich beim im Stadtarchiv erhaltenen Medium um eine zensierte Fassung. Die aufwendige Produktion war für die Wiederverwendung nach 1945 bearbeitet worden. Zwei im LWL-Medienzentrum verwahrte Medien geben Aufschluss über die ursprüngliche Version. Ein Film umfasst die bearbeitete Fassung mit den separaten, entfernten Szenen. Das zweite Medium ist eine

328 Westfalens schöne Hauptstadt, 04:18–05:00. Vgl. Hoffrogge, Wiedertäufermythos, S. 82.

Abb. 25: Oberbürgermeister Hillebrand (links) beim Fahnenschlag vor dem Rathaus, nach dem Krieg entfernte Sequenz aus dem Film „Westfalens schöne Hauptstadt", in: LWL-Medienzentrum, BETASPFA2918inv.5879, ca. 30:31.

Rekonstruktion des LWL-Medienzentrums, das die herausgeschnittenen Szenen an die entsprechenden Szenen einzufügen versucht hat. „Westfalens schöne Hauptstadt" ist dabei ein Teil einer Collage verschiedener Filmspuren aus der Zeit zwischen 1918 und 1939.[329] Die gelöschten Szenen zeichnen dann doch ein anderes Bild: Sie zeigen den Flughafen Loddenheide mit Hakenkreuzen gezierten Flugzeugen, Oberbürgermeister Hillebrand beim Fahnenschlag oder die Flakartillerie-Kaserne (heute bekannt als Oxford-Kaserne). Auch das Gauhaus erhält einen kurzen Auftritt.

Die originale Tonspur des Werbefilmes wurde im Falle der Rekonstruktion des LWL-Medienzentrums durch erläuternde Kommentare überspielt. Es überrasche, dass bis auf die Maschinen bei Loddenheide kein einziges Hakenkreuz abgebildet ist. Auch der Kirche sei wie gewohnt erstaunlich viel Platz eingeräumt worden. Dieser Einschätzung des Medienzentrums kann man sich nur anschließen. Trotz der gewissen Einfärbung durch die entfernten Szenen wirkt der Film auch in der rekonstruierten Fassung trügerisch von Zeit und Regime entrückt.

Über Nutzung und Rezeption ist wenig bekannt. Vermutlich wurde der Film als Vorfilm im Kino gezeigt, geplant waren Vorführungen im In- und

329 Beim ersten Medium handelt es sich um „Westfalens schöne Hauptstadt, in: LWL-Medienzentrum für Westfalen, DVDFA05Inv.11190. Die Rekonstruktion ist ebd. unter der Signatur Beta-SPFA2018Inv.5879 zu finden. In besagter Collage des Medienzentrums ist ebenso eine zensierte Fassung ohne beigefügte gelöschte Szenen erhalten, 35FA056inv.2109.

Ausland.[330] Die Kritiken von Stadt und Lokalpresse fielen wenig überraschend positiv aus und bedachten den Film mit den „höchsten Prädikate[n]".[331] Auch wenn die Rezeption des Filmes im Unklaren bleibt, so schien das Stadtportrait aber offenbar als so gelungen wahrgenommen worden zu sein, dass der Film, wenn auch zensiert, systemübergreifend eingesetzt wurde.

Wie verhalten sich die Ergebnisse zu den Stadtführern und dem Film zu anderen visuellen Darstellungen? Allein in Form von Postkarten erfuhr zum Beispiel das Gauhaus als repräsentatives Parteigebäude eine Visualisierung im touristischen Bereich: 15 Postkarten mit diesem Motiv lassen sich in der Sammlung des Stadtarchivs finden.[332] Auch wenn sich über drei Verleger für die Ablichtung entschieden, sie also mit Abnehmern für das Motiv rechneten, so stehen diese in einem Pool von Postkarten doch einer Vielzahl von Motiven mit weitaus mehr Exemplaren gegenüber.[333] Dass es sich dabei nicht um ein Überlieferungsproblem handelt, wird auch anhand der (vollständig überlieferten) Zeitschrift *Das schöne Münster* deutlich. Zwar tauchen in den über 100 Ausgaben vereinzelt Hakenkreuzfahnen oder uniformierte Personen auf, soweit erkennbar mit Ausnahme zweier Ausgaben allerdings ohne, dass damit explizit geworben würde.[334] Ein Beispiel dafür, wie das Regime fast beiläufig Eingang in „Das schöne Münster" findet, ist das Bild vom Aasee, mit dem das Grün der Stadt beworben wird (Abb. 26).

Für den touristischen Bereich lässt sich festhalten, dass die architektonischen Veränderungen, die das Stadtbild während der NS-Zeit erfuhr, sich kaum bis gar nicht im grafischen Bild widerspiegelten. In den Stadtführern zeigte sich bei genauerem Hinsehen, dass Design und Stadtplan der national-

330 So Minners Einschätzung zu den Kulturfilmen der 50er Jahre, vgl. Minner, Lost, S. 205. Auf die Reichweite über Deutschland hinaus lässt die Information schließen, dass der Film angeblich auch in Dänisch, Niederländisch und Englisch synchronisiert werden sollte, vgl. *Drei Männer kamen aus dem Ratskeller*, in: Münsterischer Anzeiger v. 16.08.1938; *Der Film vom schönen Münster*, in: Münsterischer Anzeiger v. 13.10.1938.

331 *Stadt Münster auf der Leinwand*, in: Münsterischer Anzeiger v. 11.11.1938. Lediglich die Mischung aus Kultur- und Werbefilm wurde moniert, sei aber aufgrund der hohen Kosten bei der Filmproduktion nachvollziehbar.

332 Vgl. Nr. 735, 739, 740, 1331, 1332, 1334, 1338, 1346, 1355, 1357, 1359, 1360, 1364, 1669, 2776, in: StAMs, SLK-PK, diese Anzahl schließt jedoch Dubletten ein.

333 Auch wenn sich durch Datierungsprobleme eine Quantifizierung und Vergleichbarkeit verbietet, so blieb selbst in einer Stichprobe von den wenigen gesicherten Karten von 1933–1945 das Gauhaus mit einem Exemplar weit hinter Motiven wie dem Dom und dem Prinzipalmarkt zurück.

334 Diese Ausgaben werden im nächsten Kapitel eingehender beleuchtet.

Abb. 26: Idylle am Aasee: Hitlerjungen am Ufer im Bildvordergrund, in der Ferne vermutlich Mitglieder des BDM, aufgenommen von der Seite des Gauhauses, in: Das schöne Münster, hrsg. vom Städtischen Verkehrsamt in Verbindung mit Verkehrsverein, Münster 1938 (10), H. 8.

sozialistischen Formgebung entsprechend angepasst wurden. Ebenso ließen sich Akzent- und Bedeutungsverschiebungen unter den Motiven konstatieren, allerdings ausschließlich bei bereits vorhandenen Elementen – weder fanden die Neubauten noch die nationalsozialistischen Feiern Eingang in die auf Visualität ausgerichtete Stadtwerbung. Zum einen erschienen den Verantwortlichen die Neubauten und -akzentuierungen offenbar als wenig geeignet, um damit für die Stadt und um Besucher zu werben. Neben dem Zeitfaktor könnte ein Grund in dem fehlenden Interesse der Besuchenden an der politischen Facette einer vergleichsweise politisch unbedeutenden Stadt wie Münster bestehen, die nur eine von zeitweise 43 Gauhauptstädten darstellte. Zum anderen lässt die grundsätzliche Distanz und das Konfliktpotenzial zwischen Bürgern und Regime darauf schließen, dass die touristische Darstellung Münsters als nationalsozialistische Stadt kaum vereinbar mit dem städtischen Selbstbild der Bürgerinnen und Bürger gewesen wäre.

Wäre eine Vermarktung der Parteibauten für den Fremdenverkehr in einer nationalsozialistischen Zukunft denkbar gewesen? – so lässt sich abschließend in einem Gedankenspiel fragen. Das ist allein aufgrund der entgegengesetzten Mechanismen fragwürdig: Wie für das Gauforum dargelegt, zielte die Stadtbildgestaltung im Nationalsozialismus auf lange Sicht gesehen auf eine städteweite Homogenisierung, in der flächendeckend die nationalsozialistische Größe und Idee einheitlich zum Ausdruck gebracht werden sollte. Diese tendenzielle Nivellierung der Stadtbilder läuft dem touristischen Gedanken der Heterogenisierung, wie ihn Löw beschreibt, völlig zuwider – ist doch das touristische Werben darauf ausgelegt, das Eigene auf dem Markt als einzigartig und damit sehenswert zu positionieren.

4.2. Die propagandistische Indienstnahme des Stadtbildes

Der touristische Blick wurde also kaum bis gar nicht auf die visuelle Inszenierung Münsters im Nationalsozialismus gelenkt. Vielmehr spiegelte sich der Systemwechsel optisch wahrnehmbar im Detail. Städtische Werbung und politische Propaganda[335] sind in einem Herrschaftssystem, das den Anspruch auf Durchsetzung und Kontrolle aller Lebensbereiche erhebt, oft nur schwer voneinander abzugrenzen. Dennoch lag der Fremdenverkehr weitestgehend in den Händen von städtischen Einrichtungen und Dienstleistern.[336] Es liegt also nahe, im folgenden Schritt zu untersuchen, inwiefern die Stadt Münster von der NSDAP selbst im grafischen Bild vermarktet wurde. Da das Stadtbild Münsters von den neuen Machthabern als identitätsstiftendes Moment wahrgenommen wurde, ist andersrum auch zu fragen, inwiefern die NSDAP das Stadtbild für ihre Propaganda einsetzte und es als Medium für ihre Botschaften nutzte.

Der Blick richtet sich dabei auf zwei Aspekte: Zum einen werden die nationalsozialistischen Veranstaltungen in ihrer bildlichen Darstellung genauer

335 Den Propagandabegriff zu umreißen ist aufgrund der fehlenden Trennschärfte zu anderen Kommunikationsformen ein schwieriges Unterfangen, das in verschiedensten Definitionen gemündet ist. Diesem Abschnitt soll ein Verständnis zugrunde gelegt werden, das Propaganda zunächst ganz allgemein als staatliche Informationspolitik versteht. Propaganda definiere ich in Bezug auf den Nationalsozialismus über die nationalsozialistischen Akteure dieser Informationspolitik und über die Bestrebung, bestimmte politische oder ideologische Botschaften zu transportieren. Es sei jedoch darauf verwiesen, dass es sich dabei wie bei dem Stadtbild nach Löw nicht um das Überstülpen bestimmter Inhalte handelt, sondern diese wechselseitig zwischen Sender und Empfänger ausgehandelt werden müssen. Vgl. Vowinckel, Agenten, S. 143.

336 An dieser Stelle sei jedoch noch einmal auf Meckings Erkenntnis verwiesen, dass die Stadtverwaltung und die NSDAP in Münster eng zusammenarbeiten. Die Grenze anhand der Akteure zu ziehen, eignet sich also nur bedingt.

untersucht. Hier erfuhr die nationalsozialistische Stadtbildprägung im gebauten Bild ihren bis dahin stärksten Ausdruck; es ist also zu vermuten, dass sich diese Neuakzentuierung auch im Bild niederschlug. Zum anderen steht mit dem Kiepenkerldenkmal ein integraler Bestandteil des traditionellen Stadtbildes im Zentrum, das von den Nationalsozialisten instrumentalisiert wurde. Dieser stellt ein herausragendes Beispiel für die zeitspezifischen Bedeutungsschichten dar, die über die Jahre über das Bild gelegt wurden.

4.2.1. Das Fest im Bild

Die zahllosen Veranstaltungen waren ein integrales Element der NS-Propaganda, die darauf abzielten, eine spezifisch nationalsozialistische Identität zu stiften.[337] Kapitel 3.1 hat gezeigt, wie das traditionelle Stadtbild Münsters durch Herrschaftssymbole visuell vereinnahmt wurde und als Bühne für die Masse diente, mit deren Hilfe man die *Volksgemeinschaft* zu visualisieren suchte. Doch inwieweit wurden diese theaterähnlichen Veranstaltungen, die stark auf die optische Wahrnehmung ausgelegt waren, im grafischen Bild aufgegriffen?

Zahlreichen Ausdruck fanden die Feste in den Fotografien der tagesaktuellen Lokalpresse, die seit Februar 1933 der Zensur unterstand und als Sprachrohr für die Gauleitung und ihrer Einrichtungen fungierte. Der Erlass des Schriftleitergesetztes, das im Oktober 1933 verabschiedet worden war, besiegelte endgültig das Ende der Pressefreiheit in Deutschland.[338] Parallel dazu wurde zusätzlich ein eigenes Gesetz zu Pressefotografien erlassen, das das Bild enorm aufwertete, indem es dem Text gleichgestellt wurde. Dementsprechend stieg auch die Bedeutung der Pressefotografen, die sich fortan zur Selbstzensur zu verpflichten hatten, „alles aus den Zeitungen fernzuhalten, ‚was geeignet ist, die Kraft des Deutschen Volkes nach außen oder im In-

337 Vgl. Heinz-Jürgen Priamus/Stefan Goch, Propaganda und Macht. Der nationalsozialistische Politikstil, in: dies., Macht, S. 93–98, hier S. 93; Schmidt, Gelsenkirchen, S. 231. S. dazu auch Linda Conze, Die Ordnung des Festes/ Die Ordnung des Bildes, in: Zeithistorische Forschungen/Studies in Contemporary History, Online-Ausgabe, 12 (2015), H. 2, S. 210–235.

338 Dieses regelte vor allem die Zulassung und Ausübung der Journalisten, d.h. es regulierte, wer schreiben durfte. Vgl. Schriftleitergesetz v. 4.10.1933, in: Recht, Verwaltung und Justiz im Nationalsozialismus. Ausgewählte Schriften, Gesetze und Gerichtsentscheidungen von 1933 bis 1945, hg. v. Martin Hirsch u.a., Köln 1984, S. 229–231.

neren [...] zu schwächen.'"[339] Bereits zum 1. Mai 1933 wurden im Münsterischen Anzeiger Fotos zu den Feierlichkeiten des „Tages der Arbeit" gedruckt. Diese umfassten den zu Festanlässen mit Hakenkreuzen gesäumten Hindenburgplatz mit Schlosskulisse, die fahnenbehangene Rednertribüne und den Redner selbst.[340] Diese Form der medialen Aufbereitung lässt sich auch bei weiteren von den Nationalsozialisten vereinnahmten Festen beobachten.[341] Die Bildpraxis soll im Folgenden an den bereits beleuchteten Feierlichkeiten zum Westfalentag 1933, dem Gauparteitag 1935 und dem „Tag des Großdeutschen Reiches" von 1938 nachvollzogen werden.

Für die drei Beispiele lässt sich ein dreistufiger Bildeinsatz aus Vorbereitung, Begleitung und Nachbereitung konstatieren. Der Leser wurde bereits vor Veranstaltungsbeginn nicht nur durch den Text, sondern auch visuell auf die Feierlichkeiten eingestimmt. Tage zuvor fanden sich neben Ankündigungen und Anordnungen von Stadt und Partei auch Bilder, die in Bezug zur Veranstaltung standen.[342] In der Morgenausgabe des Feiertages wurden dann Fotografien der geschmückten Stadt, in der Abendausgabe bereits die ersten Bilder von Aufmärschen und den teilnehmenden Massen in der Stadt abgedruckt. Weitere begleitende Fotografien folgten über die beiden mehrtägigen Veranstaltungen. Einen Tag nach Abschluss ließen unter anderem Sonderseiten die Highlights des Events fotografisch Revue passieren.[343] Ein immer wiederkehrendes Motiv war die in ein Fahnenmeer gekleidete Stadt: Besonders oft abgedruckt wurde dabei der Prinzipalmarkt, an dem

339 Paul, Punkt & Pixel, S. 227. Paul zitiert an dieser Stelle Stiewe, Das Bild in der Presse von 1940. Stiewe war zeitgenössischer Bildtheoretiker des Nationalsozialismus, vgl. ebd., S. 152.

340 Vgl. *So feierte Münster den 1. Mai*, in: Münsterischer Anzeiger v. 3.5.1933.

341 Wie z.B. bei jährlich wiederkehrenden Feiern, wie dem 1. Mai, oder an ein Ereignis gebundene Veranstaltungen, wie die Saarkundgebungen im Zuge der Saarabstimmung 1935.

342 Beim Westfalentag war es das eigens zum Anlass kreierte Abzeichen mit Sachsenross auf Hakenkreuzgrund, beim Gauparteitag die erwähnte Anmarsch- und Aufstellordnung visualisierende Skizze. Vgl. z.B. *Volkskundlicher Kursus am Westfalentag*, in: Münsterischer Anzeiger v. 13.9.1933; *Auf zum Gauparteitag der NSDAP*, in: Münsterischer Anzeiger v. 6.7.1935. Eine derartige Skizze ist auch für den Tag des Großdeutschen Reiches zu finden, *Ein Griff in Münsters Wahlpropaganda*, in: Münsterischer Anzeiger v. 7.4.1938.

343 Vgl. *Bilder vom Westfalentag*, in: Münsterischer Anzeiger v. 18.9.1935; *Generalappell der NSDAP Westfalen-Nord*, in: Münsterischer Anzeiger v. 8.7.1935; *Weitere Bilder vom Gautreffen Westfalen-Nord*, in: Münsterischer Anzeiger v. 8.7.1935; *Münster steht zum Führer!*, in: Münsterischer Anzeiger v. 11.4.1938.

Abb. 27: Pressefoto zum Westfalentag 1933 (Bildunterschrift: „Sonntagnachmittag 12 Uhr auf dem Prinzipalmarkt – Rechts die neue Fahne am Rathaus"), in: Münsterischer Anzeiger v. 18.9.1933.

die Reichs- und Hakenkreuzfahnen an den stadttypischen Bogenhäusern befestigt waren, mit Blick auf die Lambertikirche, sowie die Massenaufmärsche am Hindenburgplatz. Die bildliche Akzentuierung des traditionellen Stadtbildes durch die Herrschaftssymbole fand nicht nur Eingang in die Zeitungsausgaben, sondern erschien oftmals zentral auf der Titelseite.[344]

Die Fotografien in diesem Fall auf eine rein dokumentarische Funktion zu verkürzen, greift zu kurz. „Via Pressefotografie hielt die Weltgeschichte Einzug in die privaten vier Wände"[345], so Paul zur wichtigen Funktion der Pressefotografie: Betrachtende, die nicht vor Ort waren, konnten durch den immersiven Charakter der Fotografie raum- und bis zu einem gewissen Grad auch zeitentbunden medial vermittelt an der Veranstaltung teilnehmen.[346] Die Fotografie als Medium mit dem Schein von „ungebrochen[er] Augenzeugenschaft"[347] konnte damit die Reichweite der Veranstaltungen

344 Vgl. *Das Treuebekenntnis der Westfalen*, in: Münsterisches Anzeiger v. 18.9.1933; *Generalappell der NSDAP Westfalen-Nord*, in: Münsterischer Anzeiger v. 8.7.1935.

345 Paul, Jahrhundert, S. 16.

346 Vgl. ebd., S. 15f. ders., Punkt & Pixel, S. 216.

347 Ebd., S. 14; s. auch Vowinckel, Agenten, S. 143.

und die dabei durch Visualität ausgedrückten Botschaften potenzieren. So war es selbsterklärtes Ziel der Nationalsozialisten, dass ihre Propaganda „bis in den entlegensten Ort unseres großen Vaterlandes flutete, die bis in einsame Zimmer ihr Echo trugen."[348] Auch den Teilnehmenden eröffnete die Fotografie neue visuelle Erfahrungen durch erweiternde Perspektiven: War der Teilnehmer in der Masse nicht in der Lage, die Veranstaltung zu überschauen, ermöglichten erst die aus der Vogelperspektive aufgenommenen Bilder in vollem Maße die Wahrnehmung des Ordnungscharakters und vermittelten ihm nachträglich ein Gefühl für die eigene Größe.[349] Die bildliche Darstellung vermochte es zudem, die visuellen Erfahrungen und die damit verknüpften Emotionen der Teilnehmer zu reaktivieren. Paul ordnet die Funktion des Bildes als so bedeutend ein, dass er die reale Veranstaltung der medial vermittelten nachordnet: Am Beispiel von Leni Riefenstahls *Triumph des Willens* argumentiert er, die Kulisse sei vorrangig aus dem Grund gestaltet worden, um sie im Foto abzulichten und medial aufbereitet einem größeren Publikum zugänglich zu machen.[350]

Die vorliegende Pressefotografie ist ein Beispiel für die immersive Kraft der Fotografien. Die Szenerie wird von einer leicht erhöhten Position aufgenommen, sodass der Betrachter die Ordnung der Reihen erkennen kann, jedoch noch tief genug, um sich als Teilnehmer in den hinteren Reihen der Aufstellung zu wähnen. Der Blick wird entlang der Reihen auf die Bühnen gelenkt, zu der der Betrachter aufgrund der Perspektive unweigerlich aufblickt.

Neben dem reichen Bildmaterial ist ein Film(-ausschnitt) zum Westfalentag erhalten, der die Stadt in ihrem Festgewand präsentiert.[351] Durch die bewegten Bilder entfaltet der Film einen noch stärkeren Immersionsgrad als die Fotografie. Neben dem Filmen der Festarchitektur vor dem Schloss und der auf den Hindenburgplatz strömenden Menschen (Abb. 1 und 2) tritt diese Fähigkeit an einer Szene besonders hervor: Die Kamera hält die fahnenbehangene

348 *Münster steht zum Führer!*, in: Münsterischer Anzeiger v. 11.4.1938.

349 Wie z.B. *Das Treuebekenntnis der Westfalen*, in: Münsterischer Anzeiger v. 18.9.1933; *Generalappell der NSDAP Westfalen-Nord*, in: Münsterischer Anzeiger v. 8.7.1935; vgl. auch Paul, Punkt & Pixel, S. 254.

350 Vgl. ebd., S. 256.

351 Über dessen Entstehung, Konzeption und Einsatz ist nichts bekannt. Als gesichert dürfte allerdings gelten, dass es sich um professionelle, zumindest aber nicht um Privataufnahmen handelte. Die Szenen sind Teil der vom LWL-Medienzentrum zusammengesetzten Collage, in der auch die zensierte Fassung von „Westfalens schöne Hauptstadt" erhalten ist, in: LWL-Medienzentrum Westfalen, 16FA1128inv.2037.

Abb. 28: Pressefoto des Münsterischen Anzeigers zum Gauparteitag 1935, die Bildunterschriftet lautet: „Ein Blick vom Aufmarschgelände beim Generalappell auf dem Hindenburgplatz auf die Tribüne", in: Münsterischer Anzeiger v. 8.7.1935.

Salzstraße mit der Lambertikirche im Hintergrund fest. Der Blick des Betrachters wird von den schwarz-weiß-roten und Hakenkreuzflaggen gesäumt und hin zu einer großen Hakenkreuzflagge in der Bildmitte gelenkt. Vor dieser Flagge stoppend, fährt die Kamera nach unten und führt den Betrachter entlang der Fahnen in das Treiben auf den Straßen.[352] Die visuelle Suggestion des Schulterschlusses zwischen westfälischer Bevölkerung und NS-Regime wurde durch ein Nebeneinander von Flaggen der NSDAP, des Kaiserreiches und Westfalens, aber auch durch geschickte Bildtechniken lanciert: Bei der Parade durch die Stadt wurden abwechselnd Vertreter der NSDAP sowie ihrer Gliederungen und Vertreter der westfälischen Kultur gefilmt, zum Beispiel als Kiepenkerl verkleidete Männer oder Frauen in Trachten. Der Bildwechsel wird immer rascher, bis schließlich beide Sphären symbiotisch zusammenfallen: Trachtengruppen und nationalsozialistische Fahnenträger werden bildlich zusammen abgebildet.[353] Genau wie in den Presseartikeln zum Festschmuck nahegelegt wurde, doch vor allem die Hakenkreuzflagge als Bekenntnis zu hissen, spiegelt sich im Film ein Miteinander, das nicht unbedingt von gleichberechtigten Partnern geprägt war: Das Hakenkreuz stellte zumindest im grafischen Bild des Westfalentages das dominante Symbol in der Stadt dar. Die nationalsozialistischen Feiern wurden also sowohl in der Fotografie als auch im Film medial aufbereitet und bildlich präsentiert.

Die Große Prozession hingegen, von der 1933 noch großzügig Bilder zur Demonstration der Einmütigkeit von Kirche und neuen Machthabern ab-

352 Vgl. ebd., 04:15–04:59.
353 Vgl. ebd., 04:59–05:54.

Abb. 29 und 30: Flaggenbehangene Salzstraße, Westfalentag 1933, Filmstills, in: LWL-Medienzentrum, 16FA1128inv.2037, ca. 3:19–3:21.

gedruckt worden war[354] und 1935 direkt am Montag nach dem Gauparteitag abgehalten wurde, fand nur geringes mediales Echo: Lediglich ein zweispaltiger Artikel mit einem Foto wurde abgedruckt.[355] Zwar hinkt der Vergleich insofern, dass die Große Prozession ein jährliches stattfindendes Ereignis darstellt, das zumindest nicht die Größe des Westfalentages und Gauparteitages erreichte. Doch hatte die über Jahrhunderte gepflegte Tradition eine besondere Bedeutung für die katholische Bevölkerung Münsters, von der man erwarten würde, dass sie sich dementsprechend medial niederschlägt. Gerade im Jahr 1935 hatte aus Protest zu dem auf dem Gauparteitag gefahrenen kirchenfeindlichen Kurs eine enorme Zahl an Gläubigen an der Prozession teilgenommen, die die der Vorjahre weit übertraf.[356] In der Presse wurde demnach nicht nur Ereignisse über Fotografien dauerhaft sichtbar gemacht, sondern auch Sichtbarkeiten entzogen.

Eine zeitliche Entwicklung lässt sich auch anhand der Pressefotografien von 1933 und 1935 konstatieren:[357] Schon bei den Stadtführern war eine Zunahme von Fotografien zu beobachten, die zeigt, dass das Potenzial des Mediums auch in Münster erkannt und genutzt wurde. Allerdings kann die dichter werdende Bebilderung nicht ausschließlich auf propagandistische Erwägungen des Regimes zurückgeführt werden, sondern auch auf technische Entwicklungen und voranschreitende Medialisierung. Auch die Perspektiven und Motive änderten sich leicht: Waren 1933 noch Personen, oft in der Nahaufnahme, abgebildet, verschob sich das Verhältnis 1935 zugunsten des gestalteten Festraumes Stadt. Während sich die Gestaltungselemente wie Fahnen, Licht und Uniformierte von denen anderer Städte nicht unterschieden, barg das traditionelle Stadtbild Wiedererkennungswert. Selbst beim Pressefoto des Lichtdoms zum Tag des Großdeutschen Reiches wird die Stadtsilhouette mit abgebildet: Trotz dunkler Nacht ist erkennbar, dass sich die grellen Lichtkegel über die charakteristischen Türme der Stadt wölben.

Das zeigt sich neben den Pressefotografien auch anhand zweier Ausgaben der Kulturzeitschrift *Das schöne Münster*, die sich zur NS-Propaganda zählen lassen: Im September 1933 wurde das Heft „Münster unterm Hakenkreuz",

354 Vgl. *Der Tag der Großen Prozession*, in: Münsterischer Anzeiger v. 11.7.1933.

355 Vgl. *Die große Prozession*, in: Münsterischer Anzeiger v. 8.7.1935.

356 Vgl. Kuropka, Münster, S. 315.

357 Die Bilder des Tages des Großdeutschen Reiches können insofern nicht in die Entwicklung miteinbezogen werden, als sich dieser zu sehr in Umfang und Teilnehmerzahl von den Großveranstaltungen unterscheidet und somit keine Vergleichbarkeit gegeben ist.

im Juni 1939 die Sonderausgabe „Das nationalsozialistische Münster" veröffentlicht.[358] Wurden die Hefte für gewöhnlich vom städtischen Verkehrsamt und Verkehrsverein herausgegeben, so wird in den zwei Ausgaben die Kreisleitung der NSDAP als Herausgeber genannt. Diese Hefte unterscheiden sich auch aufgrund ihrer politischen Dimension thematisch stark von den sonst natur-, historisch-, kultur- und kunstorientierten Sujets. So urteilt Kuropka in Bezug auf *Das schöne Münster*, die Zeitschrift habe weiterhin eine Idylle suggeriert, die längst nicht mehr bestand; bis auf die Sonderhefte habe kaum etwas auf eine größere Zäsur im Alltagsleben hingedeutet.[359] Exponiert wirken die Ausgaben ebenso durch die veränderte Typografie: Verwendete man sonst die als romanisch geltende Antiquaschrift, wurden die Sonderhefte durch die überwiegende Verwendung der zu diesem Zeitpunkt vom Regime favorisierten Frakturschrift optisch hervorgehoben.[360]

Da das traditionelle Stadtbild als wichtiger Anknüpfungspunkt zwischen Bevölkerung und Regime erachtet wurde, ist überraschend, dass in der Ausgabe vom September 1933 wenig mit diesem Bild gearbeitet wurde. Nach einer seitenlangen Vorstellung der verschiedenen Parteiorganisationen und -gliederungen Münsters mit Gruppenfotos,[361] folgen Fotos von kleineren Aufmärschen in der Stadt. Die Fotografien hingegen haben keinen städtischen Wiedererkennungswert, sie könnten in den Straßen einer beliebigen deutschen Stadt stattgefunden haben, zumal die Bildunterschriften nicht auf Münster verweisen. Ausnahmen bilden lediglich die Titelseite und drei kleinere Fotografien auf der letzten Seite.[362]

Sechs Jahre später hingegen zeigt sich schon an dem Titel „Das nationalsozialistische Münster" stärker der Anspruch, die Stadt zu vereinnahmen und gewissermaßen zu durchsetzen, was sich auch bildlich ausdrückte: Waren noch 1933 auf der Titelseite einige Hakenkreuz schwenkende Uniformierte abgelichtet worden, zierte 1939 ein langer Marsch die Titelseite. Der wurde nicht nur vom traditionellen Stadtbild, dem Rathaus zur linken, den

358 Das schöne Münster, hg. v. Städtischen Verkehrsamt in Verbindung mit dem Verkehrsverein, Münster 1933 (5), H. 15; Das schöne Münster, hg. v. der Kreisleitung der NSDAP, Münster 1939 (11), H. 6.

359 Vgl. Kuropka, Münster, S. 320f. Allerdings scheint Kuropka das Heft von 1939 nicht bekannt zu sein, weshalb er sich ausschließlich auf die Ausgabe von 1933 bezieht.

360 Zumindest lässt sich diese Hervorhebung durch Schrift für 1933 konstatieren, 1939 war dann bereits die Frakturschrift für alle Ausgaben eingeführt worden.

361 Vgl. Das schöne Münster 1933, H. 15, S. 226–232.

362 Vgl. ebd., s. z.B. S. 245; 247.

Abb. 31: Doppelseite aus *Das schöne Münster* „Münster die nationalsozialistische Stadt", 1939, in: Das schöne Münster, hg. v. der Kreisleitung der NSDAP, Münster 1939 (11), H. 6.

Bogenhäusern zur rechten Seite und den wehenden Fahnen gerahmt, sondern diesmal auch von einer breiten Zuschauerschar, die Rückhalt und Zustimmung suggeriert. Diese Abbildung findet sich auch in derselben Ausgabe erneut auf einer Doppelseite zusammen mit einer Menschenmasse in der Halle Münsterland mit der Überschrift „Münster ist nationalsozialistisch!"

Anders als 1933 wird hier nicht mehr so deutlich der einzelne Mensch als vielmehr die gesichtslose, in Formationen organisierte Masse abgebildet.[363] Diese in der Festarchitektur zum Ausdruck gebrachte *Volksgemeinschaft* wurde also auch im grafischen Bild sichtbar gemacht. Dabei lässt sich festhalten, was auch Klaus Hesse am Beispiel Berlins herausgearbeitet hat: Die Pressebilder zeichneten „ein Bild der ‚geschönten Wirklichkeit', in dem sich die nationalsozialistische Vorstellung der sozial homogenen, harmonischen ‚Volksgemeinschaft' in festen bildsprachlichen Formeln und Sujetmustern artikulierte."[364]

Welche Schlüsse lassen sich aus diesem Befund ziehen? Zunächst ist festzuhalten, dass die unter Kapitel 3.1 beschriebene Festarchitektur aus Fahnen,

363 So z.B. bei der Fotografie vom Hindenburgplatz aus der Vogelperspektive, vgl. Das schöne Münster 1939, H. 6, S. 6. Zu diesem Ergebnis kommt auch Conze in ihrer Untersuchung, die sich jedoch auf Privatfotografien bezieht, vgl. Conze, Fest, S. 224f.

364 Hesse, Gelenkte, S. 285.

Massen und Tribünen im grafischen Bild eine nachträgliche Visualisierung erfuhr. Durch die visuelle Okkupation des Stadtbildes konnte nicht nur der „permanente Visualisierungsbedarf der NS-Macht“[365] befriedigt, sondern auch eine Verbindung zur Bevölkerung hergestellt werden. Über die vertraute Stadtkulisse stellten sich die Nationalsozialisten in die Tradition der Stadt und legitimierten durch die Rahmung ihre Herrschaft. So war weniger die Abbildung im Bild darauf ausgerichtet, die Neuakzentuierung des Stadtraumes zu propagieren, sondern vielmehr erfolgte die nationalsozialistische Propaganda über das traditionelle Stadtbild.

Anders als die auf Ewigkeit angelegten Bauten der Partei waren die Feiern zeitlich begrenzt, die visuelle Inszenierung also auf wenige Tage beschränkt. Der ubiquitäre Charakter der Fotografie hingegen vermochte es, die Stadtbildgestaltung aus der zeitlichen und räumlichen Fixierung zu lösen; die Fotografie konnte überall und zu jeder Zeit betrachtet werden.[366] Durch die fotografische Abbildung in verschiedenen Medien erfuhr die Neuakzentuierung des traditionellen Stadtbildes gewissermaßen eine Entzeitlichung. Durch das Bild wurde also ein Eindruck von Dauerhaftigkeit erweckt, die so nicht gegeben war. Ebenso konnte mit den Bildern von den teilnehmenden Massen, sowohl der Zuschauer als auch der Aufmarschierenden, und dem Festschmuck in der Stadt ein Bild der Affirmation und der intakten *Volksgemeinschaft* gezeichnet werden. Das Medium konnte diese im Bild vermittelte Botschaft über die räumliche Begrenzung hinaus an Nicht-Teilnehmende transportieren.

Wie bei der Dauer bestand jedoch auch hier eine Diskrepanz zwischen Bild und Realität. Die Distanz der Bevölkerung gegenüber den neuen Machthabern war beispielsweise beim Gauparteitag durch die Auftritte Rosenbergs und Fricks so groß wie nie. Zudem wurde in einem internen Bericht moniert, dass zwar in der Innenstadt ausgiebig geflaggt worden sei, aber „in den Außenvierteln die Beflaggung mit Hakenkreuzfahnen zu wünschen übrig“ gelassen habe.[367] Darin mag auch ein Erklärungsansatz für die Zunahme der Bilder liegen: So ist denkbar, dass die Funktion der Bilder darin bestand, die tendenziell fehlende Affirmation in Münster durch die im Bild vermittelte Affirmation zu kompensieren. Anhand der Untersuchung zum Fest im Bild wird also deutlich, dass in der NS-Propaganda Sichtbarkeiten neu verteilt

365 Ebd., S. 279.

366 Vgl. Christoph Hamann, Zum Eigensinn der Fotografie, in: Handro, Visualität, S. 23–35, hier S. 24.

367 Bericht der Staatspolizeistelle zum Gautreffen der NSDAP in Westfalen-Nord v. 8.7.1935, in: BArch, Kanzlei Rosenberg NS 8/152; Kuropka, Münster, S. 315.

wurden: So konnte durch das Bild eine zweite Realität vermittelt oder gar hergestellt werden, während anderen Bereichen und Gruppen Sichtbarkeit entzogen und damit auch der Anspruch auf Realität infrage gestellt wurde.

Insgesamt bleibt jedoch offen, inwiefern die Bilder explizit strategisch eingesetzt wurden.[368] Auch ist es schwierig, die Bildpropaganda quantitativ einzuordnen. Im Hinblick auf *Das schöne Münster* lässt sich sagen, dass die nationalsozialistische Propaganda auf den Raum der zwei Sonderausgaben begrenzt blieb. Dadurch, dass propagandistische Ausgaben so selten waren und auch sonstige Hefte politische Symbole und Botschaften vermissen lassen, wirken die beiden Ausgaben geradezu seltsam entrückt.

Ebenso wie die Quantität lässt sich auch das Erfolgspotenzial nur schwer bestimmen. Aufgrund fehlender Quellen, etwa des Gaupropaganda- und Gaupresseamtes, können nur sehr allgemeine Aussagen getroffen werden. Es ist möglich, dass die Einbeziehung des traditionellen Stadtbildes die Inszenierung für den lokalen Betrachter annehmbar machte. Genauso könnte die starke Vereinnahmung bei ohnehin schon bestehenden Friktionen auf Ablehnung gestoßen sein. Es sei jedoch darauf verwiesen, dass es sich bei der NS-Propaganda wie bei dem Stadtbild nach Löw nicht um das Überstülpen bestimmter Inhalte handelte, sondern diese wechselseitig zwischen Sender und Empfänger ausgehandelt werden mussten.[369] So kann zumindest aus Sicht der Machthaber die Feier-Propaganda und ihre Visualisierung im Bild auf nicht ganz unfruchtbaren Boden gefallen sein.

4.2.2. „Wi staoht fast!": der Kiepenkerl im Bombenhagel

„Das Denkmal soll erhalten bleiben, weil es künstlerischen und heimatlichen Wert hat."[370] Mit dieser kurzen Begründung wurde der Abriss der Kiepenkerl-Statue im Zuge der kriegsbedingten Einschmelzungen von Beginn an

368 So wäre denkbar gewesen, dass ab 1936, also ab dem Zeitpunkt, an dem nur noch wenige Feiern in vergleichbarer Größe in Münster stattfanden, noch mehr Bilder der wenigen verbleibenden Feiern in der Berichterstattung eingesetzt wurden, um die Abnahme zu kompensieren. Die Quellen können dies jedoch nicht bestätigen. Die Pressebilder nahmen im Verlaufe des Krieges sogar wieder ab, das Bild-Text-Verhältnis kehrte sich wieder zugunsten des Textes um. Das scheint weniger münsterspezifisch als vielmehr ein allgemeiner Trend gewesen zu sein, wie die Untersuchung Hesses am Beispiel Berlins zeigt, vgl. Hesse, Gelenkte, S. 282.

369 Vgl. Vowinckel, Agenten, S. 143.

370 Erstmals in Entscheidung der Gutachter v. 25.6.1941, in: StAMs, Fach 155, Nr. 15.

verhindert. Was hinter dieser knappen, standardisierten Formel, vor allem dem „heimatlichen Wert", tatsächlich steckt, sei im Folgenden kurz umrissen. Als das Denkmal um die Jahrhundertwende eingeweiht wurde, waren die Landboten charakteristisch mit Pfeife, blauem Kittel, rotem Halstuch und der namensgebenden Kiepe, ein geflochtener Tragekorb, auf dem Rücken als reale Personen bereits größtenteils aus dem Stadtbild verschwunden.[371] Bis in das 15. Jahrhundert reichen die Wurzeln der umherziehenden Händler, die regionale Produkte vom umliegenden Land in die Stadt brachten, um sie dort zu verkaufen.[372] Spätestens mit der Errichtung des Denkmals 1896 durch den Bildhauer August Schmiemann war die Transformation von der eigentlichen Person des Händlers zu einer mit Bedeutung aufgeladenen Figur in der öffentlichen Wahrnehmung angestoßen, wenn nicht gar vollzogen.[373] Durch das Pendeln zwischen Stadt und Land fungierten sie seit jeher als Verbindungspersonen der zwei Sphären. Mit einsetzender Traditionsbildung Anfang des 20. Jahrhunderts versinnbildlichte der Kiepenkerl im Kontext von Industrialisierung wie Urbanisierung die ländliche Prägung Münsters und bildete als Andenken an die „gute alte Zeit" einen wohltuenden Kontrast zur Hektik des beschleunigten Lebens.[374] Zeitgleich avancierte er zum Sinnbild der Münsteraner und Münsterländer und deren vermeintlichem Wesen; er stand für die ihnen zugesprochenen Charakteristika, wie Bodenständigkeit und Gemächlichkeit.[375] Damit stellte das Kiepenkerldenkmal eine wichtige lokale Identifikationsfigur für Stadt, Land und Leute dar und war im Stadtbild fest verankert – der „heimatliche Wert" war also durchaus gegeben.

Nach Carolin Hasenauer lässt sich ab 1936 eine zunehmende Instrumentalisierung des Kiepenkerls konstatieren, was sich mit der Analyse der Stadtführer deckt, in denen das Kiepenkerldenkmal erst ab 1937 bildlich auftaucht.[376] Wie beim Westfalentag von 1933 suchte das NS-Regime über das Denkmal einen Brückenschlag zur konservativen Bevölkerung Münsters: Der Kiepenkerl als Gegenpol zum beschleunigten Großstadtleben bot den Nationalsozialisten in ihrer grundsätzlichen Großstadtfeindlichkeit einen wichtigen

371 Vgl. Carolin Hasenauer, Der Kiepenkerl, in: Lena Krull (Hg.), Westfälische Erinnerungsorte. Beiträge zum kollektiven Gedächtnis einer Region, Paderborn 2017, S. 297–304, hier S. 299.

372 Vgl. Thier, Kiepenkerldenkmal.

373 Vgl. Hasenauer, Kiepenkerl, S. 298.

374 Vgl. ebd. S. 299, s. auch Thier, Kiepenkerldenkmal.

375 Vgl. Bergenthal, Münster 1985, S. 112; Hasenauer, Kiepenkerl, S. 298.

376 Vgl. ebd., S. 299; Stadtführer [1937], S. 99, 101, Stadtführer [1941], S. 99, 101.

Anknüpfungspunkt,[377] ebenso wie die in der Figur versinnbildlichte Heimatverbundenheit: „Sie legten bald die Kiepe ab und fuhren mit Planwagen über Land, vergaßen aber nicht, regelmäßig in die Heimat zurückzukehren [...]. Zu tief steckte ihnen das Heimaterbe im Blut."[378] Die betonten Eigenschaften des Kiepenkerls ließen sich reibungslos für die Ideologie von Blut-und-Boden fruchtbar machen, die von einem der ‚Rasse' zugehörigen Raum ausgeht. Karl Ditt zeigt auf, dass diese einer Kulturpolitik von Stammes- und Kulturraumvorstellungen entspricht, die vom Provinzialverband und den dazugehörigen Einrichtungen bereits vor 1933 betrieben worden war. Wesentliche Schnittmengen bestanden in der Vorstellung, dass das Wesen der Menschen durch ‚Rasse', Volkstum und Raum bestimmt werde, sowie in der Kritik, Zivilisation und Moderne seien „volkstumszerstörend".[379] Damit wurde der Kiepenkerl und das ihm gewidmete Denkmal zum wichtigen Verbindungsglied zwischen bereits praktizierter Kulturpolitik, Bevölkerung und NS-Regime, was ihn damit zum geeigneten Objekt für die NS-Propaganda machte.

Das schlägt sich besonders in zwei Bildquellen nieder, die den Kiepenkerl ideologisch vereinnahmten: eine Pressefotografie, die 1939 zunächst in *Das schöne Münster* und dann im Münsterischen Anzeiger gedruckt wurde, und ein Propagandaplakat von 1943/44.[380] Das Foto von 1939 entstand anlässlich Hermann Görings Geburtstags am 12. Januar. Gauleiter Meyer hatte nach Berichten des Münsterischen Anzeigers Geburtstagsgrüße durch einen als Kiepenkerl verkleideten Boten entsprechend seiner historischen Funktion überbringen lassen.[381]

377 Wie in zeitgenössischen Publikationen unterstrichen wurde: „Die Entwicklung von Wirtschaft und Verkehr hat ihm arg mitgespielt. Es fällt seinen Nagelschuhen begreiflicherweise nicht leicht, mit Eisenbahn und Lastauto den Wettlauf aufzunehmen." Vgl. Bergenthal, Münster steckt voller Merkwürdigkeiten, Münster 1939, S. 69.

378 Ebd.

379 Karl Ditt, Der Raum Westfalen im 19. und 20. Jahrhundert als Gegenstand der Kulturpolitik, in: Bernd Walter/Wilfried Reininghaus (Hg.), Räume – Grenzen – Identitäten. Westfalen als Gegenstand landes- und regionalgeschichtlicher Forschung, Paderborn 2013, S. 139–170, hier S. 153.

380 Bei Letzterem ist der Entstehungszeitpunkt unklar; während Thier das Plakat auf 1944 datiert, wird beim LWL-Museum für Kunst und Kultur 1943 angegeben, vgl. Thier, Kiepenkerldenkmal; Druckgrafik „Trotzdem und dennoch Wi staoht fast!", Sammlung LWL Museum für Kunst und Kultur (online abrufbar unter: https://www.lwl.org/AIS5/Details/collect/9507, 2.11.2022).

381 Vgl. „*Grüßen Sie mir die Westfalen!*", in: Münsterischer Anzeiger v. 15.11.1939.

Abb. 32: Pressefotografie von der Glückwunschübergabe durch den Kiepenkerl (verkörpert durch Dr. Bernd Bietendüwel) an Hermann Göring, abgedruckt in: *Das schöne Münster* „Münster die nationalsozialistische Stadt", 1939, in: Das schöne Münster, hrsg. v. der Kreisleitung der NSDAP, Münster 1939 (11), H. 6.

Dass es sich weniger um einen Schnappschuss als vielmehr um ein inszeniertes Bild handelt, legt das durchdachte Arrangement der Bildelemente nahe: Die Fotografie zeigt den Kiepenkerl-Darsteller, Dr. Bernd Bietendüwel, auf der linken, Göring mit freudig lachendem Gesichtsausdruck auf der rechten Seite, zu Füßen des Kiepenkerls die mit münsterländischen Waren beladene Kiepe. Im Bildzentrum steht der Moment der Übergabe einer Flasche, die die Protagonisten zeitgleich halten und über die die zwei Bildkörper ununterbrochen verbunden sind. Gekrönt wird die Szene von einem darüber hängenden Hakenkreuz aus dem Hintergrund, das dennoch gut sichtbar ist. Einige Zuschauer im Bildhintergrund rahmen den Akt als bedeutsam und feierlich.[382] Als Fotograf oder auch Urheber wird in dem Pressedruck Hoffmann angegeben, bei dem es sich wahrscheinlich um den Haus- und Hoffotografen Hitlers, Heinrich Hoffmann, handelte. Zuerst wurde das Bild zeitnah im Münsterischen Anzeiger veröffentlicht, einige Monate später dann in der bereits vorgestellten Ausgabe von 1939 in *Das schöne Münster*.[383]

382 Nach Angabe des Münsterischen Anzeigers handelte es sich dabei u.a. um Reichsminister Kerrl und Generalinspektor Todt, vgl. ebd.

383 Vgl. *„Grüßen Sie mir die Westfalen!"*, in: Münsterischer Anzeiger v. 15.1.1939; Das schöne Münster 1939, H. 6, S. 41.

Der begleitende Text im Münsterischen Anzeiger gibt keinen Aufschluss über die Intention – spricht doch die fotografierte Szene eine klare Bildsprache: Über die Figur des Kiepenkerls in seiner semantischen Aufladung wurde eine Verbindung, ein Schulterschluss zwischen NS-Regime und der über den Darsteller verkörperten Stadt, ihrem Umland und der Bevölkerung durch visuelle Inszenierung suggeriert. Das die Szene überthronende Hakenkreuz und der Übergabeakt lassen die Lesart zu, dass es weniger ein symmetrisches Verhältnis symbolisiert als vielmehr, dass sich die Region durch Gauleiter Meyer in den Dienst der Partei und ihre Vertreter stellte. In der Ausgabe der Kulturzeitschrift *Das schöne Münster* wurde die Fotografie hingegen als Bild-Text-Collage abgedruckt. In der oberen rechten Ecke wurde ein Foto vom Kiepenkerldenkmal und in der unteren linken Ecke das Bild mit Göring positioniert. Neben den knappen Bildbeschreibungen werden diese verbunden durch ein Gedicht Karl Wagenfelds, das regionaltypisch in Niederdeutsch verfasst ist und sinngemäß die Verwurzelung des westfälischen Menschen samt Wesen und Kultur in Vergangenheit, Gegenwart und Zukunft beschwört: „*Westfoalen will wi bliewen// Uff' Blagen söllt et wären// Drum haollt uff' Land und Volk,// Uff' Sproak un Art in Ehren.*"[384] Damit wird noch einmal bekräftigt, dass der Kiepenkerl längst zu einem Symbol für die Menschen der Region in Stadt und Land geworden war. Auch die Interpretation des Bündnisses zwischen Partei und Region wird durch dieses Arrangement untermauert, indem das Foto mit Göring, der Kiepenkerl und das Gedicht in direkten Zusammenhang gebracht wurden. Aus dem Münsteraner Glückwunschüberbringer schien sich eine Art Tradition zu entwickeln – zumindest bedankte sich Göring 1941 erneut für die vom Kiepenkerl überbrachten Geschenke zum Geburtstag.[385]

Ob das Bild außerhalb des Gaus Westfalen-Nord verwendet und publiziert wurde, lässt sich jedoch ebenso wenig eruieren wie die Wirkung bei den Betrachtenden. Eine Notiz in Paulheinz Wantzens Kriegstagebuch gibt jedoch Aufschluss darüber, dass die Fotografie oder zumindest das Ereignis im Gedächtnis geblieben war.[386]

384 Vgl. ebd.

385 Vgl. Schreiben von Göring an Meyer v. 13.2.1941, in: LAV NRW, Abt. OWL, D 72, NL Meyer Nr. 80.

386 Der Bombenangriff hatte auch der „Gattin von Dr. Bernd Bietendüwel, der immer mit so herrlichem Humor den münsterischen Kiepenkerl (u.a. auch bei den Geburtstagen von Hermann Göring) verkörperte", das Leben gekostet. Vgl. Paulheinz Wantzen, Das Leben im Krieg 1939–1946. Ein Tagebuch. Aufgezeichnet in der damaligen Gegenwart von Paulheinz Wantzen, Bad Homburg 2000, S. 1186. Allerdings reprä-

1944 bediente sich das nationalsozialistische Regime erneut des Kiepenkerls. Die Instrumentalisierung bezog sich nunmehr auf das Denkmal als stadtbildprägendes Wahrzeichen. In Form eines Plakates wurde es im Kontext von Krieg und Durchhaltepropaganda bildlich dargestellt. Der Bombenangriff vom 10. Oktober 1943 ging in jeglicher Hinsicht als der verlustreichste aller Angriffe in die Geschichte Münsters ein: Neben den rund 650 Toten, die die Bevölkerung zu betrauern hatte, waren massive Zerstörungen innerhalb des Promenandenrings das Ergebnis. Wie ein Abgesang auf das alte Stadtbild mutet daher der 10. Oktober in der Rückschau an: Das Stadtbild, wie es gewesen war, sollte es ab diesem Zeitpunkt nicht mehr geben, bis es in den Folgeangriffen fast bis zur Unkenntlichkeit zerstört wurde.[387] Wie schmerzlich der Verlust des über Jahrhunderte gewachsenen Stadtbildes war, zeigt sich nicht zuletzt in der Reihenfolge der Berichterstattung, in der zuerst die Zerstörung der traditionsreichen Häuser und dann erst die Opfer beklagt wurden.[388] In Trümmern lag auch der Spiekerhof nach den Angriffen. Lediglich das Denkmal des Kiepenkerls war stehen geblieben. Eine Fotografie des Münsteraner Pressefotograf Clemens Hülsbusch hält die Szene nach den Angriffen vom 10. Oktober fest.[389]

sentiert Wantzen durch seine tendenzielle Nähe zum Nationalsozialismus und durch die Bekanntschaft mit eben jener verstorbenen Gattin nicht den durchschnittlichen Münsteraner Betrachter.

387 Vgl. Kuropka, Münster, S. 325; 10. Oktober 1943 – Bombenangriff (online abrufbar unter: https://www.stadt-muenster.de/museum/ausstellungen/rueckblick/10-oktober-1943-bombenangriff.html, 14.11.2022). Dabei wurden bspw. erste Giebelhäuser und die Aegiidistraße sowie die Rothenburg zerstört. Ebenso wurde u.a. von Zerstörungen am Drubbel und Roggenmarkt berichtet. Diese Angaben sind jedoch mit Vorsicht zu genießen, handelt es sich bei der Quelle um eindeutige Kriegspropaganda durch das Gaupresseamt, *Schamloser Terrorangriff auf Münster*, in: Münsterischer Anzeiger v. 12.10.1943.

388 Vgl. ebd.

389 Clemens Hülsbusch (1894–1964) war Pressefotograf in der Redaktion des Münsterischen Anzeigers. Hülsbuschs Fotografien stellen eine wertvolle Quelle dar, indem sie sowohl die offiziellen Anlässe im Nationalsozialismus wie auch die Zerstörungen der Luftangriffe dokumentieren. Gerade letzteres stellt eine Ausnahme dar, war das Fotografieren der Trümmer strengstens verboten. Hülsbusch erhielt jedoch eine Sondergenehmigung. Kurz vor Kriegsende wurden die meisten Negative vernichtet, vgl. Prinzipalmarkt 1932–1952. Fotografisch dokumentiert von Clemens Hülsbusch, hg. v. Hans Galen im Auftrag der Stadt Münster, Münster 1990; Axel Schollmeier, Der Prinzipalmarkt in Münster. Fotos 1857 bis 1958, hg. v. Stadtmuseum Münster, Münster 2010, S. 11.

Abb. 33: Das Kiepenkerl-Denkmal in den Trümmern, aufgenommen von Clemens Hülsbusch, in: StAMS, FS-WVA, Nr. 18851.

Dieses Motiv diente als Vorlage für das besagte Propagandaplakat:[390] Das Farbplakat bildet eben jene Grundszene in Form einer Zeichnung ab und lässt einen Bildpathos nicht vermissen: Inmitten einer rauchenden Schuttwüste ragt der Kiepenkerl unbeschadet aus den Trümmern hervor. Fest blickt er von seinem Sockel aus in die Ferne, stoisch Pfeife rauchend. Über sein Gesicht und Körper legt sich ein orange-roter Glanz, der von der Sonne oder den Feuern stammend, der Szenerie ein hoffnungsvolles Narrativ zu verleihen versucht. Das wird nicht zuletzt durch das Farbspiel mit hellen Farben auf der linken und dunklen Farben auf der rechten Bildseite unterstrichen; so scheint der Kiepenkerl optimistisch in eine bessere Zukunft zu schauen. Im linken Hintergrund färben anhaltend lodernde Brände den Himmel rot. Hinter einer aufsteigenden Aschewolke zeichnet sich ein weiteres Wahrzeichen ab; die Überwasserkirche. Sowohl das Foto als auch das Plakat bilden den Kiepenkerl Richtung Westen ab – die Kirche jedoch ist eine Ergänzung des Plakats, die auf dem Foto nicht zu sehen ist. Die Überwasserkirche kann als weiteres Zugeständnis an das städtische Eigene verstanden werden, denn so bildet sie gemeinsam mit dem Kiepenkerl, der hier unzweifelhaft im Fokus des Bildes steht, die einzigen visuellen Orientierungs- und Identifikationspunkte in den Trümmern. Entsprechend der typografischen Kehrtwende des Regimes verkündet die Bildunterschrift in einer hellen Antiquaschrift auf dunklem Grund „Trotzdem und dennoch“, und in der zweiten Reihe in Plattdeutsch fortfahrend mit, „Wi staoht fast!“: Wir stehen fest. Am unteren Bildrand wird die Gaupropagandaleitung Westfalen-Nord als Herausgeber genannt, entworfen wurde das Plakat vom Werbegrafiker Wilhelm Böckeler (siehe Ecke links oben).[391]

Das Plakat erweist sich als offensichtliche Inszenierung eines zentralen Stadtbildelements. In einem Ensemble aus Farbe, Anordnung und Text wurde das Denkmal im Rahmen einer Durchhaltepropaganda dramaturgisch vereinnahmt: Wird der Kiepenkerl hinsichtlich seines symbolischen Gehalts aufgeschlüsselt, so bietet das Plakat wenig Raum für Interpretationen. Als Sinnbild für Bewohner von Stadt und Land verkörpert er im Bild die Bewohner und ihre Tugenden Robustheit, Stolz und Standhaftigkeit, wie sie bereits zu Beginn des 20. Jahrhunderts im Rahmen der Kulturraumtheorie zugeschrieben und später von der NS-Ideologie von Blut-und-Boden aufge-

390 Vgl. Sammlung LWL, Druckgrafik.

391 Gedruckt wurde das Bild in Bielefeld, vgl. ebd. Über Böckeler ist lediglich in Erfahrung zu bringen, dass er öfter von der Gauleitung in Grafikfragen in Dienst genommen wurde, Schreiben des Gauwartes an das Städtische Archivamt v. 24.6.1936, in: StAMs, Stadt-Dok Nr. 25.

Abb. 34: Propagandaplakat mit Kiepenkerl-Denkmal in den Trümmern, gestaltet von Wilhelm Böckeler und herausgegeben von der Gaupropagandaleitung Westfalen-Nord, in: StMU, DR 492, Nr. 2.

griffen worden waren.[392] In „volkstümelnder Propaganda“[393] avanciert der Kiepenkerl im Bild zum Hoffnungsträger und appelliert an den Betrachter, trotz der Zerstörungen standhaft zu bleiben. Das Plakat entfaltet mithilfe der Bildunterschrift eine Suggestivkraft, indem es sich der traditionellen Mundart der Umgebung bedienend die Einstellung eines standfesten Westfalen vorgibt. Zweifelsohne war das Plakat adressaten- und raumbezogen: Während sich die Botschaft für zeitgenössischen Münsteraner Bürger geradezu aufgedrängt haben muss, mochte einem Betrachter außerhalb der Umgebung die zentrale Aussage mangels Wissens um die regionalspezifische Aufladung die Entschlüsselung nicht gänzlich gelingen. Wann genau das Plakat verwendet wurde, ist unklar. Jedenfalls lässt sich kurz nach dem Angriff in der Berichterstattung der Lokalpresse noch kein Hinweis auf den unbeschadeten Kiepenkerl geschweige denn eine Instrumentalisierung des Denkmals finden.

Die propagandistische Vereinnahmung des Kiepenkerls in Fotografie und Plakat bestätigt vor allem eines: Das traditionelle Stadtbild wurde gezielt mediatisiert, um Botschaften an die Bevölkerung zu transportieren; es fungierte sozusagen als Propagandavehikel. Weniger fanden die Inszenierungen im architektonischen Bild Eingang in die NS-Propaganda als vielmehr traditionelle Elemente des Stadtbildes, oder anders formuliert: Die Propaganda diente hier nicht dem veränderten Stadtbild, sondern das traditionelle Stadtbild der Propaganda. Das erscheint nach den bisherigen Ergebnissen folgerichtig: Es sei daran erinnert, dass die baulichen Veränderungen gering ausfielen und damit das Material zur Inszenierung im Bild begrenzt war. Die Instrumentalisierung der wenigen realisierten Neubauten wird sich nicht gerade aufgedrängt haben – hatte doch die Bevölkerung keinerlei gewachsene Verbindung zu den Gebäuden. Zwar wurde das Gauhaus von der Gauleitung als Ausdruck der Größe der Bewegung mit Bedeutung belegt, allerdings lässt die tendenzielle Haltung der Münsteraner Bevölkerung nicht darauf schließen, dass diese Symbolik auf fruchtbaren Boden gefallen ist. Anders der Kiepenkerl: Gerade im Zuge der Zerstörung mutet die Akzentuierung des Denkmals wie eine visuelle Kompensationsleistung sowohl im gebauten als auch im grafischen Bild an – inmitten der Zerstörung vertrat er das alte Stadtbild und konnte für die Bevölkerung weiterhin als wichtige Identifikationsfigur fungieren. Der Schachzug, an Traditionen und regionalspezifische Symbolik anzuknüpfen, erscheint zwar erfolgsversprechend. Allerdings lässt sich die Rezeption des Plakates aufgrund

392 Vgl. Ditt, Raum, S. 147f.

393 Sammlung LWL, Druckgrafik.

der Quellenlage nicht eruieren – von der Intention und Inszenierung kann nicht geradewegs auf die Wirkung beim Betrachter geschlossen werden.[394]

Mit dem Einmarsch der Alliierten 1945 wurde das Denkmal abgerissen, bereits kurz nach dem Krieg wurden jedoch Forderungen laut, es wiederaufzubauen. Konkretisiert wurden die Pläne in einem 1948 ausgerufenen Künstlerwettbewerb, dessen Resultate wenig überzeugend zu sein schienen. Erst 1950 übernahm Albert Mazzotti, Jahre zuvor noch als Hersteller qualitativ-hochwertiger Hitlerbüsten angepriesen,[395] die Pläne, nachdem er bei Bürgermeister Zuhorn vorstellig geworden war.[396] Die schnell geforderte Wiedererrichtung des Kiepenkerls gibt noch einmal retroperspektiv Aufschluss über die Bedeutung der Figur für Bewohner und Stadt. Letztlich behielt er als integrales Stadtbildelement über die Systeme hinweg seine Identifikationskraft. Die symbolische Bedeutung wurde nicht erst im Nationalsozialismus gestiftet – vielmehr bot sich das Denkmal als agrarromantisches Sinnbild für eine nationalsozialistische Vereinnahmung an. Das zeigt nicht zuletzt die Einweihung des Denkmals 1953: Dabei wurde der Kiepenkerl in seiner Standfestigkeit betont, worin Hasenauer ein Anknüpfen an NS-Propaganda erblickt.[397] Das lässt sich anders wenden: Im Grund genommen wurde 1953 wie im Nationalsozialismus, wenn damals auch akzentuiert und instrumentalisierend, auf Altbekanntes und einen bereits bestehenden Bedeutungskern rekurriert.

4.3. Das Unsichtbare sichtbar machen: die Ausstellung „Bauten der Partei"

Während das traditionelle Stadtbild und seine integralen Bestandteile auf unterschiedliche Weise im Bild von den Machthabern genutzt wurden, um Botschaften politischer und ideologischer Art an die Bevölkerung zu transportieren, lässt sich im Folgenden ein entgegengesetztes Vorgehen konstatieren: die Propagierung nationalsozialistischer Stadtbildgestaltung über Bilder. Im Zentrum der Ausführungen steht die Ausstellung „Bauten der Partei", die im Januar 1941 zusammen mit der Ausstellung „nordwestfälische

394 Vgl. Paul, Geschichtsdidaktik, S. 17f

395 Vgl. *Kommunale Betrachtungen*, in: Münsterischer Anzeiger v. 10.9.1933.

396 Vgl. Thier, Kiepenkerldenkmal.

397 Vgl. Hasenauer, Kiepenkerl, S. 300.

Künstler" im Landesmuseum am Domplatz eröffnet worden war.[398] Im Rahmen der Ausstellung wurde neben Bauplänen für Städte des Gaus, wie zum Beispiel Detmold, auch weitere geplante Bauten für Münster verkündet, wie ein Künstlerhaus und eine Meisterschule am Aasee.[399] Das Herzstück jedoch bildeten die großflächigen Entwürfe für das „neue Münster". Franz Wiemers, Chronist und Angestellter des Stadtarchivs Münster, notierte in der Kriegschronik der Stadt Münster am 16. Januar, dem Tag der Eröffnung:

> „Um die Mittagsstunde stehen viele Autos vor dem Landeshaus. Es ist darin soeben die Ausstellung der nordwestfälischen Künstler eröffnet worden. In der Ausstellung befindet sich auch ein großes Modell, das die Pläne über die zukünftige Gestaltung des Parteiforums jenseits des Aasees zeigt. Baurat Poelzig von der Stadtverwaltung gab beim Rundgang mit dem Gauleiter die architektonischen Erklärungen zu dem Modell ab […]."[400]

Zwar sind keine Dokumente zur Konzeption der Ausstellung überliefert,[401] doch kann von der Art der Präsentation und dem Zeitpunkt auf eine bestimmte Intention geschlossen werden: Während sich die Neuakzentuierung und die Neubauten problemlos fotografieren ließen, entzog sich das Gauforum der Ablichtung, indem es sich nicht in Stein und seiner endgültigen Gestalt materialisiert hatte. Eine Stärke des Bildes besteht jedoch darin, Zustände oder Objekte darzustellen, die (noch) nicht herrschen bzw. existieren. Diese Fähigkeit schien für die Ausstellung leitend zu sein: Anhand der Modelle wurden die Pläne zum Gauforum visualisiert, ihre noch nicht vollzogene Realisierung damit bildlich vorweggenommen. Das Modell unterschied sich dabei im Besonderen durch seine plastische, dreidimensionale Gestalt von Zeichnungen und erleichterte das räumliche Vorstellungsvermögen des Betrachters. Die Besucher sollten sich also buchstäblich ein Bild von dem zukünftigen Stadtzentrum machen. Diese Annahme wird durch den Zeitpunkt der Ausstellung gestützt: Sie wurde erst dann gestaltet und eröff-

398 Vgl. *Nordwestfälische Kunst im Aufstieg*, in: Münsterischer Anzeiger v. 17.1.1941; *Bauten der Partei*, in: Münsterischer Anzeiger v, 24.1.1941.

399 Vgl. ebd.

400 Franz Wiemers, Kriegschronik. Münster im Zweiten Weltkrieg (online abrufbar unter: https://www.muenster.de/stadt/kriegschronik/1941_nsdap_empfaenge.html, 10.12.2022).

401 Es lassen sich weder Hinweise in den Akten des Landesmuseums für Kunst und Kultur noch des Westfälischen Kunstvereins im LWL-Archivamt finden.

Abb. 35: Stadtbaurat Poelzig, auf das Modell zeigend, erläutert die Pläne für die Neugestaltung, links neben ihm im Vordergrund Gauleiter Meyer, in: StAMs, Stadt-Dok, Nr. 53 – 01/1941, Nr. 90.

net, als der Bau des Gauforums längst auf Eis gelegt und auf einen Zeitpunkt nach dem Krieg verschoben worden war.[402] Die Modelle fungierten somit als visuelle Stellvertreter für eine noch herzustellende Wirklichkeit.

Mit der Vorwegnahme durch Bilder und Modelle war ein psychologischer Effekt verbunden: Den Bauten der Nationalsozialisten wird die Funktion zugeschrieben, dem Betrachter über die Größe des Objektes ein Gefühl für die eigene Größe und Überlegenheit zu vermitteln.[403] Durch den bildlichen Stellvertreter konnte dieser Effekt trotz Baustopp aufrechterhalten und für den anhaltenden Krieg genutzt werden. Potenziert wurde wiederum die Wirkung über die Darstellung der Ausstellung und ihrer Objekte in der Presse. So waren die Berichte bemüht, den Eindruck von Stillstand zu verhindern: Informationen zum Gauforum, die bereits Jahre zuvor in der Presse veröffentlicht worden waren, wurden erneut aufgegriffen und als Neuigkeit gerahmt, um Bewegung in der Planung zu signalisieren.[404] Die oben abgebildete Fotografie (Abb. 35) wurde im Münsterischen Anzeiger abgedruckt und ermöglichte damit auch dem Zeitungsleser, der nicht vor Ort gewesen war, die medial vermittelte Teilhabe am Event und die Betrachtung des im Modell visualisierten „neuen Münsters“. Das bildliche Versprechen war ferner von einem sprachlichen

402 Vgl. Erdmann, Kommunales, S. 81.

403 Vgl. Nerdinger, Funktion, S. 286f.

404 So wurde im Münsterischen Anzeiger die Information, Hitler habe die Pläne gesichtet und bestätigt, als Neuigkeit gerahmt, obwohl die Präsentation in Berlin bereits Jahre zurücklag. *Großzügige Pläne über den Ausbau der Stadt Münster*, in: Münsterischer Anzeiger v. 6.4.1938.

begleitet, indem die Vorbereitungen betont wurden, „damit, wenn die Zeit gekommen ist, mit der Verwirklichung der Pläne begonnen werden kann."[405]

Über den Kontext der Ausstellung hinaus, lässt sich diese Praxis der vorgezogenen Visualisierung bereits für frühere Jahre beobachten. So wurden Bilder von Modellen des Gauforums sowie Skizzen des Gauhauses, ehe es gebaut worden war, in der Presse und in nationalsozialistischen Erzeugnissen publiziert.[406] Ähnliche Strategien zur vorweggenommenen Sichtbarmachung von (noch) nicht Sichtbarem wurden auch außerhalb des grafischen Bildes verfolgt. Deutlich wird, wie schwindend die Grenzen zwischen gebautem und grafischem Bild tatsächlich sind: Bei der Grundsteinlegung des Gauhauses wurden Fahnenmasten entlang des Grundrisses gesteckt, um den Betrachtern einen Eindruck von der imposanten Größe des zukünftigen Gebäudes zu vermitteln. Auch dabei versuchte man über die zweite Mediatisierung in der Pressefotografie die optische Wahrnehmbarkeit der Visualisierungen zu steigern – handelte es sich doch bei der Grundsteinlegung um eine geschlossene Veranstaltung.[407]

Die Vorwegnahme der Realisierung im Bild stellte jedoch keine Münsteraner Besonderheit dar, sondern lässt sich vielmehr in eine im Nationalsozialismus weitverbreitete Praxis einordnen. So wurden Modelle zur Reichshauptstadt Berlin im Rahmen der Deutschen Architektur- und Kunsthandwerkausstellung 1938 in München ausgestellt und die Bilder bewusst in zahlreichen Filmen, Zeitschriften und Zeitungen lanciert.[408] Auch im Gau Westfalen-Nord selbst lässt sich dieses Vorgehen beobachten, wie am Beispiel der ehemaligen Gauhauptstadt Gelsenkirchen, die ebenfalls 1941 eine Modellausstellung für die bisher nur zögerlich umgesetzten Pläne ausrichtete.[409] Doch wurde das Potenzial der Bilder als Stellvertreter nicht erst im Nationalsozialismus erkannt – vielmehr nutzten sie bestehende Praktiken, die noch heute von Architekten, wenn sich auch Kontext und Intention unterscheiden, angewendet werden.

405 *Nordwestfälische Kunst im Aufstieg*, in: Münsterischer Anzeiger v. 17.1.1941.

406 Vgl. Das schöne Münster 1939, H. 6, S. 38; Broschüre Gautreffen 1935 der N.S.D.A.P. Gau Westfalen-Nord in Münster i.W. am 5.,6. u. 7. Juli, Sonderdruck der „Münsterschen Wochenschau" in: StAMs, Stadtregistratur Fach 50, Nr. 96; *Bedeutungsvolle Tage*, in: Münsterischer Anzeiger v. 5.7.1935.

407 Vgl. *Die Eröffnung des Gautreffens*, in: Münsterischer Anzeiger v. 7.7.1935.

408 Vgl. Kroop, Architektur und Propaganda am Beispiel des G.B.I. in: Benz, Kunst, S. 333–345, hier S. 337–340; vgl. auch Schultze, visuelle Repräsentation, S. 126.

409 Vgl. Schmidt, Gelsenkirchen, S. 239.

Die Präsentation der Modelle stellte allerdings eine Gratwanderung dar. In Berlin beispielsweise mussten Teile der Neugestaltung zurückgehalten werden, durfte doch nicht an die Öffentlichkeit gelangen, dass für diese gigantischen Bauprojekte Viertel und Siedlungen zerstört werden müssten.[410] Auch in Münster erlegte man sich offenbar selbst bei der Inszenierung des künftigen Forums eine Begrenzung auf. Zwar waren keine großflächigen Abrisse für das neue Stadtzentrum geplant, aber offenbar wurde bei der Präsentation der ambitionierten Pläne Gegenwind antizipiert. So hatte sich die ohnehin schon desaströse Wohnungslage in Münster nicht verbessert und sollte mit den Luftangriffen noch drastisch verschlechtert werden.[411] Meyer erschien es daher notwendig, dem Wohnungsbau in der Öffentlichkeit oberste Priorität einzuräumen: Er sei „vornehmste Pflicht" und dürfe „bei all diesen Planungen [...] nicht zurückstehen", sondern werde „immer vorgehen."[412] Die Gauleitung schien demnach der Auffassung zu sein, die geplanten Parteibauten der Bevölkerung nur dann plausibel machen zu können, wenn gleichzeitig betont wurde, sich erst jedoch um dringlichere Probleme kümmern zu wollen. Dieses vorsichtige Vorgehen basierte nicht zuletzt auf den Erfahrungen in der Vergangenheit: Vertreter der Partei waren spätestens seit der Einweihung des Gauhauses gewarnt, dass die prestigeträchtigen Pläne bei anhaltender Wohnungsnot für Unmut in der Bevölkerung sorgen konnten.

Wie die Ausstellung und die dort präsentierten Modelle von den Bürgern der Stadt aufgenommen wurden, lässt sich abschließend nicht beantworten. Jedenfalls blieben sie nicht ohne Widerhall: So notierte Wiemers, über das Modell werde „schon heute in Münster lebhaft gesprochen und diskutiert."[413] Der Eintrag bleibt interpretationsbedürftig, eine durchweg positive Reaktion auf diese großflächigen Pläne für das Gauforum legt er vor dem Hintergrund der Wohnungslage allerdings nicht nahe. Zwar ist die Ausstellung „Bauten der Partei" ein eindrückliches Beispiel für den Möglichkeitsraum Bild und seiner vielfältigen Funktionsbestimmungen, insgesamt blieb die bildliche Darstellung der Neubauten jedoch weit hinter den Bildern zurück, die die Neuakzentuierung des Stadtbildes abbildeten.

410 Vgl. Kroop, Architektur, S. 337; Graf, Inszenierung, S. 205.

411 Vgl. Kuropka, Münster, S. 318.

412 Im Original durch Fettdruck und Sperrungen hervorgerufen, *Nordwestfälische Kunst im Aufstieg*, in: Münsterischer Anzeiger v. 17.1.1941. Auch in *Bauten der Partei*, in: Münsterischer Anzeiger v. 24.1.1941 wurde die Priorisierung des Wohnungsbaus betont, ehe die Pläne des Gauforums präsentiert wurden.

413 Wiemers, Kriegschronik.

5. Der Blick zurück: der Phönix aus der Asche

Alle nationalsozialistischen Bemühungen, das Münsteraner Stadtbild zu prägen, fanden spätestens mit dem Einmarsch der Alliierten ihr Ende. Das einstige Aushängeschild der Stadt Münster lag im Frühjahr 1945 in Trümmern: Nach über 100 Luftangriffen waren 91 Prozent der Altstadtgebäude zerstört.[414] Die Niederlage bedeutete auch das Ende der Entwurfsarbeiten zum Gauforum, die bis Kriegsende weitergeführt worden waren. Diese verliefen parallel zu den Wiederaufbauplanungen für die Altstadt, mit denen das Planungsamt unter Edmund Scharf bereits 1943 betraut worden war.[415] Zu diesem Zeitpunkt plante dieser bereits den Wiederaufbau unter Beibehaltung des historischen Grundrisses der Stadt.[416]

Die Planungen nach 1945 waren weniger von Brüchen als von personellen und inhaltlichen Kontinuitätslinien geprägt. Scharf wurde nach dem Krieg zum Leiter des Baupflegeamtes ernannt und führte seine Arbeit für den Wiederaufbau der Altstadt fort.[417] 1938 noch war der Architekt in die Entwurfsabteilung berufen worden und in die Planung der Luftschutzvorkehrungen und des Gauforums involviert.[418] Ebenso war Architekt Ostermann an den Arbeiten zum Wiederaufbau beteiligt,[419] der 1938 leitender Architekt beim Bau des HJ-Heims gewesen war. Das Leitprinzip blieb die Wiederherstellung des Stadtbildes, was bereits im November 1945 vom städtischen Planungsausschuss beschlossen worden war.[420] Noch zu Beginn der Wiederaufbauarbeiten hatte der neue Dienststellenleiter des Bauwesens, Heinrich Bartmann, den Grundsatz erklärt, das Stadtbild durch die Orientierung an traditionellen Elementen und unter Hinzuziehung neuer Formen neu zu interpretieren: „Heute soll eine alte Stadt ganz neu entstehen. Nicht, dass wir

414 Vgl. Gunnar Pick, Kontinuität oder Neubeginn? Der Wiederaufbau in Münster (online abrufbar unter: http://alt.westfaelischer-kunstverein.de/uploads/pdf/2000_realplaces/pick.pdf, 12.12.2022).

415 Vgl. Tätigkeitsbericht über die Kriegsarbeit städtischer Dienststellen, Planungsamt, in: StAMs, Zentralbüro Nr. 288.

416 Vgl. Gutschow, Wiederaufbau, S. 64.

417 Vgl. Pick, Kontinuität.

418 Vgl. Erdmann, Kommunales, S. 361; Verwaltungsbericht 1926–1945, Bauwesen, in: StAMs, DS 265.

419 Vgl. ebd.

420 Vgl. Erdmann, Kommunales, S. 361. Dazu gehörten u.a. Bürgermeister Zuhorn, Stadtbaurat Bartmann und Ostermann.

sie nach dem alten Münster kopieren sollen. Nein, neue Formen sollen [...] geprägt werden. [...] Die alten Bauten können, wenn sie rettungslos dahingegangen sind, nicht auferstehen, es sei denn als Mumien."[421]

Der erste Entwurf, der 1946 von Scharf vorlegt worden war, wich jedoch stark von diesem Prinzip ab und zeichnete das Bild einer „mittelalterlich anmutende[n], kleinstädtische[n] Idylle aus zweigeschossigen, traufständigen Häusern".[422] Auch Ostermanns Ideen deuten in eine ähnliche Richtung, indem er sich weniger einer zeitgemäßen Lösung oder der Wiederherstellung des Stadtbildes vor der Zerstörung verschrieb, sondern einen Zeitpunkt als Idealbild fokussierte, der schon vor 1933 längst vergangen war: So strebte er aus der Perspektive des 19. Jahrhunderts die Bereinigung des Stadtbildes an, aus dem „jeder prahlerische Großstadtgeist verbannt" wäre.[423] Die Vorstellung der Auferstehung eines alten Münsters wurde in Fachkreisen als „rückwärtsgewandt und heimattümelnd"[424] kritisiert. Gleichzeitig wurde wahrgenommen, dass diese Ideen aber durchaus dem Willen der Münsteraner entsprachen.[425]

Letztlich entschied man sich dafür, die „Traditionsinsel" wie in Freiburg oder Nürnberg wiederherzustellen. Das umfasste trotz Verkehrsproblemen, die bereits vor dem Krieg akut geworden waren, die Beibehaltung des alten Grundrisses.[426] Zudem beschränkte sich der Wiederaufbau nicht auf einzelne Wahrzeichen, sondern umfasste die gesamte Altstadt und die Promenade.[427] Leitend war beim Wiederaufbau des Prinzipalmarktes, das charakterliche Erscheinungsbild der Altstadt wiederherzustellen. Dafür wurden 1947 Richtlinien erlassen, die das Aussehen der Giebel und Bögen festschrieben, für die Restaurierung aber dennoch Handlungsspielräume ließen.[428] Darauf, dass diese Freiheiten jedoch nur bedingt ausgeschöpft werden sollten, deutet die Reaktion des Provinzialkonservators Wilhelm Rave auf einen Entwurf für die Wiederherstellung eines Bogenhauses hin:

421 Heinrich Bartmann über die Arbeit des Amtes beim Wiederaufbau, *zit. nach*: Gutschow, Wiederaufbau, S. 41.

422 Pick, Kontinuität.

423 Hans Ostermann, *zit. nach:* Pick, Kontinuität.

424 Erdmann, Kommunales, S. 362.

425 Vgl. ebd.

426 Das hatte jedoch nicht zuletzt auch pragmatische Gründe, wie die vorhandene Infrastruktur und die bestehenden Eigentumsgrenzen. Vgl. Pick, Kontinuität.

427 Vgl. Erdmann, Kommunales, S. 361; ders., Ordnung, S. 169.

428 Vgl. ders, Kommunales, S. 361.

> „Beim Wiederaufbau der Fronten sollte man von dem ursprünglichen Zustand [...] ausgehen und dabei Entstellungen der neueren Zeit beseitigen. [...] Bei dem Entwurf für das Haus Nr. 26 ist man ohne zwingenden Grund von der Rekonstruktionszeichnung Geisbergs abgewichen. [...] Wenn natürlich auch das Recht des modernen Architekten nicht abgestritten werden soll, so darf diese doch nicht zum Grundsatz für jede Wiederherstellung gelten."[429]

Interessant ist neben der eindeutigen Handlungsmaxime, das Aushängeschild Münsters wiederherzustellen, dass man sich bei der Restaurierung auf die Skizzen Max Geisbergs berief, die ein detailliertes Bild Münsters vor den Zerstörungen zeichnen. Daran wird erneut deutlich, wie eng verwoben das Zusammenspiel von gebautem und grafischem Bild war und wie sich die Funktion ändern konnte: Waren die Zeichnungen noch zuvor von Geisberg als Dokumentationen der städtischen Architektur angefertigt worden, avancierten sie nun zu Vorlagen eines noch zu realisierenden Bildes. Fragwürdig ist, ob die Wiederherstellung des Stadtbildes ohne Geisbergs Skizzen überhaupt möglich gewesen wäre. Damit wäre das Bild nicht nur Vorlage, sondern auch Bedingung für das gebaute Bild.

Nachdem 1952 der Wiederaufbau größtenteils abgeschlossen worden war, dominierten die barocken und klassizistischen Formen die Innenstadt, die zuvor angekündigten neuen Formen waren hingegen kaum vorhanden.[430] Letztlich lag aber in dem Bemühen um Wiederherstellung genau der Unterschied zwischen neuem zum altem Stadtbild begründet: Um den spezifischen Charakter des zuvor vom Stileklektizismus geprägten Prinzipalmarktes hervorzurufen, wurden die als typisch erachteten Elemente verdichtet. Erst durch diese partielle Homogenisierung ging das Merkmal der gemischten und übereinander geschichteten Stile zum Teil verloren.[431]

Während von außen Kritik am Vorgehen Münsters geübt wurde, herrschte innerstädtisch ein Konsens über die Wiederherstellung des Stadtbildes. Die Rekonstruktion wurde von den Bürgern der Stadt getragen und deckte sich mit ihrem Wunsch nach dem alten Bild, das Münster ausgezeichnet hatte.[432]

429 Wilhelm Rave, 1945, *zit. nach:* Pick, Kontinuität.

430 Vgl. ebd.

431 Dass sich vor allem die (Wieder-)Herstellung der Vergangenheit und damit der Versuch der Heterogenisierung paradoxerweise mit einer Homogenisierung der Bauelemente verbindet, zeigt Löw eindrucksvoll am Beispiel Kölns, vgl. Löw, Soziologie, S. 153; Pick, Kontinuität.

432 Vgl. Erdmann, Kommunales, S. 261; ders., Ordnung, S. 169.

Auswärtige Stimmen bemerkten dazu, die „Kräfte des Beharrens sind hier noch lebendig und stark. Was sich so im Willen der Bürger äußert, kann nicht als romantische Wirklichkeitsflucht abgetan werden."[433] Wie im Nationalsozialismus konnten auch die Städteplaner der Nachkriegszeit die Einwohner nicht ignorieren; so habe sich das Festhalten am verkehrstechnisch problematischen Grundriss nicht zuletzt aus „dem starken Beharrungsvermögen der Bürgerschaft und ihrer durchaus konservativen Einstellung"[434] ergeben, so rückblickend Karl Brinkmann, Leiter des Stadtplanungsamtes. Die Rekonstruktion des traditionellen Bildes erwies sich später als Glücksfall für die Stadt. Die Diskussion um den Wiederaufbau verdeutlicht retroperspektiv die zentrale Bedeutung für die Identität sowohl der Stadt als auch ihrer Bürger. Diese Bemühungen um Wiederherstellung des alten Bildes unterscheiden sich stark von dem Vorgehen in anderen Städten Deutschlands. Vor allem in der Ostzone sollte nicht die Rückkehr zu Traditionellem, sondern vielmehr die Neuschöpfung der Stadt im sozialistischen Sinn erfolgen.[435]

Auch im grafischen Bild lassen sich Kontinuitäten konstatieren: So wurde der Stadtwerbefilm *Westfalens schöne Hauptstadt* offenbar auch nach dem Krieg zu Werbezwecken eingesetzt. Allerdings in der bereits thematisierten zensierten Fassung, die von nationalsozialistischen Herrschaftssymbolen, Persönlichkeiten und Militäreinrichtungen bereinigt worden war.[436] Zwar änderte sich die Funktionsbestimmung des Filmes nicht, die Bedeutung jedoch: So zeichnete der Film ein Bild der Stadt, das nicht mehr existierte. Er fungierte nach dem Krieg gewissermaßen als visueller Stellvertreter eines Stadtbildes, das in Kürze, so die Botschaft, wieder vollends hergestellt sein würde. Die Stadtführer deuten in eine ähnliche Richtung: Bei den ersten Stadtführern nach 1945 hatte man sich offenbar des Bildpools bedient, auf den man teilweise auch schon in der Weimarer Republik und im Nationalsozialismus zurückgegriffen hatte. Deutlich reduziert auf die zentralen

433 N. N., Gesicht und Haltung des Aufbaus, in: Baumeister 4 (1952), S. 1–15.

434 Karl Brinkmann, 1959, *zit. nach*: Gutschow, Wiederaufbau, S. 66.

435 Wie z.B. am Beispiel Potsdam von Michael Meng, The Politics of Antifascism. Historic Preservation, Jewish Sites, and the Rebuilding of Potsdam's Altstadt, in: Gavriel D. Rosenfeld/Paul B. Jaskot (Hg.), Beyond Berlin. Twelve German Cities Confront the Nazi Past, Michigan 2008, S. 231–250 aufgezeigt und am Beispiel Dresdens im gleichen Sammelband von Susanne Vees-Gulani, The Politics of New Beginnings. The Continued Exclusion of the Nazi Past in Dresden's Cityscape, in: Rosenfeld, Beyond, S. 25–47, hier S. 29.

436 Vgl. Münster. Westfalens schöne Hauptstadt, in: LWL-Medienzentrum Westfalen, 35FA056inv.2109.

Wahrzeichen wie Rathaus und Dom, wurde im Exemplar von 1946 eine vergangene Stadtbildidylle vermittelt. Erst in folgenden Ausgaben wurde diese Illusion durch angehängte Bilder von Trümmern konterkariert.[437]

Das mit Pathos aufgeladene Schlusswort des Stadtführers von 1946 unterstreicht abschließend den Stellenwert des traditionellen Stadtbildes für die Bürgerinnen und Bürger und offenbart den verklärten und selektiven Blick zurück: „Deine Einwohner [haben] den Willen und den Mut gefunden, dich wieder aufzurichten, deine stolze Vergangenheit wieder hervorzuholen [...]. So weiß ich, dass du noch einmal im alten Glanze erstehen wirst [...].“[438] In Erinnerungen an Prozessionen und „bunte Fahnen“[439] schwelgend, schienen Hakenkreuze und Aufmärsche vergessen. Mit der Rekonstruktion des Stadtbildes wanderte man an einen sicheren Punkt in der Geschichte zurück, in dem der Nationalsozialismus nicht geschehen war.

437 Vgl. Alfred Gorschlüter, Unser Münster, [Münster 1946], in: StMU; Trümmer wurden z.B. bei Ernst Hövel, Stadt Münster, Soest 1950, in: StMU, Inv. Nr. 6217 zusätzlich abgelichtet.

438 Gorschlüter, Münster, o. S. (Schlusswort).

439 Ebd.

6. Schlussbetrachtung

Welches Stadtbild der Gauhauptstadt Münster bot sich also einem zeitgenössischen Betrachter? Die Ergebnisse der Untersuchung lassen keine einfache Antwort zu: Stadtbilder sind keine statischen Größen, vielmehr konstituieren sie sich stets neu, denn: Welches Stadtbild gesehen wurde, war im großen Maße abhängig davon, *wer* betrachtete, *was* er betrachtete und *wann* er betrachtete. Ein Besucher, der den Stadtführer von 1941 zur Hand nahm, sah etwas anderes als ein Bürger im Jahr 1938 bei einem Spaziergang durch die Stadt. Einem Teilnehmer einer Großveranstaltung bot sich ein anderes Bild von Münster als einem Leser des Münsterischen Anzeigers. Diese drei Parameter verweisen darauf, dass von *einem* Stadtbild oder gar *einem nationalsozialistischen* Stadtbild nicht gesprochen werden kann. Beide Bildqualitäten, das gebaute und das grafische Bild, offenbarten für sich genommen bereits ein wenig konsistentes, fragmentarisches Stadtbild im Nationalsozialismus. Auf vielfältige Weise versuchten die Nationalsozialisten mit Unterstützung der Stadtverwaltung, das Stadtbild der Gauhauptstadt zu vereinnahmen und zu prägen.

Das *gebaute Bild* wurde anhand der Neuakzentuierung, der Neubauten und der Tilgung nachvollzogen und erfolgte über Visualisierungsstrategien, die zu unterschiedlichen Zeitpunkten einsetzten. Bereits mit dem Machtantritt wurde Münster im Rahmen der zahlreichen Veranstaltungen des Regimes zum Festraum ausstaffiert. Die Stadt fungierte als Bühne, auf der die Architektur- und Schmuckelemente als Requisiten, die Teilnehmer als Figuren und Zuschauer zugleich positioniert wurden – sie folgten gewissermaßen einem visuellen Skript. Diese Festkultur und Gestaltung unterschied sich bis auf den Stadtraum kaum von anderen Städten.[440] In der Neuakzentuierung erfuhr Münster zwar rückblickend die stärkste visuelle Inszenierung, allerdings war der Festraum auf die Dauer des jeweiligen Festes begrenzt, bis er bis auf das Gerüst, das traditionelle Stadtbild, wieder abgebaut wurde. Erst ab 1935 begann die Phase der Neubauten am Aasee, die zwar auf Dauer angelegt waren, aber mit dem Gauhaus und dem HJ-Heim nur sehr vereinzelt umgesetzt wurden. Durch Konkretisierung der Pläne zum Gauforum am Aasee ab 1938 sollten die bereits bestehenden Objekte zu einem Gesamtkomplex integriert werden. Im Verlauf des Krieges rückte die Realisierung dann aufgrund von

440 Wie z.B. in der ehemaligen Gauhauptstadt Westfalen-Nords, Gelsenkirchen, vgl. dazu auch den Sammelband von Goch und Priamus, Macht.

Ressourcenknappheit und Priorisierung des Luftschutzes in weite Ferne und spiegelte damit eine reichsweite Entwicklung. Dass es nicht nur um Visualisierung, sondern auch um den Entzug von Sichtbarkeiten ging, trat anhand der Synagoge und den Denkmälern deutlich hervor. Schließlich wurde das gebaute Bild in den schweren Luftangriffen bis zur Unkenntlichkeit zerstört.

In allen drei Punkten konnte aufgezeigt werden, dass das Stadtbild zu einem wichtigen Medium avancierte, um nationalsozialistische Herrschaft und Ideologeme optisch erfahrbar zu machen. Ein zentrales Ziel der Veranstaltungen bestand darin, die Geschlossenheit der *Volksgemeinschaft* über den Festraum Stadt visuell zu demonstrieren: Die geordneten Formationen, die Zuschauermassen, der Fahnenwald am Prinzipalmarkt und am Hindenburgplatz – all diese Elemente sollten über die sinnliche Wahrnehmung eine Affirmation des Regimes vermitteln, was jedoch laut Berichten nur bedingt funktionierte; die Bevölkerung entzog sich zum Teil dieser Veranstaltungen. Den Bauten hingegen wurde zugesprochen, der Größe des Regimes und der nationalsozialistischen Herrschaft omnipräsent nach außen Ausdruck zu verleihen. Als Wahrzeichen der nationalsozialistischen Zeit sollten die Gebäude weniger die Stadt Münster repräsentieren als die Partei. Das musste in einem totalitären System, das Anspruch erhob, jeden Winkel des Reiches zu durchsetzen, unweigerlich in einer Homogenisierung der Stadtbilder münden, wie am Gauforum aufgezeigt wurde. Statt sich günstig auf die Stimmung in der Bevölkerung auszuwirken, stießen die Bauten allerdings auf Unmut angesichts der Wohnungsnot. In der Untersuchung zur Tilgung hingegen wurde die *Volksgemeinschaft ex negativo* über den Entzug von Sichtbarkeit sichtbar gemacht: Die Exklusion der jüdischen Mitbürger wurde durch die Zerstörung der Synagoge im Stadtbild visuell wahrnehmbar; sie hinterließ eine Leerstelle, die bis zu ihrer Neuerbauung nach dem Krieg bestehen blieb. Ebenso wurden die Denkmäler zuerst abgerissen, die mit der NS-Ideologie und dem jeweiligen politischen Kurs nicht vereinbar waren. Insgesamt ließ sich die Tilgung jedoch als weniger intentional in Bezug auf die Prägung des Stadtbildes bezeichnen als bei der Szenografie und den Neubauten.

Die Gestaltung des Münsteraner Stadtbildes lässt sich jedoch nicht ausnahmslos in die Pläne anderer Städte im Nationalsozialismus einreihen: So erwies sich die Lage der Neubauten als Besonderheit. Mit dem Aasee war ein bis dahin wenig erschlossenes Gebiet gewählt worden, das eher als Randlage denn als zentral bezeichnet wurde. Die Städteplaner manövrierten um die Innenstadt herum, um großflächige Abrisse in der Kernstadt zu vermeiden, und bemühten sich, die Aussparung und Bewahrung auch an die Bürger zu kommunizieren – das traditionelle Stadtbild schien sakrosankt. Lediglich bei Feiern griff man, wenn auch zeitlich begrenzt, massiv in das traditionelle Stadtbild ein. Auch die Veränderungen selbst weisen ein Alleinstellungsmerkmal auf. Es ließ sich das starke Bemühen seitens der Machthaber konstatieren, sich zunächst bei der Neuakzentuierung und der Neubauten in stadt- und regionalspezifische Traditionen zu stellen: Über die Gestaltung knüpfte man an Sehgewohnheiten der Bürger an und suchte so den Schulterschluss.

Diese Abweichungen von der üblichen Praxis wurden auf das Material der Stadt zurückgeführt, das die visuelle Inszenierung gewissermaßen einhegte. Münster galt den Nationalsozialisten als „katholisch-politische[r] Zentralpunkt Nord- und Mitteldeutschlands",[441] als schwieriges Gebiet. Die tendenzielle Distanz der katholisch-bürgerlichen Bevölkerung zum NS-Regime, wesentlich geprägt durch das Verhältnis zwischen Partei und Kirche, veranlassten die Nationalsozialisten dazu, bei der Stadtbildgestaltung Vorsicht walten zu lassen, um weitere Konfliktpotenziale zu vermeiden. Diese Rücksicht auf das Material der Stadt zeigte sich neben den Bauten auch bei den Feiern, indem auch anderen Akteuren, vor allem der Kirche, Raum zugestanden wurde, das Stadtbild zeitweise zu prägen. Die innerstädtische Aushandlung um die Denkmäler offenbarte am deutlichsten, wie nationalsozialistische Eingriffe aktiv zu begrenzen versucht wurden, mit Erfolg wie das Beispiel der Mariensäule beweist.

Doch auch hier lässt sich eine zeitliche Entwicklung greifen: Während mittelfristig die Stadtbildprägung über die optische Anlehnung an Traditionen und an die Altstadt erfolgen sollte, wurde langfristig eine drastischere Vorgehensweise angestrebt. Zwar orientierte man sich beim Gauforum an den Materialien des Münsterlandes, allerdings trat hier der Anspruch auf Visualisierung besonders stark hervor. Das nationalsozialistische Zentrum am Aasee wurde als Gegenbild zum traditionellen Stadtbild konstruiert, das als „neues Münster"[442] dieses zukünftig ablösen sollte. Diese Entwicklung spiegelte sich auch in abgeschwächter Form bei den Feiern; war beim Westfalentag noch die Symbiose von westfälischer Tradition und Nationalsozialismus visualisiert worden, markierte der Gauparteitag schon stärker im Visuellen den Alleinherrschaftsanspruch des NS-Regimes.

Das *grafische Bild* hingegen gestaltete sich weniger konsistent als das gebaute. Phasen, Strategien und Ziele ließen sich weniger deutlich herausar-

441 Stimmungs- und Lagebericht der GL, März 1937, S. 650.

442 Bartels, Umgestaltung.

beiten, was vor allem der Quellenlage geschuldet war. Das grafische Bild quantitativ einzuordnen, erwies sich als ebenso schwierig, wie den Akt des Betrachtens, also die Rezeption, nachzuvollziehen. Umso deutlicher jedoch trat die Vielgestalt und Polyfunktionalität der Bildarten hervor: Sie fungierten als Vorlage, als Orientierung, wurden als Augenzeugen, Träger von Ideologemen und Botschaften, als Multiplikatoren und Stellvertreter genutzt. Inwiefern sie zur Visualisierung eines nationalsozialistischen Stadtbildes dienten, variierte je nach Untersuchungsbereich.

Der touristische Blick wurde kaum auf die nationalsozialistische Stadtbildprägung gelenkt: Weder die Neubauten noch die Feiern wurden in der touristischen Stadtwerbung als sehenswert gerahmt. Allerdings konnte in den Stadtführern eine Akzentverschiebung in den Motiven beobachtet werden, in der die Dominanz der katholischen Kirche entkräftet und militärische und bildungsbürgerliche Aspekte in den Vordergrund geholt wurden. Zwar nur latent, aber nicht minder deutlich war der Systemwechsel in Design und Typografie der Stadtführer visuell wahrnehmbar: War das Gewand zuvor modern und abstrakt gestaltet, so wandelte es sich im Laufe der NS-Herrschaft zu einem traditionelleren und als deutsch definierten Stil. Der Stadtplan hingegen nahm bereits die physische Zerstörung der Synagoge bildlich voraus. Während sich bei den Stadtführern die visuelle Inszenierung im Detail spiegelte, mutete der Stadtwerbefilm trotz des Einbezugs zensierter Szenen seltsam entrückt an, indem der Betrachter kaum Anhaltspunkte erhielt, die auf das System hinwiesen. Überraschend wenig wurde also im touristischen Bereich der Blick des Besuchers durch die Bilder vorstrukturiert. Dieser Umstand ist vor allem auf die entgegengesetzten Mechanismen von Heterogenisierung durch Tourismus und Homogenisierung durch nationalsozialistische Stadtbildprägung zurückzuführen.

In der nationalsozialistischen Bildpropaganda erfuhr der NS-Feierkult erwartungsgemäß den stärksten Ausdruck: Omnipräsent wurden die Bilder des Festraumes vor allem in der enteigneten Presse, aber auch in nationalsozialistischen Broschüren und Zeitschriften abgelichtet. Es ließ sich dabei eine zunehmende Mediatisierung der Feiern konstatieren, die jedoch in den 1940ern wieder abflaute, vermutlich in Folge des Rückgangs an Großveranstaltungen und des Kriegsbeginns. Die Bilder visualisierten, was bei der Neuakzentuierung des traditionellen Stadtbildes durch Veranstaltungen angestrebt worden war: Es wurde eine einhellige Zustimmung zum Regime sowie die Geschlossenheit der *Volksgemeinschaft* bildlich suggeriert. Die Bilder fungierten dabei als Multiplikatoren: Durch die mediale Vermittlung konnten die Machthaber die Reichweite der Veranstaltungen über den Teilnehmerkreis hinaus steigern, die Visualisierung ihrer Herrschaft so potenzieren. Die Fotografie erweckte den Eindruck einer direkten Augenzeugenschaft, die den Betrachter zeit- und raumentbunden an dem Ereignis teilnehmen ließ und eröffnete zudem dem Teilnehmer, der vor Ort gewesen war, nachträglich neue Perspektiven auf das eigene Erleben. Der Eindruck von Objektivität erwies sich als trügerisch. Es ließ sich eine Diskrepanz zwischen grafischem Bild und Realität greifen: Durch die Bildpropaganda wurde ein Zustand der Dauerhaftigkeit vermittelt, der nicht gegeben war. Die zeitlich begrenzten Veranstaltungen wurden gewissermaßen durch die stetige Präsentation im Bild entzeitlicht. Ebenso wurde durch die Wahl des Motives und des Bildausschnittes ein Bild der *Volksgemeinschaft* kreiert, die sich als weniger geschlossen und bejahend erwies als dargestellt. Anhand der Figur des Kiepenkerls wurde die Instrumentalisierung eines bestimmten, integralen Elements des traditionellen Stadtbilds aufgezeigt. Als Sinnbild für Stadt, Land und Leute besaß die Figur einen hohen Identifikationswert für Münster und die Bürger, was sie zum geeigneten Medium für propagandistische Botschaften machte. Für die propagandistische Inszenierung lässt sich festhalten, dass weniger die Propagierung des akzentuierten Stadtbildes im Bild erfolgte, sondern vielmehr das Stadtbild im Bild als Medium für die Propaganda fungierte.

Die Ausstellung „Bauten der Partei" stellte eine Besonderheit der visuellen Inszenierung dar. So wie die Synagoge vor ihrer Zerstörung vom Papier getilgt wurde, so erfuhr das Gauforum im Modell seine bildliche Antizipation. Die Modelle fungierten als grafische Stellvertreter, nachdem das Projekt im Laufe des Krieges verschoben worden war. In ihrer plastischen Gestaltung realisierten sie das Projekt vorab in Miniaturform und erlaubten dem Betrachter durch die Veranschaulichung in einer räumlichen Dimension, sich ein besonders genaues Bild von den zukünftigen Bauten bzw. vom zukünftigen „neuen Münster" zu machen. Verbreitung fanden die Ausstellung und ihre Modelle dann durch die Abbildung in Pressefotografien und nationalsozialistischen Schriften: ein visuelles Versprechen, das nie eingelöst wurde. Auch hier konnte gezeigt werden, dass die Inszenierung im Bild durch das Material der Stadt eingehegt wurde: Die Präsentation der Modelle konnte offenbar nur mit Verweis darauf geschehen, dass der Wohnungsbau den Prestigeobjekten vorgezogen wurde – war doch bereits der Bau des Gauhauses angesichts der Not der Wohnungssuchenden auf Ablehnung gestoßen. Auch wenn sich ebenso im grafischen Bild die Begrenzung der Visualisierung des

Stadtbildes konstatieren lässt, so ging auch aus der Untersuchung hervor, dass es stärker ideologisch vereinnahmt werden konnte – in ihm ließen sich anders als im gebauten Bild Zustände ohne hohen Kostenaufwand zeichnen, die der Realität nicht entsprachen.

Abschließend konnte anhand der Diskussionen um den Wiederaufbau rückblickend die Bedeutung des Altstadtbildes für die Bürger der Stadt aufgezeigt werden. Die Vorstellungen für die Wiederherstellung deuteten darauf hin, dass die Zeit des Nationalsozialismus gänzlich ausgeklammert wurde und ein Stadtbild aus der Asche erhoben werden sollte, welches schon lange vor 1933 nicht mehr bestanden hatte. Zur Überbrückung wurden Bilder gewählt, die schon während der Weimarer Republik und im Nationalsozialismus verwendet worden waren – sie fungierten ähnlich wie die Modelle von 1941 als Stellvertreter für ein noch zu realisierendes Stadtbild. Während also das gebaute Stadtbild in Trümmern lag, bestand das grafische weiterhin fort. In Bezug auf die Wiederaufbaupraxis bieten sich weiterführende komparative Arbeiten an, die besonders im deutsch-deutschen Vergleich vielversprechend erscheinen: War die Blickrichtung in Stadtbildfragen eher in die Zukunft oder aber in die Gegenwart gerichtet? Welche Bedeutung kam dabei den Aspekten der Ideologisierung und Politisierung bzw. der Entideologisierung und Entpolitisierung zu?

Welches Stadtbild ergab sich schließlich aus dem Zusammenspiel aus grafischem und gebautem Bild im Nationalsozialismus? In der Zusammenführung der beiden Teile zeigt sich das, was sich im Einzelnen bereits offenbarte: Das Stadtbild lässt sich als Fragment verschiedener Inszenierungsversuche beschreiben, die letztlich nicht in einem konsistenten, nationalsozialistischen Stadtbild mündeten. Begrenzt durch das Material der Stadt, die Bürger und das traditionelle Stadtbild, gelang es den Nationalsozialisten letztlich nicht, die visuelle Erscheinung Münsters entscheidend zu prägen. Die dauerhaften Veränderungen im gebauten Bild lassen sich trotz ambitionierter Pläne am Ende des Krieges als gering bezeichnen. Im grafischen Bild wurde dieser Mangel zwar zu kompensieren versucht, allerdings erfolgte die Abbildung der Szenografie und vor allem der (geplanten) Neubauten nur bedingt. Sowohl im gebauten als auch im grafischen Bild setzten die Machthaber bei ihrer Stadtbildprägung vornehmlich auf Tradition und Heimat. Weniger wurde also ein neues, nationalsozialistisches Stadtbild geschaffen, als vielmehr Altbekanntes und Vertrautes akzentuiert und mit nationalsozialistischen Beiklängen versehen.

Geeint wurden die beiden Bildqualitäten ferner dadurch, dass sie zum visuellen Medium nationalsozialistischer Ideologeme und Herrschaft stilisiert wurden. Am stärksten geschah dies durch die nationalsozialistischen Feiern. Hier erlaubte das Material der Stadt den größten Handlungsspielraum, den die Nationalsozialisten intensiv zu nutzen verstanden. Dort wurde besonders deutlich, dass das gebaute und das grafische Bild nicht immer trennscharf voneinander abzugrenzen waren, wie es die Theorie und der an ihr orientierte Aufbau der Arbeit zunächst vermuten ließen. Vielmehr erwiesen sich die beiden Teile des Stadtbildes als eng miteinander verflochten und aufeinander bezogen: Das grafische war nicht ohne gebautes und das gebaute nicht ohne das grafische Bild denkbar. Sie griffen ineinander und entfalteten erst im Zusammenspiel ihr visuelles Potenzial: Das gebaute Bild bot mit seiner Kulisse das Bildmaterial, während das grafische Bild die zeitliche Begrenzung zu kompensieren erlaubte. Vor allem bei den NS-Veranstaltungen wurde gar die Aufhebung der Grenze zwischen gebautem und grafischem Bild angestrebt. So folgte die architektonische Gestaltung den Regeln des Bildes und des Filmes, die den Betrachter losgelöst von Raum und Zeit in den Stadtraum holen und ihn an der Veranstaltung teilhaben lassen konnten.

Das grafische Bild wurde als Bedingung und Garant des gebauten Stadtbildes verstanden; erst durch die Abbildung und Vermarktung im Bild werden Räume mit Bedeutung aufgeladen und damit zum Ort: Avancierten also die architektonischen Veränderungen im Nationalsozialismus durch das grafische Bild zum Ort? – so lässt sich abschließend fragen. Die Frage lässt sich mit einem klaren „Nein“ beantworten. Vier Erklärungsansätze lassen sich aus der Untersuchung ableiten, die nicht voneinander isoliert, sondern erst in Kombination das Scheitern begründen.

Erstens war der Zeitraum von 1933 bis 1945, in der ein Plan über die Realisierung zum Ort werden konnte, begrenzt. Das Beispiel Münster zeigt, dass die als bedeutend wahrgenommenen städtischen Orte eine lange Geschichte und Tradition aufwiesen. Auch nicht politisch und ideologisch aufgeladene Räume, wie zum Beispiel das Aaseebad, konnten sich innerhalb der kurzen Zeitspanne des Bestehens nicht etablieren. Die Transformation des Stadtbildes bedarf demnach ein gewisses Maß an Zeit, ältere Bilder lassen sich nicht aus dem Stehgreif durch neue substituieren, sondern nur allmählich umformen. Dieser Aspekt ist allgemeiner Natur und lässt sich sicherlich in Untersuchungen zu anderen Städten ebenso beobachten. In Münster erhält der Zeitfaktor jedoch noch einmal eine besondere Relevanz durch die als eher konservativ und traditions- wie heimatbewusst geltende Bevölkerung, während sich eine Stadt wie Berlin durch stetige Neuerfindung und rasche Wandelungs- und Transformationsprozesse auszeichnete und auszeichnet.[443]

Zweitens konzentrierte sich die Stadtbildgestaltung Münsters, die schon innerhalb des Untersuchungszeitraumes visuell wahrnehmbar wurde, auf bereits bestehende Orte, statt darauf, neue hervorzubringen. Erst langfristig sollten diese durch neue, nationalsozialistische Orte entkräftet und abgelöst werden. Heimat und Brauchtum stellten eine Schnittmenge zwischen Bevölkerung und Gauleitung dar, die bei der visuellen Inszenierung genutzt wurde. Als ländlich geprägte Stadt mit mittelalterlichem Kleinstadtcharme stellte Münster bereits im Gegensatz zu den als Sündenpfuhl erachteten urbanen Zentren zumindest in dieser Hinsicht einen Idealtyp einer Stadt dar. Indem die Machthaber an Sehgewohnheiten der Bürgerinnen und Bürger anknüpften, versuchten sie sich über das altbekannte Stadtbild in eine Tradition zu stellen und somit ihre Herrschaft zu legitimieren: Gerade neue Ideologien und Systeme bedürfen zu Legitimationszwecken immer der Traditionsbehauptung, in Anlehnung an Eric Hobsbawm und Terence Ranger ließe sich von einer „Invention of Stadtbild-Tradition" sprechen.[444] Diesem Ansatz gilt es jedoch, in anschließenden Forschungsarbeiten nachzuspüren.

Drittens entsprach die Inszenierung Münsters als nationalsozialistische Stadt trotz aller Bemühungen, sich optisch an der Umgebung zu orientieren, nicht dem, was als städtisches Eigenes erlebt wurde, das Material der Stadt eignete sich nur bedingt. Diese Erkenntnis soll jedoch nicht zur allumfassenden Entlastung der Stadt und ihrer Bürger dienen – schließlich hatte die Stadtverwaltung die visuelle Inszenierung ermöglicht und getragen, die Bürger hatten, wenn auch nicht so geschlossen, wie im grafischen Bild suggeriert, mitgewirkt. Dieses grundsätzliche Sträuben der Stadt und ihres Materials gegen die visuelle Annexion „ihres" Stadtbildes lässt sich jedoch nicht ausschließlich als Ausdruck der Distanz zum NS-Regime, sondern vielmehr auch als ein Plädoyer für das Eigene verstehen.

Viertens nämlich steht der Moment der Homogenisierung, die der Inszenierung in Münster wie in anderen deutschen Städten folgerichtig innewohnen musste, wenn der Anspruch auf allumfassende Herrschaft visualisiert werden

443 So griff der Senat der Stadt Berlin dieses Image auf und plante 2007 eine Imagekampagne unter dem Slogan „Berlin – Stadt des Wandels". Siehe dazu *„Stadt des Wandels"*. Senat plant Imagekampagne für Berlin, in: Der Tagesspiegel v. 21.5.2007 (online abgerufen unter: https://www.tagesspiegel.de/berlin/stadt-des-wandels-senat-plant-imagekampagne-fuer-berlin/852120.html, 12.04.2023).

444 Vgl. Eric Hobsbawm/Terence Ranger, The Invention of Tradition, Cambridge 2012.

sollte, dem ursprünglichen Stadtbildgedanken diametral entgegen: Geht es doch beim Stadtbild um die Abgrenzung zu anderen Städten, um die Inszenierung des Eigenen, des Einzigen, des Unverwechselbaren. Die Nivellierung des Stadtspezifischen musste früher oder später zur Ablehnung durch die Münsteraner Bürgerinnen und Bürger führen, für die das traditionelle Stadtbild einen integralen Bestandteil ihrer städtischen Identität darstellte. Wie der Zeitfaktor dürfte auch dieser Aspekt nicht münsterspezifisch sein: Auch wenn das traditionelle Stadtbild gerade in Münster eine starke Bedeutung für die Bürger hatte, so ist doch anzunehmen, dass sich auch andere Städte gegen diese Einebnung sträubten, ohne das Material der Städte genauer zu kennen.

Der Untersuchungszeitraum Nationalsozialismus fügte sich demnach nur bedingt in die Stadtbilddefinition und -funktion nach Löw und hat deutlich gemacht, an welchen Stellen das Konzept in der historischen Anwendung an seine Grenzen kommt. Die Reibungspunkte sollen jedoch nicht davon abhalten, weitere Untersuchungen im historischen Kontext zu wagen, gibt doch jede Abweichung Aufschluss darüber, was die Zeiten und Systeme unterscheidet. Insgesamt erwies sich der intermediale Zugriff als durchaus aufschlussreich: Eine Untersuchung, die sich auf eine bestimmte Bildart stützt, hätte ganz andere Ergebnisse zutage gefördert, in denen die Komplexität des Stadtbildes wie die Vielgestalt und das Potenzial der Bilder verborgen geblieben wäre. Es drängt sich die Frage auf, wie sich das Münsteraner Stadtbild in den folgenden Jahrzehnten nach dem Krieg entwickelte. Die tendenziell bessere Überlieferungslage für diesen Zeitraum könnte wichtige Hinweise auf die Konzeption und den Aushandlungsprozess in Bezug auf die Stadtbildgestaltung geben, welche in dieser Arbeit weitestgehend offenbleiben mussten. Zwar liegt mit Matthias Freses Arbeit zum Tourismus und zur städtischen Kultur bereits ein wichtiger Beitrag für die zweite Hälfte des 20. Jahrhunderts vor,[445] allerdings gilt es, auch hier die Untersuchung um andere Bereiche, in denen sich das Stadtbild artikuliert, zu erweitern und diese auf ihre visuelle Dimension hin zu befragen. Ferner eröffnen sich zahlreiche Forschungsperspektiven, wenn der Blick auf andere Städte erweitert wird: Inwiefern verändert sich das Stadtbild bei Grenzverschiebungen und -auflösungen, wie zum Beispiel im Zuge der Gebietsreformen oder der Verdichtung? Ein interessanter Untersuchungsraum könnte zum Beispiel das

445 Vgl. Matthias Frese, Von der Besichtigung zum Event. Städtische Kultur und Tourismus am Beispiel der Stadt Münster 1950–2010, in: Karl Ditt/Cordula Obergassel (Hg.), Vom Bildungsideal zum Standortfaktor. Städtische Kultur und Kulturpolitik in der Bundesrepublik, Paderborn u.a. 2012, S. 265–315.

Ruhrgebiet darstellen: Gibt es durch schwindende Grenzen der Städte überhaupt noch stadtspezifische Aushängeschilder oder aber lässt sich vielmehr ein städteübergreifender Bildraum konstatieren? Als besonders spannender Untersuchungszeitraum für die visuelle Inszenierung der Stadt im gebauten und grafischen Bild erweisen sich die 1970er Jahre, die sich durch den Strukturwandel der Moderne, den Wechsel von der Logik des Allgemeinen hin zu einer Logik des Besonderen, wie von Andreas Reckwitz postuliert, auszeichnen.[446] Brach die Vormachtstellung des traditionellen Stadtbildes infolge der Pluralisierungs- und Fragmentierungsprozesse in der Gesellschaft und des Wunsches nach gesellschaftlicher Repräsentation verschiedener Gruppen, Milieus und Individuen auf, indem kein Konsens mehr gefunden werden kann, was genau das Eigene ist und wie es zu inszenieren ist? Oder aber führte der Individualisierungszwang, der Druck, durch Hervorbringen von Einzigartigem auf dem Markt zu bestehen, gerade dazu, das spezifische, einzigartige Stadtbild Münsters noch fester zu umgreifen? Jenen Fragen nachzuspüren, bleibt die Aufgabe zukünftiger Forschungsarbeiten.

446 Vgl. Andreas Reckwitz, Die Gesellschaft der Singularitäten. Zum Strukturwandel der Moderne, 5. Aufl., Berlin 2018.

Abkürzungsverzeichnis

BArch	Bundesarchiv Berlin
LAV NRW, Abt. OWL	Landesarchiv Nordrhein-Westfalen, Abteilung Ostwestfalen-Lippe
LAV NRW, Abt. Westf.	Landesarchiv Nordrhein-Westfalen, Abteilung Westfalen
MA	Münsterischer Anzeiger
MZ	Münsterische Zeitung
NL	Nachlass
NS	nationalsozialistisch
OB	Oberbürgermeister
StAMs	Stadtarchiv Münster
StMU	Stadtmuseum Münster

Abbildungsverzeichnis

Abb. 1/2:	LWL-Medienzentrum, 16FA1128inv.5879.
Abb. 3/4:	LAV NRW, Abt. OWL, D72, NL Meyer, Nr. 38.
Abb. 4:	*Münster steht zum Führer!*, MA 11.4.1938.
Abb. 5:	LAV NRW, Abt. OWL, D72, NL Meyer, Nr. 12.
Abb. 6:	LAV NRW, Abt. OWL, L113, Gauinspektion Nr. 10.
Abb. 7:	StAMS, Slg-FS–47, Nr. 4940.
Abb. 8:	*Münster steht zum Führer!*, MA 11.4.1938.
Abb. 9:	LWL-Medienzentrum, 16FA1128inv.2037.
Abb. 10:	LAV NRW, Abt. OWL, D72, NL Meyer, Nr. 12.
Abb. 11:	LAV NRW, Abt. OWL, D72, NL Meyer, Nr. 18.
Abb. 12:	LAV NRW, Abt. OWL, D72, NL Meyer, Nr. 18.
Abb. 13:	LAV NRW, Abt. OWL, D72, NL Meyer, Nr. 18.
Abb. 14:	StAMS, Stadt-Dok: Nr. 57.6,07–12/1944 – Foto 155.
Abb. 15:	StAMS, Slg-FS–47, Nr. 7763.
Abb. 16:	StAMS, Slg-FS-WVA, Nr. 13977.
Abb. 17:	StAMS, Slg-FS–47, Nr. 408.
Abb. 18:	StAMS, Stadt-Dok Nr. 53.10 – 10/1941, Nr. 82.

Quellen- und Literaturverzeichnis

Ungedruckte Quellen

Bundesarchiv Berlin (BArch)
Kanzlei Rosenberg NS 8/150
Schreiben des Oberpräsidenten an den Leiter der Staatspolizeistelle, 3.6.1936.
Kanzlei Rosenberg NS 8/152
Bericht der Staatspolizeistelle zum Gautreffen der NSDAP in Westfalen-Nord 8.7.1935.

Landesarchiv Nordrhein-Westfalens, Abt. Westfalen (LAV, Abt. Westf.)
Gauleitung Westfalen-Nord, Hauptleitung, Nr. 24
Stimmungs- und Lagebericht für den Monat März 1937.
Regierung Münster Nr. 42693
Schreiben an den Regierungspräsidenten, 26.6.1935.
Schreiben der Wehrkreisverwaltung an den Regierungspräsidenten, 27.6.1935.
Schreiben des Regierungspräsidenten an das Generalkommando, 6.7.1936.
Staatshochbauamt, Nr. 1340
Erläuterungsbericht zu den zeichnerischen Ausarbeitungen über die Verbesserungen des Hindenburgplatzes in Münster samt Kostenvoranschlägen.

Landesarchiv Nordrhein-Westfalen, Abt. Ostwestfalen (LAV, Abt. OWL)
D 72, Nachlass Alfred Meyer, Nr. 8
Meyer, Alfred, „Aus der Arbeit eines Gauleiters und Reichstatthalters". Vortrag des Gauleiters und Reichstatthalters Dr. Alfred Meyer vor der auswärtigen Diplomatie und Presse am 15.4.1937, S. 1–11.
D 72, Nachlass Alfred Meyer, Nr. 18
Urkunde zur Grundsteinlegung des Gauhauses.
D72, Nachlass Alfred Meyer, Nr. 80
Schreiben von Göring an Meyer, 13.2.1941.
L113, Nr. 59
Rundschreiben der Gaupropagandaleitung Westfalen-Nord an die Kreisleiter und Kreispropagandaleiter, 16.2.[1933].
L113, Nr. 97
Erfahrungsbericht über das Gautreffen in Bielefeld, undat.
Schreiben der Gaupropagandaleitung zum Gautreffen samt Anlagen, undat.
Rundschreiben des Gauorganisationsleiters, 3.5.1935.
Rundschreiben des Gauorganisationsleiters 28.6.1935.
Rundschreiben des Gauorganisationsleiters, 29.6.1935.

LWL-Archivamt für Westfalen, Archiv LWL
132 K299, Personalakte Bartels:
Urteil des Spruchgerichts Bielefeld vom 12.2.1949.
907, Nachlass Kolbow:
Rundschreiben der Gaupropagandaleitung an die Kreispropagandaleiter, 8.8.193[4].

LWL-Medienzentrum für Westfalen
35FA056inv.2109.
Beta-SPFA2018inv.5879.
DVDFA05inv.11190.
16FA1128inv.2037.

Stadtarchiv Münster (StAMs)
Amt 11 (Personalamt), Nr. 485:
Handschriftlicher Bericht über die Tätigkeiten Poelzigs, S. 3–5.
Amt 23, Nr. 4–5 (alt):
Beglaubigte Abschrift des Mietvertrags zwischen Stadt und der Partei.
Amt 23, Nr. 806:
Schreiben des Regierungspräsidenten an das Stadtplanungsamt, 6.8.1937.
Schreiben an den Regierungspräsidenten, 22.7.1938.
Schreiben des Oberbürgermeisters an das Vermessungsamt, 27.7.1938.
Schreiben des städtischen Tiefbauamtes an den Beigeordneten Dr. Fulda, 19.9.1938.
Schreiben der Wehrkreisverwaltung VI an den Oberbürgermeister Münsters, 21.10.1938.
Amt 61, Nr. 4:
Bartels, Hermann, Umgestaltung der Gauhauptstadt Münster.
DS 265:
Verwaltungsbericht 1926–1945.
Fach 155, Nr. 15:
Richtlinien des Deutschen Gemeindetages vom 5.6.1940.
Richtlinien zur Metallspendeaktion, 20.6.1940.
Schreiben des Reichsinnenministers vom 24.7.1940.
Entscheidung des OB Hillebrand vom 23.9.1940.
Beschwerde des Bischofs vom 15.10.1940.
Beschwerde der Pfarrgemeinde vom 16.10.1940.
Beschwerde des Regierungspräsidenten vom 22.10.1940.
Schreiben des OB Hillebrands vom 2.12.1940.
Entscheidung der Gutachter vom 25.6.1941.
Schreiben des Reichsinnenminister vom 3.5.1942.
Übersicht vom 6.3.1943.
SLG-AVM, Nr. 259:
Münster. Westfalens schöne Hauptstadt (1938).
SLK-PK (Postkartensammlung):
Nr.: 735; 739; 740; 1331; 1332; 1334; 1338; 1346; 1355; 1357; 1359; 1360; 1364; 1669; 2776.

Stadt-Dok, Nr. 25:
Ergebnis der Besprechung in Berlin, 26.10.1927.
Schreiben des Gauwartes an das Städtische Archivamt, 24.6.1936.
Übersicht über die Zahl der Fremden mit Übernachtungen.
Stadtregistratur Fach 36, Nr. 18b:
Verschlüsselter Funkspruch aus Berlin vom 11.11.1938.
Schreiben des Oberfinanzpräsidenten an den OB Hillebrand, 6.12.1938.
Urkunde der Übertragung der Synagogengemeinde an die Stadt Münster, 16.3. 1939.
Schreiben des OB Hillebrand an die Kämmerei-Verwaltung, 24.5.1939.
Stadtregistratur Fach 50, Nr. 96:
Broschüre Gautreffen 1935 der N.S.D.A.P. Gau Westfalen-Nord in Münster i.W. am 5., 6. u. 7. Juli, Sonderdruck der „Münsterschen Wochenschau".
Stadtverordneten Registratur Nr. 70a:
Sitzungsprotokoll vom 14.11.1938.
Zentralbüro Nr. 288:
Tätigkeitsbericht über die Kriegsarbeit städtischer Dienststellen.

Stadtmuseum Münster (StMU)
Führer durch Münster, hrsg. v. Städtischen Verkehrsamt, Münster [1925], Inv. Nr. 124.
Führer durch Münster, hrsg. v. Stadtverwaltung in Verbindung mit dem Verkehrsverein, Münster [1927], Inv. Nr. 1083.
Führer durch Münster, hrsg. v. Städtischen Verkehrsamt, Münster [1930], Inv. Nr 7545.
Münster i. W., hrsg. v. Verkehrsverein, Münster [1934], Inv. Nr. 10553.
Führer durch das alte Münster, hrsg. v. Städtischen Verkehrsamt mit dem Verkehrsverein, Münster [1937], Inv. Nr. 125.
Führer durch das alte Münster, hrsg. v. Städtischen Verkehrsamt mit dem Verkehrsverein, Münster [1941], Inv. Nr. 269.
Gorschlüter, Alfred, Unser Münster, [Münster 1946].
Hövel, Ernst, Stadt Münster, Soest 1950 (Kunstführer des westfälischen Heimatbundes 29), Inv. Nr. 6217.

Gedruckte Quellen (ohne Presseartikel)

Aus dem Bericht der Kreisleitung Münster-Stadt für März 1937, in: Joachim Kuropka (Hg.), Meldungen aus Münster 1924–1944, Münster 1992, S. 650.
Aus dem Lagebericht der der Staatspolizeistelle für den Regierungsbezirk Münster für Juli 1935, in: Joachim Kuropka (Hg.), Meldungen aus Münster 1924–1944, Münster 1992, S. 163–164.
Aus dem Stimmungs- und Lagebericht der NSDAP-Gauleitung Westfalen-Nord für März 1937, in: Joachim Kuropka (Hg.), Meldungen aus Münster 1924–1944, Münster 1992, S. 650–653.

Beautiful Münster. Münster in Westphalia Germany, hrsg. v. Städtischen Verkehrsamt, Bremen [*terminus ante quem* 1933].

Bergenthal, Münster steckt voller Merkwürdigkeiten, Münster 1939.

Das schöne Münster, hrsg. v. der Kreisleitung der NSDAP, Münster 1939 (11), H. 6.

Der Parteitag der Ehre vom 8. Bis 14. September 1936. Offizieller Bericht über den Verlauf des Reichsparteitages mit sämtlichen Kongressreden, hrsg. v. Zentralverlag der NSDAP, München 1936.

Einwohnerbuch der Stadt Münster (Westf.) 1934/35, 56. Jg.

Erlass des Führers und Reichskanzlers über städtebauliche Maßnahmen in der Stadt Münster (Westf), 31.3.1939, RGBI 1939, Teil I.

Galen, Clemens August von, Protokoll der Dechantenkonferenz, 19.4.1934, in: Bischof Clemens August Graf von Galen. Akten, Briefe, Predigten. Bd. 1: 1933–1939, hrsg. v. Peter Löffler Mainz 1988, 82–87.

Geisberg, Max, Die Stadt Münster, Bd. 1–7, Münster 1932–1981 (Die Bau- und Kunstdenkmäler von Westfalen 41).

Gesetz über die Neugestaltung deutscher Städte, 4.10.1937, RGBI 1937, Teil I.

Heimat und Reich, 1939, H. 5, S. 171f.

Hitler, Adolf, Eröffnungsrede zur Deutschen Architektur- und Kunsthandwerksausstellung, 22. Januar 1938, in: Max Domarus (Hg.), Hitler. Reden und Proklamationen 1932–1945, Bd. 1, zweiter Halbband 1935–1938, S. 778–780.

Hitler, Adolf, Mein Kampf. Eine kritische Edition, hrsg. v. Christian Hartmann u.a., München – Berlin 2016, Bd. 2.

Hölscher, Eberhard, Hans Pape, Berlin 1928 (Deutsche Buchkünstler und Gebrauchsgraphiker der Gegenwart).

Münster i. W., hrsg. v. Verkehrsverein, Münster [1934].

Münster, Westfalens schöne Hauptstadt. Amtlicher Plan, hrsg. v. der Stadt Münster, Münster 1939, S. 24f.

Per Auto door Westfalen, hrsg. v. Verkehrsvereinen v. Münster, Soest und Osnabrück [Jahr unbekannt].

Polizeibericht vom 18.9.1933 über das „Treuebekenntnis der Westfalen zur NSDAP" (13. Westfalentag) am 16./17.09.1933, in: Joachim Kuropka (Hg.), Meldungen aus Münster 1924–1944, Münster 1992, S. 133–134.

Schreiben von Speer an Lammers vom 4.7.1940, beigefügt der Führererlass vom 25. Juni 1940, in: Jost Dülffer u.a. (Hg.), Baupolitik im Dritten Reich. Eine Dokumentation, Köln 1978, S. 35f.

Schriftleitergesetz, 4.10.1933, in: Recht, Verwaltung und Justiz im Nationalsozialismus. Ausgewählte Schriften, Gesetze und Gerichtsentscheidungen von 1933 bis 1945, hrsg. v. Martin Hirsch u.a., Köln 1984, S. 229–231.

Schröder, Arno, Mit der Partei vorwärts! Zehn Jahre Gau Westfalen-Nord, Detmold 1940.

Troost, Gerdy, Das Bauen im Neuen Reich, Bayreuth 1938.

Wantzen, Paulheinz, Das Leben im Krieg 1939–1946. Ein Tagebuch. Aufgezeichnet in der damaligen Gegenwart von Paulheinz Wantzen, Bad Homburg 2000.

Wiemers, Franz, Kriegschronik. Münster im Zweiten Weltkrieg (online abrufbar unter: https://www.muenster.de/stadt/kriegschronik/1941_nsdap_empfaenge.html, 10.12.2022).

Presseartikel

Hakenkreuzfahne am Rathaus in Münster, MA 7.3.1933.
So feierte Münster den 1. Mai, MA 3.5.1933.
Blumenschmuck beim Gautreffen, MA 4.7.1933.
Flaggen heraus, MA 4.7.1935.
Anordnung der Beflaggung an Dienstgebäuden, MA 5.7.1933.
Bedeutungsvolle Tage, MA 5.7.1933.
Der Tag der Großen Prozession, MA 11.7.1933.
Heimat und Reich, MZ 6.9.1933.
Westfalentag 1933, MA 8.9.1933.
Kommunale Betrachtungen, MA 10.9.1933.
Das Abzeichen zum Westfalentag, MZ 12.9.1933.
Volkskundlicher Kursus am Westfalentag, MA 13.9.1933.
Westfalentag, MZ 13.9.1933.
Bürger Münsters illuminiert zum Westfalentag, MA 15.9.1933.
Eine neue große Hakenkreuzfahne für das münsterische Rathaus, MA 16.9.1933.
Der Ausklang, MA 18.9.1933.
Das Treuebekenntnis der Westfalen, MA 18.9.1933.
Über 200 000 auf dem Hindenburgplatz, MA 18.9.1933.
Das neue Gauhaus am Aasee, MA 3.7.1935.
Flaggen heraus, MA 4.7.1935.
Der Alten Garde zum Gruß, MA 5.7.1935.
Bedeutungsvolle Tage, MA 5.7.1935.
Auf zum Gauparteitag der NSDAP, MA 6.7.1935.
Die Eröffnung des Gautreffens, MA 7.7.1935.
Generalappell der NSDAP Westfalen Nord, MA 8.7.1935.
Die große Prozession, MA 8.7.1935.
Weitere Bilder vom Gautreffen Westfalen-Nord, MA 8.7.1935.
Feierliche Rekruten-Vereidigung in Münster, MA 8.11.1936.
„Hier soll Arbeit für das deutsche Volk geleistet werden“, MA 15.3.1937.
Großzügige Pläne über den Ausbau der Stadt Münster, MA 6.4.1938.
Ein Griff in Münsters Wahlpropaganda, MA 7.4.1938.
Der Lichtdom über Münster, MA 9.4.1938.
Münster steht zum Führer!, MA, 11.4.1938.
Wie Münster nach außen wirbt, MA 26.4.1938.
Baugestaltung des neuen HJ-Heims, MA 19.6.1938.

Die Heime der HJ sind Trutzburgen der Bewegung, MA 20.6.1938.
Der kulturelle Aufbau in Westfalen, MA 25.6.1938.
Der Film vom Schönen Münster, MA 2.8.1938.
Drei Männer kamen aus dem Ratskeller, MA 16.08.1938.
Der Film vom schönen Münster, MA 13.10.1938.
Der neue Stadtbaurat der Stadt Münster, MA 15.11.1938.
„Grüßen Sie mir die Westfalen!", MA 15.1.1939.
Nordwestfälische Kunst im Aufstieg, MA 17.1.1941.
Bauten der Partei, MA 24.1.1941.
Schamloser Terrorangriff auf Münster, MA 12.10.1943.

Literatur

10. Oktober 1943 – Bombenangriff (online abrufbar unter: https://www.stadt-muenster.de/museum/ausstellungen/rueckblick/10-oktober-1943-bombenangriff.html, 14.11.2020).

Barberowski, Jörg, Was sind Repräsentationen sozialer Ordnungen im sozialen Wandel? Anmerkungen zu einer Geschichte interkultureller Begegnungen, in: ders. (Hg.), Arbeit an der Geschichte. Wie viel Theorie braucht die Geschichtswissenschaft?, Frankfurt – New York 2009, S. 7–18.

Bartetzko, Dieter, Wir haben wieder Helden. Die Stimmungsarchitektur des NS-Staates und die Ikonographie des Vagen, in: Arnold Bartetzky u.a. (Hg.), Neue Staaten – neue Bilder? Visuelle Kultur im Dienst staatlicher Selbstdarstellung in Zentral- und Osteuropa seit 1918, Köln u.a. 2005 (Visuelle Geschichtskultur 1), S. 141–146.

Bartetzko, Dieter, Zwischen Zucht und Ekstase. Zur Theatralik von NS-Architektur, Berlin 1985.

Bergenthal, Josef, Münster steckt voller Merkwürdigkeiten, Münster ^{27}1985.

Beyme, Klaus von, Politische Ikonologie der Architektur, in: Hermann Hipp – Ernst Seidl (Hg.), Architektur als politische Kultur, Berlin 1996, S. 19–34.

Boyd, Eva/Masthoff, Horstfried, Waldemar Mallek, in: Bernhard Köster (Hg.), Ex Bibliothecis Westfalicis, Wiesbaden 1977, S. 77f.

Bredekamp, Horst, Theorie des Bildakts. Über das Lebensrecht des Bildes, Frankfurt a.M. 2010.

Brocks, Christine, Ist Clio im Bilde? Neuere historische Forschungen zum Visuellen, Archiv für Sozialgeschichte 53 (2013), S. 453–486.

Conze, Linda, Die Ordnung des Festes/ Die Ordnung des Bildes, in: Zeithistorische Forschungen/Studies in Contempo-rary History, Online-Ausgabe, 12 (2015), H. 2, S. 210–235.

Ditt, Karl, Der Raum Westfalen im 19. und 20. Jahrhundert als Gegenstand der Kulturpolitik, in: Bernd Walter – Wilfried Reininghaus (Hg.), Räume – Grenzen –

Identitäten. Westfalen als Gegenstand landes- und regionalgeschichtlicher Forschung, Paderborn 2013 (Forschungen zur Regionalgeschichte 1), S. 139–170.

Ditt, Karl, Raum und Volkstum. Die Kulturpolitik des Provinzialverbandes Westfalen 1923–1945, Münster 1988 (Veröffentlichungen des Provinzialinstituts für westfälische Landes- und Volksforschung des Landschaftsverbandes Westfalen-Lippe).

Ditt, Karl, Die westfälische Heimatbewegung in der ersten Hälfte des 20. Jahrhunderts zwischen Nationalismus und Regionalismus, Heimatpflege in Westfalen 14 (2001), H. 2, S. 2–11.

Druckgrafik „Trotzdem und dennoch Wi staoht fast!", Sammlung LWL Museum für Kunst und Kultur (online abrufbar unter: https://www.lwl.org/AIS5/Details/collect/9507, 14.11.2020).

Erdmann, Philipp/Hartmann, Annika, Die gescheiterte Ordnung des Stadtraums. Stadtplanung und öffentlicher Wohnungsbau in Münster entlang der Systemwechsel 1933 und 1945, in: Winfried Süß – Malte Thießen (Hg.), Städte im Nationalsozialismus. Urbane Räume und soziale Ordnungen, Göttingen 2017 (Beiträge zur Geschichte des Nationalsozialismus 33), S. 151–175.

Erdmann, Philipp, Kommunales Krisenhandeln im Zweiten Weltkrieg und in der Nachkriegszeit. Die Stadtverwaltung Münster zwischen Nationalsozialismus und Demokratisierung, Berlin 2019 (Villa ten Hompel Schriften 14).

Folkerts, Liselotte, Goethe in Westfalen. Keine Liebe auf den ersten Blick (Kunst und Kultur in Westfalen 1), Berlin 2010.

Freitag, Werner, Der Führermythos im Fest. Festfeuerwerk, NS-Liturgie, Dissens und „100% KdF-Stimmung", in: ders. (Hg.), Das Dritte Reich im Fest. Führermythos, Feierlaune und Verweigerung in Westfalen 1933–1945, Bielefeld 1997, S. 11–77.

Frese, Matthias, Von der Besichtigung zum Event. Städtische Kultur und Tourismus am Beispiel der Stadt Münster 1950–2010, in: Karl Ditt/Cordula Obergassel (Hg.), Vom Bildungsideal zum Standortfaktor. Städtische Kultur und Kulturpolitik in der Bundesrepublik, Paderborn u.a. 2012, S. 265–315.

Giese, Stephanie u.a., Visuelle Kommunikationsgeschichte. Historische Perspektiven auf den Iconic Turn. Die Entwicklung der öffentlichen visuellen Kommunikation, in: dies. (Hg.), Historische Perspektiven auf den Iconic Turn. Die Entwicklung der öffentlichen visuellen Kommunikation, Köln 2016, S. 11–18.

Goch, Stefan, Parteifeiertage. Feiern der Staatspartei, in: ders./Heinz-Jürgen Priamus (Hg.), Macht der Propaganda oder Propaganda der Macht? Inszenierung nationalsozialistischer Politik im „Dritten Reich" am Beispiel der Stadt Gelsenkirchen, Essen 1994, S. 16–20.

Göschel, Albrecht, „Stadt 2030". Das Themenfeld „Identität", in: Deutsches Institut für Urbanistik (Hg.), Zukunft von Stadt und Region, Wiesbaden 2006, S. 265–302.

Graf, Robert, Die Inszenierung der „Reichshauptstadt Berlin" im Nationalsozialismus, in: Thomas Biskup/Marc Schalenberg (Hg.), Selling Berlin. Imagebildung und Stadtmarketing von der preußischen Residenz bis zur Bundeshauptstadt, Stuttgart 2008 (Beiträge zur Stadtgeschichte und Urbanisierungsforschung 6), S. 193–208.

Großbölting, Thomas/Friedmann, Matthias, „Schloss jetzt". Eine Stadt streitet über ihr Früher und ihr Heute, in: Thomas Großbölting (Hg.), Hindenburg- oder Schlossplatz? Was die Debatte über Münster verrät, Münster 2015, S. 7–24.

Großbölting, Thomas, Volksgemeinschaft in der Kleinstadt. Kornwestheim und der Nationalsozialismus, Stuttgart 2017.

Grzesczuk-Brendel, Hanna, Zwischen Gauforum und Ehebett. Das öffentliche und private Leben unter der NSDAP-Kontrolle. Das Beispiel Posen 1939–1945, in: Arnold Bartetzky u.a. (Hg.), Neue Staaten – neue Bilder? Visuelle Kultur im Dienst staatlicher Selbstdarstellung in Zentral- und Osteuropa seit 1918, Köln u.a. 2005 (Visuelle Geschichtskultur 1), S. 147–155.

Gutschow, Niels/Stiemer, Regine, Dokumentation Wiederaufbau der Stadt Münster 1945–1961, Münster 1982.

Gutschow, Niels/Wolf, Johann A., Historische Entwicklung und Perspektiven der Stadtplanung in Münster, in: Peter Weber/Karl-Friedrich Schreiber (Hg.), Westfalen und angrenzende Regionen. Festschrift zum 44. Deutschen Geographentag in Münster, Paderborn 1983 (Münstersche Geographische Arbeiten 15), S. 205–220.

Hachtmann, Rüdiger, Tourismus-Geschichte, Göttingen 2007.

Hagen, Joshua/Robert C. Ostergren, Building Nazi Germany. Place, Space, Architecture, and Ideology, Lanham u.a. 2020.

Hales, Barbara u.a. (Hg.), Continuity and Crisis in German Cinema 1928–1936, Rochester, NY 2016.

Hamann, Christoph, Visual History und Geschichtsdidaktik. Bildkompetenz in der historisch-politischen Bildung, Herbolzheim 2007.

Hamann, Christoph, Zum Eigensinn der Fotografie, in: Saskia Handro/Bernd Schönemann (Hg.), Visualität und Geschichte, S. 23–35.

Handro, Saskia/Bernd Schönemann, Einleitung, in: dies. (Hg.), Visualität und Geschichte, S. 1–5.

Hänsel, Sylvaine/Stefan Rethfeld, Architekturführer Münster, Berlin 2008.

Hartewig, Karin, Fotografien, in: Michael Maurer (Hg.), Aufriss der historischen Wissenschaften, Bd. 4: Quellen, Stuttgart 2002, S. 427–448.

Hartmann, Annika, Verwaltung vor Ort zwischen Konflikt und Kooperation. Die Stadtverwaltung Münster und der Nationalsozialismus, Berlin 2019.

Hasenauer, Carolin, Der Kiepenkerl, in: Lena Krull (Hg.), Westfälische Erinnerungsorte. Beiträge zum kollektiven Gedächtnis einer Region, Paderborn 2017, S. 297–304.

Hesse, Klaus, Gelenkte Bilder. Propagandistische Sichtweisen und fotografische Inszenierungen der Reichshauptstadt, in: Michael Wildt/Christoph Kreutzmüller (Hg.), Berlin 1933–1945, München 2013, S. 279–293.

Hobsbawm, Eric/Terence Ranger, The Invention of Tradition, Cambridge 2012.

Hösch, Sebastian, Heimattage. Methoden der Beheimatung in Hessen, Baden-Württemberg und Westfalen (1945–1985), Paderborn 2019.

Hofferberth, Annina L., Beyond Approved Reactions. Assesments of the NSDAP's Nuremberg Party Rallies in Diaries and Letters, 1933–1938, in: Ulrike Weckel

(Hg.), Audiences of Nazism. Medie Effects and Responses, 1923–1945, Oxford/New York [im Erscheinen].

Hoffrogge, Jan Matthias, Der „Wiedertäufermythos“. Münsters umstrittener Erinnerungsort, Münster 2018.

Holzschuh, Ingrid, Verlorene Stadtgeschichten. Hitlers Blick auf Wien, in: dies./Monika Platzer (Hg.), „Wien. Die Perle des Reiches“. Planen für Hitler, Wien 2015, S. 27–45.

Hüttenberger, Peter, Die Gauleiter. Studie zum Wandel des Machtgefüges in der NSDAP, Stuttgart 1969.

Jakobi, Franz-Josef, Münster. Entstehung und Geschichte der Stadt vom 8. bis 20. Jahrhundert, Bd. 1, Münster 2023.

Jansen, Anscar, Studien über die Pläne zur Umgestaltung Münsters im „Dritten Reich“, unveröffentlichte Magisterarbeit, Universität Marburg 1996.

John-Stucke, Kirsten, Himmler's Plans and Activities in Wewelsburg, in: dies./Daniela Siepe (Hg.), Myths of Wewelsburg Castle. Facts and Fiction, Paderborn 2022, S. 1–32.

Kaufmann, Doris, Katholisches Milieu in Münster 1928–1933. Politische Aktionsformen und geschlechtsspezifische Verhaltensräume, Düsseldorf 1984.

Keitz, Christine, Reisen als Leitbild. Die Entstehung des modernen Massentourismus in Deutschland, München 1997.

Kellerhoff, Sven Felix, Ein ganz normales Pogrom. November 1938 in einem deutschen Dorf, Stuttgart 2018.

Koop, Andreas, NSCI. Das visuelle Erscheinungsbild der Nationalsozialisten 1920–1945, 3. Aufl., Mainz 2017.

Köppen, Manuel/Erhard Schütz (Hg.), Kunst der Propaganda. Der Film im Dritten Reich, Bern u.a. 2007.

Kropp, Alexander, Architektur und Propaganda am Beispiel des G.B.I., in: Wolfgang Benz u.a. (Hg.), Kunst im NS-Staat. Ideologie, Ästhetik, Protagonisten, Berlin 2015, S. 333–345.

Kuropka, Joachim, Auf dem Weg in die Diktatur. Zu Politik und Gesellschaft in der Provinzialhauptstadt Münster 1929–1934, in: Westfälische Zeitschrift 134 (1984), S. 157–199.

Kuropka, Joachim, Münster in der nationalsozialistischen Zeit, in: Franz-Josef Jakobi (Hg.), Geschichte der Stadt Münster. Bd. 2, 3. Aufl., Münster 1994, S. 285–330.

La Speranza, Marcello, Brisante Architektur. Hinterlassenschaften der NS-Zeit. Parteibauten, Bunker, Weihestätten, Graz 2016.

Laurenz, Lars, Die Pläne zur Neugestaltung der Gauhauptstadt Münster. Erweiterte Fassung eines Vortrages vom 17. Juni 2017 im Rahmen des 92. Kunsthistorischen Studierendenkongresses in Münster, 15.–18. Juni 2017 (online abgerufen unter: http://archiv.ub.uni-heidelberg.de/artdok/volltexte/2020/6802, 4.12.2022).

Lepsius, M. Rainer, Parteiensystem und Sozialstruktur. Zum Problem der Demokratisierung der deutschen Gesellschaft, in: ders., Demokratie in Deutschland. Soziologisch-historische Konstellationsanalysen. Ausgewählte Aufsätze, Göttingen 1993, S. 25–50.

Loos, Karina, Die Inszenierung der Stadt. Planen und Bauen im Nationalsozialismus in Weimar, Weimar 2000 [Diss.] (online abgerufen unter: https://e-pub.uni-weimar.de/opus4/frontdoor/index/index/start/0/rows/10/sortfield/score/sortorder/desc/searchtype/simple/query/loos+inszenierung/docId/48, 04.12.2022).

Löw, Martina, Soziologie der Städte, 3. Aufl., Frankfurt a.M. 2018.

Löw, Martina, Vom Raum aus die Stadt denken. Grundlagen einer raumtheoretischen Stadtsoziologie, Bielefeld 2018, S. 129–131.

Mecking, Sabine, Erstklassige Verwaltungskarrieren bei zweitklassigen Voraussetzungen. Die städtische Funktionselite der westfälischen Gauhauptstadt Münster, in: Detlef Schmiechen-Ackermann/Steffi Kaltenborn (Hg.), Stadtgeschichte in der NS-Zeit. Fallstudien aus Sachsen-Anhalt und vergleichende Perspektiven, Münster 2005, S. 66–78.

Mecking, Sabine, Initiatives, Actors, and Environment. The Münster City Council and „Jewish Policy" in the National Socialist State, in: Holocaust and Genocide Studies 22 (2008), H. 3, S. 475–496.

Mecking, Sabine, „Immer treu". Kommunalbeamte zwischen Kaiserreich und Bundesrepublik, Essen 2003.

Medicus, Thomas (Hg.), Verhängnisvoller Wandel. Ansichten aus der Provinz 1933 – 1949. Die Fotosammlung Biella, Bonn 2016.

Meng, Michael, The Politics of Antifascism. Historic Preservation, Jewish Sites, and the Rebuilding of Potsdam's Altstadt, in: Gavriel D. Rosenfeld/Paul B. Jaskot (Hg.), Beyond Berlin. Twelve German Cities Confront the Nazi Past, Michigan 2008, S. 231–250.

Miller Lane, Barbara, Architektur und Politik in Deutschland 1918–1945, Braunschweig/Wiesbaden 1986.

Minner, Katrin, Lost in transformation? Städtische Selbstdarstellung in Stadt(werbe)film der 1950er bis 1970er Jahre, in: Clemens Zimmermann (Hg.), Stadt und Medien. Vom Mittelalter bis zur Gegenwart, Köln u.a. 2012, S. 197–216.

Müller, Susanne, Zur Medienkulturgeschichte des Reisehandbuchs, in: Rudolf Jaworski (Hg.), Der genormte Blick aufs Fremde. Reiseführer in und über Ostmitteleuropa, Wiesbaden 2011, S. 36–52.

N. N., Gesicht und Haltung des Aufbaus, in: Baumeister 4 (1952), S. 1–15.

N. N., Visuelle Kommunikationsgeschichte. Historische Perspektiven auf den Iconic Turn. Die Entwicklung der öffentlichen visuellen Kommunikation, in: Stephanie Geise u.a. (Hg.), Historische Perspektiven auf den Iconic Turn. Die Entwicklung der öffentlichen visuellen Kommunikation, Köln 2016, S. 11–18.

Nerdinger, Winfried, Bauen im Nationalsozialismus. Von der quantitativen Analyse zum Gesamtzusammenhang, in: Christoph Hölz/Regina Prinz (Hg.), Winfried Nerdinger. Architektur – Macht – Erinnerung. Stellungnahmen 1984–2004, München u.a. 2004, S. 107–118.

Nerdinger, Winfried, Bauen im Nationalsozialismus. Zwischen „Internationalem Klassizismus" und Regionalismus, in: Christoph Hölz/Regina Prinz (Hg.), Winfried Nerdinger. Architektur – Macht – Erinnerung. Stellungnahmen 1984–2004, München u.a. 2004, S. 119–132.

Nerdinger, Winfried, Funktionen und Bedeutung von Architektur im NS-Staat, in: Wolfgang Benz u.a. (Hg.), Kunst im NS-Staat. Ideologie, Ästhetik, Protagonisten, Berlin 2015, S. 279–300.

Pagenstecher, Cord, Der bundesdeutsche Tourismus. Ansätze zu einer Visual History. Urlaubsprospekte, Reiseführer, Fotoalben 1950–1990, Hamburg 2003.

Paul, Gerhard, Bilder einer Diktatur, Zur Visual History des „Dritten Reiches", Göttingen 2020.

Paul, Gerhard, BilderMACHT. Studien zur *Visual History* des 20. und 21. Jahrhunderts, Göttingen 2013.

Paul, Gerhard, Jahrhundert der Bilder. Die visuelle Geschichte und der Bilderkanon des kulturellen Gedächtnisses, in: ders. (Hg.), Das Jahrhundert der Bilder, Bd. II: 1949 bis heute, Bonn 2008, S. 15–39.

Paul, Gerhard, Kampf um Symbole. Symbolpublizistischer Bürgerkrieg 1932, in: ders. (Hg.), Das Jahrhundert der Bilder. Bd I.: 1900–1949, Göttingen 2009, S. 420–427.

Paul, Gerhard, Visual History und Geschichtsdidaktik. Grundsätzliche Überlegungen, in: Zeitschrift für Geschichtsdidaktik 12 (2013), S. 9–26.

Paul, Gerhard, Das visuelle Zeitalter. Punkt & Pixel, Göttingen 2016.

Paul, Gerhard, Vom Bild her denken. Visual History 2.0.1.6., in: Jürgen Danyel u.a. (Hg.), Arbeit am Bild. Visual History als Praxis Göttingen 2017, S. 7–72.

Paul, Gerhard, Von der Historischen Bildkunde zur Visual History. Eine Einführung, in: ders. (Hg.), Visual History. Ein Studienbuch, Göttingen 2006, S. 7–36.

Pick, Gunnar, Kontinuität oder Neubeginn? Der Wiederaufbau in Münster (online abrufbar unter: http://alt.westfaelischer-kunstverein.de/uploads/pdf/2000_realplaces/pick.pdf, 12.12.2022).

Priamus, Heinz-Jürgen, Meyer. Zwischen Kaisertreue und NS-Täterschaft. Biographische Konturen eines deutschen Bürgers, Essen 2011.

Priamus, Heinz-Jürgen, Regionale Aspekte in der Politik des nordwestfälischen Gauleiters Alfred Meyer, in: Horst Möller u.a. (Hg.), Nationalsozialismus in der Region. Beiträge zur regionalen und lokalen Forschung und zum internationalen Vergleich, München 1996, S. 175–195.

Priamus, Heinz-Jürgen/Stefan Goch, Propaganda und Macht. Der nationalsozialistische Politikstil, in: dies. (Hg.), Macht der Propaganda oder Propaganda der Macht? Inszenierung nationalsozialistischer Politik im „Dritten Reich" am Beispiel der Stadt Gelsenkirchen, Essen 1994, S. 93–98.

Prinzipalmarkt 1932–1952. Fotografisch dokumentiert von Clemens Hülsbusch, hrsg. v. Hans Galen im Auftrag der Stadt Münster, Münster 1990.

Rasp, Hans-Peter, Bauten und Bauplanung für die „Hauptstadt der Bewegung", in: Richard Bauer u.a. (Hg.), München – „Hauptstadt der Bewegung". Bayerns Metropole und der Nationalsozialismus, München 2002, S. 294–306.

Reckwitz, Andreas, Die Gesellschaft der Singularitäten. Zum Strukturwandel der Moderne, 5. Aufl., Berlin 2018.

Reichhardt, Hans J./Wolfgang Schäche, Von Berlin nach Germania. Über die Zerstörung der „Reichshauptstadt" durch Albert Speers Neugestaltungspläne, 11. Aufl., Berlin 2008.

Richard-Wiegandt, Ursula, Münster. Von der Provinzial- zur Gauhauptstadt. Siedlungsstrukturelle Entwicklung von 1815 bis 1939, Münster 2000.

Rosenberg, Raphael, Architekturen des „Dritten Reiches". „Völkische" Heimatideologie versus internationale Monumentalität, in: Ariane Hellinger u.a. (Hg.), Die Politik in der Kunst und die Kunst in der Politik. Für Klaus Beyme, Wiesbaden 2013, S. 57–86.

Rother, Rainer (Hg.), Zeitbilder. Filme des Nationalsozialismus, Berlin 2019.

Sachsse, Rolf, Urbanes Flair. Städtische Identität zwischen Werbung, Dokumentation und Kritik in fotografischen Publikationsformen des 20. Jahrhunderts, in: Geschichte im Westen 28 (2013). Schwerpunktthema: History sells. Stadt, Raum, Identität, S. 10–27.

Sammlung Hans Pape. Zur Person (online abrufbar unter: https://www.ulb.uni-muenster.de/sammlungen/nachlaesse/sammlung-pape.html, 12.12.2022).

Schäche, Wolfgang, Architektur im NS-Staat am Beispiel Berlin, in: Wolfgang Benz u.a. (Hg.), Kunst im NS-Staat. Ideologie, Ästhetik, Protagonisten, Berlin 2015, S. 301–317.

Scherle, Nicolai, Nichts Fremdes ist mir fremd. Reiseführer im Kontext von Raum und der systemimmanenten Dialektik des Verständnisses von Eigenem und Fremden, in: Rudolf Jaworski (Hg.), Der genormte Blick aufs Fremde. Reiseführer in und über Ostmitteleuropa, Wiesbaden 2011, S. 53–70.

Schmidt, Christoph, Nationalsozialistische Kulturpolitik im Gau Westfalen-Nord. Regionale Strukturen und lokale Milieus (1933–1945), Paderborn 2006.

Schmidt, Daniel, „Gelsenkirchen – Stadt der Arbeit und Erholung". Eine Industriestadt als NS-Musterkommune, in: ders./Frank Becker (Hg.), Industrielle Arbeitswelt und Nationalsozialismus. Der Betrieb als Laboratorium der „Volksgemeinschaft" 1920–1960, Essen 2020, S. 223–240.

Schneider, Otto, Die Ferien-Macher. Eine gründliche und grundsätzliche Betrachtung über das Jahrhundert des Tourismus, Hamburg 2001.

Schollmeier, Axel, 1898. Die Stadt Münster und das 250. Jubiläum des Westfälischen Friedens, in: Barbara Rommé (Hg.), Ein Grund zum Feiern? Münster und der Westfälische Frieden, Dresden 2018, S. 31–47.

Schollmeier, Axel, Der Prinzipalmarkt in Münster. Fotos 1857 bis 1958, hrsg. v. Stadtmuseum Münster, Münster 2010.

Scholz, Bastian, Die Kirchen und der deutsche Nationalstaat. Konfessionelle Beiträge zum Systembestand und Systemwechsel, Wiesbaden 2016.

Schultze, Sven, Die visuelle Repräsentation der Diktatur. Berlin, sein Messeamt und die Propagandaschauen im Nationalsozialismus, in: Rüdiger Hachtmann u.a. (Hg.), Berlin im Nationalsozialismus. Politik und Gesellschaft 1933–1945, Göttingen 2011, S. 113–131.

Seifert, Jörg, Stadtbild, Wahrnehmung, Design. Kevin Lynch revisited, Gütersloh/Berlin 2011.

Senat plant Imagekampagne für Berlin, in: Der Tagesspiegel v. 21.5.2007 (online abgerufen unter: https://www.tagesspiegel.de/berlin/stadt-des-wandels-senat-plant-imagekampagne-fuer-berlin/852120.html, 12.04.2023).

Siekmann, Uwe, „Historisches Grün“ auf dem Neuplatz, Schlossplatz und Hindenburgplatz, in: LWL-Denkmalpflege, Landschafts- und Baukultur in Westfalen in Kooperation mit dem Stadtmuseum Münster (Hg.), Schlossplatz – Hindenburg – Neuplatz in Münster. 350 Jahre viel Platz, Münster 2012, S. 55–64.

Speitkamp, Winfried, Denkmalsturz und Symbolkonflikt in der modernen Geschichte. Eine Einleitung, in: ders. (Hg.), Denkmalsturz. Zur Konfliktgeschichte politischer Symbolik, Göttingen 1997, S. 5–21.

Springer, Ralf, Filmische Stadtporträts als Instrumente des Stadtmarketings am Beispiel von Gelsenkirchen und Castrop-Rauxel, in: Geschichte im Westen 28 (2013). Schwerpunktthema: History sells. Stadt, Raum, Identität, S. 29–55.

Steinhagen, Christian, Münster im Dritten Reich. Ein Stadtführer, Münster 2013.

Thamer, Hans-Ulrich, Kultur und Propaganda. Zur Funktion kultur- und kunsthistorischer Ausstellungen in der NS-Zeit, in: Franz-Josef Jakobi/Thomas Sternberg (Hg.), Kulturpolitik in Münster während der nationalsozialistischen Zeit. Referate und Diskussionsbeträge der Tagung am 8. und 9. Juni 1990 im Franz-Hitze-Haus Münster, Münster 1990, S. 17–38.

Thamer, Hans-Ulrich, Stadtentwicklung und politische Kultur während der Weimarer Republik, in: Franz-Josef Jakobi (Hg.), Geschichte der Stadt Münster. Bd. 2: Das 19. und 20. Jahrhundert (bis 1945), 3. Aufl., Münster 1994, S. 219–284.

Thamer, Hans-Ulrich, ‚Volksgemeinschaft‘ in der Debatte. Interpretationen, Operationalisierungen, Potenziale und Kritik, in: Detlef Schmiechen-Ackermann u.a. (Hg.), Der Ort der ‚Volksgemeinschaft‘ in der Gesellschaftsgeschichte, Paderborn 2018, S. 27–36.

Thamer, Hans-Ulrich, Von der Monumentalisierung zur Verdrängung der Geschichte. Nationalsozialistische Denkmalpolitik und die Entnazifizierung von Denkmälern nach 1945, in: Winfried Speitkamp (Hg.), Denkmalsturz. Zur Konfliktgeschichte politischer Symbolik, Göttingen 1997, S. 109–136.

Thier, Bernd, Aufmarschplatz. Nationalsozialistische Großveranstaltungen auf dem Hindenburgplatz (1933–1944), in: LWL-Denkmalpflege, Landschafts- und Baukultur in Westfalen in Kooperation mit dem Stadtmuseum Münster (Hg.), Schlossplatz – Hindenburg – Neuplatz in Münster. 350 Jahre viel Platz, Steinfurt 2012, S. 171–176.

Thier, Bernd, Das Kiepenkerldenkmal. Ein Denkmal entsteht neu (veröffentlicht am 3.12.2013 auf: https://magazin.stadtmuseum-muenster.de/ereignisse/1953-das-kiepenkerldenkmal, 12.04.2023).

Thier, Bernd, „Westfälischer Zwangsfriede“. Der Blick auf den Westfälischen Frieden in Münster während der nationalsozialistischen Herrschaft, in: Barbara Rommé (Hg.), Ein Grund zum Feiern? Münster und der Westfälische Frieden, Dresden 2018, S. 48–57.

Thompson, Kristin/David Bordwell, Film History. An Introduction, 4. Aufl., New York 2019.

Vees-Gulani, Susanne, The Politics of New Beginnings. The Continued Exclusion of the Nazi Past in Dresden's Cityscape, in: Gavriel D. Rosenfeld/Paul B. Jaskot (Hg.), Beyond Berlin. Twelve German Cities Confront the Nazi Past, Michigan 2008, S. 25–47.

Vowinckel, Annette, Agenten der Bilder. Fotografisches Handeln im 20. Jahrhundert, Göttingen 2016.

Weidner, Marcus, Die Straßenbenennungspraxis in Westfalen und Lippe während des Nationalsozialismus. Datenbank der Straßenbenennung 1933–1945 (online abrufbar unter: http://www.westfaelische-geschichte.de/web990 12.04.2023).

Weidner, Thomas, Typographie des Terrors. Plakate in München von 1933 bis 1945, Heidelberg 2012.

Weigel, Bjoern, Inszenieren und zerstören. Kultur und Medien am Standort Berlin, in: Michael Wildt/Christoph Kreutzmüller (Hg.), Berlin 1933–1945, München 2013, S.245–260.

Welch, David, Propaganda and the German Cinema 1933–1945, 3. Aufl., Oxford u.a. 1987.

Wohl, Richard/Strauss, Anselm L., Symbolic Representation and the Urban Milieu, in: American Journal of Sociology 63 (1958), 5, S. 523–532.

Wiesing, Lambert, Phänomene im Bild, München 2000.

Wolf, Christiane, Gauforen, Zentren der Macht. Zur nationalsozialistischen Architektur und Stadtplanung, Berlin 1999.

Zahnow, Gregor, Judenverfolgung in Münster, Münster 1993.

Zaidan, Daniel, Bildende Künste im Dritten Reich. Eine kritische Auseinandersetzung mit einem vernachlässigten Kapitel deutscher Kunstgeschichte, Hamburg 2008.

Zur Person Albert Hillebrands (online abrufbar unter http://www.westfaelische-geschichte.de/per1253, 12.04.2023).

Danksagung

Die vorliegende Studie ist eine leicht überarbeitete Fassung meiner Masterarbeit, die Anfang 2021 am Historischen Seminar der Universität Münster eingereicht und begutachtet wurde. Ohne die Unterstützung verschiedener Personen wäre diese Untersuchung nicht in dem Umfang denkbar gewesen: Auf dem Höhepunkt pandemiebedingter Schließungen und Kontakteinschränkungen berieten sie mich, öffneten den Zugang zu Bibliotheken und Archivalien oder trugen auf andere Weise zum Gelingen dieser Arbeit bei.

Mein besonderer Dank gilt den Gutachtern Prof. Dr. Thomas Großbölting, der mich zu einer lokalhistorischen Studie und ihrer Publikation ermutigte und damit meine Begeisterung für Stadtgeschichte weiter stärkte, und PD Dr. Christoph Lorke, der die Arbeit auch in Zeiten von Corona stets durch entscheidende Denkimpulse und kritische Nachfragen zu bereichern wusste. Auch den Mitarbeiterinnen und Mitarbeitern der konsultierten Archive und des Stadtmuseums Münster bin ich zu Dank verpflichtet. Namentlich möchte ich Dr. Bernd Thier vom Stadtmuseum Münster danken, der den Zugang zu mir bisher unbekannten Quellen öffnete und auf jede noch so spezielle Frage zu Münster eine Antwort kannte, sowie Dr. Ralf Springer und Dirk Fey vom LWL-Medienzentrum Westfalen, die mich durch das Dickicht filmischen Materials leiteten und entsprechende Filmstills in kürzester Zeit zur Verfügung stellten. Hervorheben möchte ich ebenso das Engagement von Dr. Philipp Erdmann vom Stadtarchiv Münster, der über die kompetente archivalische Beratung hinaus vor dem Hintergrund eigener Forschung zu Münster im Nationalsozialismus auf maßgebliche Quellen und Zusammenhänge verwies. Ihm und Dr. Peter Worm gilt schließlich mein großer Dank für die Aufnahme in die Kleine Schriftenreihe des Stadtarchivs, die sie unter anderem durch eine gewissenhafte Korrektur umsichtig auf den Weg brachten. Für junge Wissenschaftlerinnen und Wissenschaftler wie mich ist die Möglichkeit, Ergebnisse von Abschlussarbeiten in eine interessierte Öffentlichkeit zu tragen, ein erster, wichtiger Schritt.

Nicht zuletzt möchte ich denen danken, die durch konstruktive, anregende Gespräche, aber auch die notwendige Ablenkung zum Gelingen der Arbeit beitrugen. Neben Niklas möchte ich besonders meine Mutter Eva hervorheben, die mit kritischem Blick den Text begleiteten und Korrektur lasen. Mein abschließender Dank gilt meinen Großeltern Elisabeth und Johannes, sie sind der Ursprung für meine Geschichtsbegeisterung. Sie halfen mir nicht nur Plattdeutsch zu übersetzen und alte Maßeinheiten einzuordnen; sie haben mir gezeigt, dass sich die große Geschichte auch im Kleinen abspielt und es lohnt, den Blick darauf zu richten.